분권화 트렌드와 미래 한국

디지털 사회 2.0

디지털 사회 2.0

분권화 트렌드와 미래 한국

이 근

김상배
김준연
임지선
최준용
이주호
박태영
오 철

지 음

21세기북스

세계경제포럼은 2030년의 비전을 기술이 아닌 '인간 중심'의 사회
라고 제시한 바 있다. 이를 좀 더 구체화하여 이 책은 4차 산업혁
명으로 시작된 새로운 기술들이 초래하는 미래사회의 기본 비전
은 '보다 분권화된 인간 중심의 디지털 사회'라고 본다. 1990년대
이후 아날로그를 대체하는 디지털 기술과 인터넷이 출현하면서 각
종 가전제품이 디지털화되고 인터넷이 사람들 간의 소통의 새로운
장을 연 것을 디지털 사회 1.0이라고 한다면, 4차 산업혁명으로 상
징되는 사회 모든 분야의 디지털 전환은 그 질적 변화를 감안할 때
디지털 사회 2.0이라고 할 만하다.

　디지털 사회 2.0의 핵심은 개별 인간이 좀 더 중시되는 분권화
다. 이러한 분권화 트렌드를 가져오는 두 가지 추동력은 블록체인
기술과 디지털화에 따른 거래비용의 절감이다. 블록체인의 등장에

따라 분권화된 개인들 간의 네트워크가 중앙집권화된 기존의 플랫폼을 대체할 가능성이 생겼다. 또한 디지털화의 진전은 거래비용을 감소시켜 경제 내의 과업이 세분화되고 있다. 이에 따라 하나의 대기업이 수직적 통합으로 다 처리하던 과업과 거래가 분화되면서 과업처리형 기업들과 소호경제가 출현하고 있다. 이런 분권화 트렌드의 종착지는 바로 인간 중심의 사회다.

개인별 맞춤형 재화와 서비스를 제공하고 향유하는 인간 중심 사회가 4차 산업혁명 기술을 통해 가능해졌다. 다시 말해 AI와 머신러닝으로 개개인의 특성과 기호에 맞는 최적의 상품과 서비스를 디자인한 후 모바일과 3D 프린터 등을 통하여 '대량맞춤'이 가능해짐에 따라 누구에게나 저렴하게 제공할 수 있게 되었다. 소품종 대량생산과 다품종 소량생산이라는 이분법을 넘어서는 다품종 대량생산이 가능해진 것이다. 이러한 혁신은 시장의 상품뿐만 아니라 의료서비스(스마트헬스), 교육서비스에서도 이루어지고 있다. 이를테면 학생들 개개인의 역량과 수요에 맞춘 전인적이고 개별화된 교육을 누구에게나 제공할 수 있게 되었다.

그러나 이러한 분권화 트렌드가 얼마나 지배적이 될지는 아직 불확실하다. 현 시점의 지배적 경제는 우버, 구글, 페이스북 등 소수의 플랫폼 독점 기업이 거기에 참여하거나 기여하는 개인들(예를 들어 운전자, 게임기업, 개별 CP)에게 지배력을 행사하면서 초과 이윤을 확보하는 시스템이다. 그다지 바람직하지 않은 이 시스템에 대해 많은 걱정과 비판이 존재한다.

이런 입장에서, 이 책이 다루는 핵심 의제 중의 하나는 4차 산업 혁명의 새 기술들이 가지는 양면성, 즉 '디지털 분권화의 가능성'과 그 반대되는 '새로운 지배와 중앙집권 가능성'이다. 이를 정치적 차원에서 보면, 블록체인 기술은 분산자율조직의 도입을 실현함으로써 정치영역에서 수평적이고 민주적인 거버넌스의 수립을 기대케 하는 반면, 기성 권력의 지배 메커니즘을 강화할 수 있다는 '디지털 중앙집권화와 지배 및 감시의 증가'의 가능성도 존재한다. 이러한 디지털 변환이 가지는 양면성을 전제로, 인간 중심의 디지털 사회의 밑그림을 그려야 할 때다.

이 책은 이러한 인식하에 미래 한국사회가 지향해야 할 디지털 사회의 비전을 7대 영역으로 나누어 제시한다. 그 일곱 가지 영역은 우선 정치로부터 시작해서 세 개의 경제영역(기업·일자리·금융 시스템)과 세 개의 사회 인프라적 영역(헬스, 교육, 스마트시티)이다. 그런데 미래사회는 이런 분권화 비전들이 현존하는 중앙집권 및 대규모 중심적 모드를 완전 대체하지 못하고, 양자 사이의 새로운 균형으로 움직일 것으로 예상된다. 이에 따라 새로운 사회안전망, 디지털 안전망, 디지털 인프라, 그리고 규제혁신이 필요하다.

이 책에서 제시한 비전들은 한국사회의 문제해결을 염두에 두지만, 단기적·직접적 해결을 목적으로 하지는 않았다. 그러나 장기적 비전과 그 실현과정에서 현재의 문제들도 자연스럽게 해소될 것으로 보인다. 단, 이 책은 미래 비전을 실현하는 데 필요한 각종 디지털 인프라의 구축을 역설한다. 다시 말해 과잉 규제에서 나오는 역작용이 단기적 문제라면, 미래의 바람직한 비전을 실현할 디지털 인프라의 부족은 좀 더 장기적이고 근본적인 문제다. 국가는 이러한 문제를 해결하는 데 자원을 투입해야 한다.

이 책은 일곱 명의 분야별 디지털 전도사들과 코디네이터 역할을 한 본인의 1년간의 공동작업으로 이루어졌다. 지난 1년은 향후 서로 맡은 분야에서 일어날 변화의 폭을 예측하면서 서로 놀라기도 동시에 배우기도 하는 재미있는 공유의 시간이었다. 또한 이런 분권화 추세가 제대로만 실현된다면 이 지구상의 모든 인간들에게 좀 더 행복한 사회 2.0이 올 것 같다는 희망을 가져보고, 이런 희망으로 가는 길에 이 책이 하나의 촉매제가 될 것으로 기대해본다. 이런 희망을 향한 밑그림을 그려보라고 직접 통찰력 있는 피드백을 주고, 격려와 지원을 아끼지 않으신 한샘 조창걸 회장과 한샘드뷰재단에 감사를 드린다. 어려운 내용의 원고를 되도록 쉽게 읽히는 책으로 만드느라 수고해주신 21세기북스의 윤예영, 김영곤 대표에게도 감사를 드린다.

2019년 6월
이근

차 례

차 례

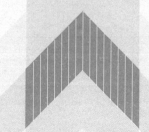

들어가며

디지털 사회 2.0이 가져올 미래

디지털 기술의 양면성과 분권화 트렌드

2019년 1월에 개최된 세계경제포럼WEF에서는 세계화 1.0이라는 새 화두가 제시되었다. 포럼의 의장인 클라우스 슈밥Klaus Schwab 교수는 세계화Globalization와 글로벌리즘Globlism을 먼저 구분했다 (Schwab, 2018). 두 경우가 모두 세계적 차원의 연결성과 교류의 증가라는 면에서는 같지만 기술혁신에 의한 세계화는 사람과 재화, 생각이 국경을 넘어 이동하는 것을 칭한다. 반면에 글로벌리즘은 국가이익에 앞서 신자유주의적 세계질서를 우선시하는 이데올로기라는 것이다.

세계화 1.0이라는 개념 자체가 논란의 여지가 있지만, 세계화 1.0은 1차 세계대전 이전 제국주의 시대의 재화의 자유로운 이동이고, 세계화 2.0은 양대 세계대전과 전후 브레튼우즈 체제로 대표되는 새 국제경제질서를 칭한다. 세계화 3.0은 공장의 세계적(또는 개도국으로의) 이동이고, 세계화 4.0은 디지털혁명에 따른 서비스의 이동이라는 견해가 있다. 비슷한 차원에서 세계화 4.0이란 제국주의(세계화 1.0)→ 국가 주도(세계화 2.0)→ 기업 주도(세계화 3.0)에 이

어서 개인이 주도하는 세계화를 의미한다는 설명도 있다.[1]

슈밥은 세계화 4.0 시대에 4차 산업혁명에 의해서 촉발된 세 가지 큰 도전에 대해서 언급했다(Schwab, 2018). 첫째, 지구환경의 지속가능성 측면에서의 도전, 둘째, 중미 갈등 등 국제질서의 다극화 양상, 그리고 셋째로 사회경제적 차원에서 증대되는 불평등이다. 슈밥은 이러한 환경적·지정학적·사회적 도전을 해결하기 위해서는 공공 및 사적 영역의 지도자와 시민들 간에 새로운 사회계약을 채결함으로써 세계화된 환경 속에서도 각 국가의 주권성을 회복하고, 국가 차원의 일정한 통제를 유지하는 것이 필요하다고 보았다. 그러지 않으면 불안한 시민들이 세계화에 대해 저항하는 경향이 있다는 것이다.

이런 도전에 대한 적절한 대응은 '인간 중심의 경제'를 실현하는 것일 것이다. 앞서 『미래산업 전략 보고서』(이근 외, 2018)에서 언급한 바와 같이 세계경제포럼의 글로벌 미래위원회에서는 2030년의 비전을 기술이 아닌 '인간 중심human-centered'의 사회라고 제시한 바 있다. 4차 산업혁명의 신기술들은 인간을 대체하는 것이 아니라 인간의 지적·물적 능력을 보완시켜서, 즉 인간을 증진human enhancement시킴으로써 고도화된 인간들이 좀 더 포용적인 시스템에서 살 수 있도록 한다는 것이다.

예를 들면, AI는 인간의 지적 능력을 높이고 로보틱스는 인간의 물리적 능력을 높여서, 로봇이 인간을 대체하는 것이 아니라 인간이 로봇화하여 막강한 능력을 갖게 되는 것이다. 다시 말해 힘들고 위험한 일은 로봇이 하고, 인간들은 좀 더 안전하고 편하고 즐거우면서도 창조적 일을 하는 사회를 만들자는 것이다. 이러한 인간능력의 증진 과정에서 모든 인간의 능력이 향상된다면, 궁극적으로 여성과 남성 간의 격차(예를 들어, 여성들은 웨어러블wearable을 입고서 무거운 것을 들 수 있음), 노인과 청년의 격차(예를 들어, 노인도 자율주행차로 운전 가능), IQ가 높은 사람과 낮은 사람(예를 들어, 낮은 IQ를 AI로 극복 가능) 간의 격차도 줄어들 수 있으므로 좀 더 포용적인 사회가 될 것이라고 추론할 수 있다.

여기서 우리는 4차 산업혁명으로 시작된 새로운 기술이 만드는 미래사회의 기본 모습은 좀 더 '분권화decentralized된 인간 중심의 디지털 사회'일 것이라고 본다. 1990년대 이후 디지털 기술과 인터넷이 출현시킨 사회변화를 디지털 사회 1.0이라고 한다면 4차 산업혁명으로 상징되는 사회 모든 분야의 디지털 전환은 그 질적 변화를 감안할 때 디지털 사회 2.0이라고 할 만하다. 이러한 분권화 트렌드를 가능케 하는 기반기술 중 핵심은 블록체인 기술이다. 블록체인에 기반한 가상화폐는 국제거래에서 달러의 독점성이 초래하는 폐해를 극복할 수 있는 잠재력이 있을 뿐만 아니라, 다양한 분권화의 가능성으로 연결된다. 블록체인 기술의 등장에 따라 중앙집권화된 기존의 플랫폼을 분권화된 개인들nodes 간의 네트워크가 대체하거나 최소한 병존해나갈 수 있을 것이고, 그 종착지가 (기계가 아닌) 인간 중심의 사회라고 상정할 수 있다.

개인별 맞춤형 재화와 서비스를 제공하고 향유하는 인간 중심사회가 4차 산업혁명 기술을 통해 가능해졌다. 다시 말해 AI와 머신러닝으로 개개인의 특성과 기호에 맞는 최적의 상품과 서비스를 디자인한 후 모바일과 3D 프린터 등을 통하여 '대량맞춤'이 가능해짐에 따라 누구에게나 저렴하게 제공할 수 있게 되었다. 소품종 대량생산과 다품종 소량생산이라는 이분법을 넘어서는 다품종 대량생산이 가능해진 것이다. 이러한 혁신은 시장의 상품뿐만 아니라 의료서비스(스마트헬스), 교육서비스에서도 이루어지고 있다. 이를테면 학생들 개개인의 역량과 수요에 맞춘 전인적이고 개별화된 교육을 누구에게나 제공할 수 있게 되었다.

이런 추세를 집합하는 키워드는 바로 '디지털 분권화'다. 디지털화의 진전에 따라 거래비용 transaction costs이 감소하고, 이는 시장거래와 경제 내의 과업 tasks을 세분화시킨다. 하나의 대기업이 수직적 통합으로 다 처리하던 과업과 거래들이 분화되면서 과업형 소기업들이 출현할 수 있게 되었다. 대기업의 우위성이 감소하고, 과업중심형 소기업 및 소호 SoHo경제의 가능성은 커진 것이다.[2] 이는 개인화·맞춤화된 기업의 출현을 의미한다. 세계화 4.0이 개인이 주도하는 세계화를 의미하듯이, 이제 중앙집권형 거대기업이라는 지배적 기업 모델이 개인기업이나 소호로 대체될 수 있다. 다시 말해 인터넷으로 전문가 수준의 정보와 지식을 확보한 개개인이 네트워크와 플랫폼을 통해 집단지성으로 발전하고, 시간과 공간의 한계를 뛰어넘어 다양한 협업과 분업을 통해 생산과 소비의 새로운 슈퍼파워를 발휘할 수 있는 이른바 디지털 소호경제의 시대가

올 것이다(김준연, 본서 3장).

그러나 이러한 분권화의 추세가 얼마나 지배적이 될지는 아직 불확실하다. 현 시점의 지배적 경제구조는 우버·구글·페이스북 등 소수의 플랫폼 독점기업이 거기에 참여하거나 기여하는 개인들(예를 들어 운전자, 게임기업, 개별 CP)에게 지배력을 행사하면서 초과이윤을 확보하는 시스템이다. 그다지 바람직하지 않은 이 시스템에 대해 많은 걱정과 비판이 존재하는 것도 사실이다. 실제로 2019년 1월 다보스포럼에 공개된 주요 보고서 가운데 하나도 이 독과점과 시장집중 문제를 주 의제로 지적한 바 있다(World Economic Forum, 2019; Mazzucato, 2018).

이런 입장에서, 이 글은 4차 산업혁명으로 대변되는 새 기술들이 가지는 양면성, 즉 '디지털 분권화의 가능성'과 그 반대되는 '새로운 지배와 중앙집권 가능성'에 주목하고자 한다. 이를 정치적 차원에서 보면, 블록체인 기술로 분산자율조직Decentralized Autonomous Organization, DAO을 실현함으로써 정치영역에서 수평적이고 민주적인 거버넌스를 기대할 수 있다. 반면, 4차 산업혁명의 진전이 기성권력의 지배 메커니즘을 강화할 수 있다는 '디지털 중앙집권화와 지배 및 감시의 증가' 가능성도 존재한다(김상배, 본서 2장). 다시 말해 사람이 아닌 기계에 의한 감시가 일상화되면서 인간의 정치적 권리가 위협받고 정치적 공론장이 침해될 우려가 있다는 것이다.

이러한 정치·경제·사회 등 여러 차원의 디지털 변환이 가지는 양면성(분권화 대 집권화)을 제대로 인식하고, 인간 중심의 디지털 사회를 구축하기 위한 노력이 필요하다. 이 책은 이러한 노력의 일환으로서, 미래 한국사회가 지향해야 할 디지털 사회 2.0의 비전과 밑그림을 제시하고자 한다.

인간 중심의 디지털 사회 2.0의 비전

본 연구는 분권화된 인간 중심의 디지털 사회 2.0을 큰 비전으로 하고, 주요 영역별로 하위 비전을 상정해 이를 한국사회에서 어떻게 구현해나갈 것인가를 기술한다. 다시 말해 인간 중심의 비전 실현이 중심이고, 이를 실현하기 위해 어떤 기술이 필요하다는 식으로 접근할 것이다. 그 반대인 이런저런 기술이 출현해서 우리가 어떻게 된다는 식으로 기술 중심의 접근은 지양한다. 한마디로 기술은 인간을 위한 도구라는 게 기본 입장이다.

또한 미래의 청사진을 그리되 한국적 전제조건(예를 들어, 노동시장의 이중구조 등)을 고려해 궁극적으로 한국적 문제(노령화, 대중소기업 양극화, 청년실업, 수도권 집중)의 해결방안을 강구할 것이다. 시간적으로는 10년 후나 2030년을 상정한다. 그러나 거기로 가는 과정은 현재에서 시작하므로, 현재 상황과 연결될 수밖에 없다.

현재 한국사회의 문제해결을 염두에 두지만, 구체적 문제에 대한 단기적이고 직접적인 해결을 목적으로 하지는 않는다. 단기 해결책은 현재 국책연구소나 정부 차원에서 모색하고 있으므로 이 책은 장기적 비전과 그 실현 과정을 제시하고, 그 과정에서 현재의 문제들도 해소될 것이라고 가정한다. 가령 현재 한국 자본주의가 당면하고 있는 몇 가지 문제는 불평등의 심화, 저투자-저성장 체제, 청년실업의 뿌리인 노동시장의 이중구조 등인데, 이 책에서 제시하는 미래 청사진이 구현되면 이런 문제들이 상당히 완화될 수 있다. 가령 디지털 기술에 의한 대량 및 소량 맞춤생산의 가능성은 진입장벽과 비용을 낮추어서 다양한 형태의 과업 중심형 신생기업 및 소호를 창출함으로써 실업문제를 해결할 수 있고, 이에 맞추어 일자리도 현재의 고정 정규직보다는 외근 정규직과 자발적 계약직이 증가하면서 노동시장의 이중구조도 해결될 것이다. 물론 이에 맞는 새로운 사회 안전망이 필요하다.

『미래산업 전략 보고서』에서 제시했듯이 4차 산업혁명이 의미하는 스마트 패러다임은 한국사회가 좀 더 인간 중심의 새로운 균형점으로 가기 위한 물질적 기초를 제공할 수 있다. 다시 말해 스마트 및 디지털화는 고령화와 인구성장 정체라는 도전에 직면하고 있는 한국경제에 노동력 부족 문제를 해결하는 동시에 중소기업을 스마트화하여 고부가가치를 창출할 수 있다. 따라서 중소기업을 고급화함으로써 대기업과 중소기업 간의 이중구조를 해결해간다는 방향 설정이 가능하다. 이 논리를 연장하면 인구성장이 정체되더라도 저성장에 빠지지 않을 수 있는 길이 열린다는 얘기다. 즉 적절한 인구규모, 대중소기업 균형, 고부가가치, 양질의 일자리가 공존하는 한국 경제와 사회의 새로운 균형을 이룰 수 있다.

과거의 균형이 고인구성장, 고경제성장, 많은 일자리 창출이었다면, 이제는 낮은 인구성장률·낮은 경제성장률·고부가가치 일자리라는 새로운 균형이 이론적으로 가능해지고, 이러한 선순환형 균형만 달성된다면 굳이 성장률에 집착할 필요가 없다. 즉 인구가 줄어도 노동의 고급화와 산업의 고부가가치화로 저성장형 균형 유지가 가능해진다. 게다가 도농 간의 공간적 균형까지 이룬다면 인구 균형·공간 균형·대중소기업 간 균형이라는 세 가지 새로운 균형상태로의 정착이 가능하다.

이런 선상에서 바람직한 한국자본주의의 미래상은 '지속 가능한 성장, 안정적 고용과 공평한 분배'의 원천으로서 '분권화된 인간 중심의 디지털 사회'일 것이다. 또한 지속 가능한 포용적 성장의 원천으로 지속가능한 '지식 창조 생태계'가 필요하다. 이러한 디지털 사회는 다양한 측면의 디지털 인프라를 기초로 스마트홈·스마트팩토리·스마트 일자리·스마트시티·스마트 헬스 및 교육, 그리고 스마트 경제로 연결되고, 최종적으로 기존의 기축통화의 지배성을 넘어서는 새로운 세계통화(디지털 화폐)로 구성된다.

이어지는 장들에서는 이러할 새로운 디지털 사회 2.0의 구체적인 모습을 그린다. 이 책은 이러한 새로운 사회의 기본 모습을 일곱 가지 영역으로 나누어 제시하고, 또한 종합된 그림도 제시한다. 일곱 가지 영역은 우선 정치로부터 시작해서 세 개의 경제영역(기업·일자리·금융 시스템)과 사회 인프라적 세 가지 영역(헬스·교육·스마트시티)이다. 이상 일곱 개 영역별 미래 비전과 이를 실현하기 위한 기술·디지털 인프라·사회안전망 등 정책 변화의 내용뿐 아니라 해결되어야 규제나 과제 등도 제시한다.

우선 정치의 비전은 시민/유권자 중심의 분권화된 정치이고, 교육의 비전은 학생 중심의 하이터치 하이테크 교육이다. 헬스의 비전은 환자 중심의 민주화된 맞춤형 의료서비스다. 주거의 비전은 주민 중심의 하드웨어 변경 없는 스마트시티다.

경제 영역의 비전은 자발적 계약직, 외근 정규직 등 다양한 일자리 창출과 이에 걸맞은 과업 중심의 미래형 기업과 소호경제의 출현이다. 마지막으로 금융 시스템의 비전은 기존 달러의 독점성(미국은 화폐라는 종이조각을 찍어내기만 해도 된다는 시뇨리지 효과)을 허무는 지구촌의 여러 국가에게 힘을 주는 새로운 화폐체제다.

이 책에서는 위에서 언급한 일곱 가지 영역을 다루되, 이러한 변화와 관련되어 있는 윤리적 문제를 다루고, 분야별로 없어지거나 새로 생겨날 직업/산업 등도 언급할 것이다. 가령, 상대적으로 없어질 가능성이 있는 것들을 꼽아본다면, 극단적으로는 대기업·대도시·대대학으로부터 중간 유통업자(생산과 소비가 이제 같은 곳에서 이루어지므로), 국회의원(직접민주주의의 활성화)까지 생각해볼 수 있다.

디지털 사회에서 기업은 수요가 있을 때만 팀이나 프로젝트 단위로 등장해 필요한 과업을 수행한 후 해체될 수 있다. 또한 소유와 통제 개념에 기반한 주택이나 공장, 사무공간도 공유와 사용에 기반하는 식으로 바뀔 수 있다. 근속연수나 노동시간에 따른 임금

보상은 과업에 대한 보상으로 바뀔 수 있다. 궁극적으로 국적이라는 개념도 없어질 수 있다.

물론, 미래사회는 이런 분권화 트렌드가 과거의 중앙집권화와 대규모화의 트렌드를 완전히 대체하지는 못하고 양자 사이의 새로운 균형으로 움직일 것으로 예상된다. 이에 따라 새로운 사회안전망과 윤리규범, 규제 시스템이 필요할 것이다. 또한 이런 분권화 사회를 가로막는 기존 플랫폼 기업의 독점성과 세계적 차원의 조세회피 문제 등이 해결되어야 한다.

자, 이제 디지털 사회 2.0으로 가는 긴 여정을 시작할 차례다. 이 책은 그런 여정에서 독자들을 안전하게 모시고 갈 가이드인 셈이다. 우선 다음 장에서는 디지털 정치 2.0이 독자들을 기다리고 있고, 이어서 기업경제·일자리·화폐 등으로 이어진다.

제1장
미래 한국 정치의 비전

분권과 중앙집권이
새로운 균형을 이루는
디지털 정치

4차 산업혁명 기술이 가져온
디지털 정치의 두 갈래

　최근 4차 산업혁명에 대한 열기가 뜨겁다. 4차 산업혁명은 인공지능, 빅데이터, 사물인터넷, 클라우드 컴퓨팅, 블록체인, 자동화, 로봇화, 3D 프린팅, 소셜 미디어, 바이오 기술 등 다양한 부문의 신기술 융합과 여기서 비롯되는 산업과 사회 전반의 변화를 의미한다(Schwab, 2016). 4차 산업혁명의 진전은 정치영역에도 큰 영향을 끼치고 있다(김상배 편, 2017). 실제로 인공지능, 빅데이터, 블록체인, 소셜 미디어 등의 새로운 기술은 정치과정과 정치제도, 정치이념의 변화를 야기하고 있다. 특히 최근 4차 산업혁명을 둘러싼 담론이 기술개발이나 제조업 혁신전략의 경계를 넘어서 점차로 이를 뒷받침하는 시스템 개혁 전반에 대한 논의로 옮아가면서 정치 변수에 대한 관심은 더 커지고 있다. 이 글은 소셜 미디어, 블록체인, 인공지능, 빅데이터 등과 같은 4차 산업혁명의 핵심 기술이 정치 변환에 끼치는 영향을 살펴보고, 디지털 정치 변환의 미래를 전망해보고자 한다.

4차 산업혁명 분야 핵심 기술의 도입은 오랫동안 정치를 지배해 온 민주주의의 과정과 제도, 이념을 낡고 진부한 것으로 만들 수도 있다. 소셜 미디어, 인공지능, 빅데이터, 블록체인 등의 기술은 빠른 속도로 시민들의 정치 참여를 가능케 하고 있다. 4차 산업혁명으로 인해 창출되는 새로운 산업으로의 전환 과정에서 발생하는 정치사회적 갈등은 기존 정치제도가 수용할 수 있는 범위를 넘어설 수도 있다. 개인은 스마트폰과 인터넷을 통해 초연결되고, 대용량의 데이터 수집과 빠른 처리가 가능해지며, 이 과정에서 생성되는 빅데이터를 활용한 알고리즘의 기계학습을 통해서 중요한 정치적 결정이 이루어지는 세상이 도래할지도 모른다. 현재 진행되고 있는 이러한 디지털 정치 변환은 적어도 두 가지의 정치적 미래에 대한 비전을 낳고 있다.

가장 먼저 눈에 띄는 것은 '디지털 분권화와 민주화의 비전'이다. 분산, 개방, 자율, 투명, 참여의 원리에 친화성을 지닌 4차 산업혁명 관련 기술이 정치과정을 더욱 민주화시켜 유권자 중심의 정치를 실현할 것이라는 전망이다. 사실 인터넷 도입 초창기부터 웹 1.0과 웹 2.0, 소셜 미디어 등의 활용은 디지털 정치 변환의 과정에서 정치적 참여의 위력을 보여주었다. 특히 2016~2017년 대통령 탄핵 국면에서 드러난 소셜 미디어의 위력은 대단했다. 이 과정에서 소셜 미디어는 단순한 정치 참여를 넘어서는 민주적 거버넌스의 수립 가능성마저 높여주었다. 현재 급속히 진화하고 있는 인공지능과 빅데이터 기술도 기존의 정치행태와 민주주의에 더 큰 변화를 가져올 것으로 예견된다. 무엇보다 정치적 참여의 범위가 기존의 정치에 대한 비판과 저항에 그치지 않고, 개인이 정부정책을 직접 결정하는 정치과정이 일상화될 가능성이 거론되고 있다.

특히 최근 주목받는 기술인 블록체인에 기반을 둔 분산자율조직이 현실화되면서 정치영역에서 수평적이고 민주적인 거버넌스를 기대할 수 있게 되었다. 이런 점에서 블록체인은 4차 산업혁명 시대를 맞는 사회 전반의 근본적 재정립을 가져올 혁신기술로 주목받고 있다. 블록체인 기술은 금융을 중심으로 전자상거래, 유통, 제조, 인프라, 공공서비스 등 산업 전 영역으로 파급될 전망이다. 블록체인의 도입을 통해 데이터를 중심으로 이루어진 권력의 집중 현상은 완화되고, 데이터 민주화와 더불어 정치권력이 분산되면서 전통적인 관료제의 위계조직이 '수평적 네트워크 거버넌스'로 변화할 것이다. 4차 산업혁명으로 시작된 새로운 기술들은 탈집중화되고 민주화된 미래정치를 실현하는 데 기여할 것이다. 이러한 탈집중화와 민주화의 전망은 오래전부터 있어왔지만, 최근 블록체인을 도입함으로써 중앙집권화된 기존 플랫폼이 분권화된 개인들의 네트워크로 대체되는 가시적인 계기를 맞았다.

디지털 정치 변환의 다른 하나의 전망은 '디지털 중앙집권화와 지배 및 감시의 비전'이다. 이러한 비전은 4차 산업혁명 관련 기술 중에서도 인공지능과 빅데이터 기술과 관련된다. 물론 인공지능과 빅데이터도 탈집중화와 민주화에 기여하는 긍정적인 측면이 없지 않다. 빅데이터 분석과 인공지능의 도움으로 정치과정은 더욱 투명해지고, 지능화와 데이터화에 따라 정치비용은 크게 감소할 것이며, 의사결정 방식은 더욱 합리화될 것이다. 특히 인공지능 기술을 활용하여 인간 두뇌의 한계를 극복하면서 정책결정의 효율성은 더욱 높아질 것이다. 인터넷이나 소셜 미디어와 같은 정보기술이 지배권력을 견제하고 시민 참여를 확대하는 데 활용되었다면, 인공지능과 빅데이터는 인간의 판단을 지원하여 좀 더 투명한 결정을 내리는 조건을 제공하고 있다. 이른바 알고리즘 민주주의의 대두에 대한 논의가 제기되는 것은 이러한 맥락이다.

그러나 인공지능의 알고리즘과 빅데이터에 의존한 정치과정의 변화는 지배권력의 메커니즘을 더욱 정교하고 비가시적으로 만들 비관적 전망을 낳기도 한다. 무엇보다도 인공지능과 빅데이터의 도입은 사람에 의한 정치보다는 기계에 의한 정치가 정치과정을 더 지배하는 상황을 초래할 우려가 있다. 알고리즘 정치의 일상화는 민주주의에 대한 위협요인으로 작용할 수 있다. 다시 말해, 이미 프로그래밍된 알고리즘에 기반을 둔 정치사회적 차별의 가능성이나 빅데이터를 기반으로 한 일상적 감시 등이 우려된다. 가장 크게 우려되는 점은 사람이 아닌 기계에 의한 감시가 일상화되면서 개인의 프라이버시가 위협받고 정치적 공론장이 침해될 가능성이다. 특히 정책결정 과정에서 인공지능에 대한 의존도가 높아지면서 사람이 아닌 기계가 정치주체로 등장할 우려도 존재한다.

이러한 4차 산업혁명 관련 기술 발달이 야기할 디지털 정치 비전의 양면성은 향후 새로운 정치과정과 정치제도, 정치이념을 모색해야 한다는 과제를 제기한다. 무엇보다도 기술발달이 불러올 기존 위계조직의 수평화는 정부와 정당 같은 기성조직을 변화시킬 것이며, 정치적 대리인의 역할을 담당했던 의회도 존폐 기로에 설 것으로 예견된다. 4차 산업혁명의 진전은 기존의 조직과 제도 중에 구태의연한 것들은 폐기시키고 정치 분야에서 새로운 조직과 제도를 생성할 수도 있다. 이러한 과정에서 인류가 오랫동안 상정했던 민주주의 이념, 특히 근대 이후의 대의민주주의 이념에 대해 재고찰이 이루어질 것이다. 정치과정과 정치제도의 변화에 대한 논의가 좀 더 포괄적인 차원에서 새로운 국가모델에 대한 논의로 확장되어야 한다는 필요성도 제기되고 있다. 이른바 네트워크 거버넌스와 네트워크 국가에 대한 논의가 제기되는 것은 이러한 맥락이다.

4차 산업혁명 시대의 디지털 정치 변환에 대한 정치학 분야의 고민은 인터넷이 도입되었던 20여 년 전에 비해 상대적으로 부족하다. 사실 인터넷 초창기의 전자민주주의나 전자정부에 대한 논의와 비교할 때 오늘날에는 그리 새로운 정치적 상상력이 펼쳐지지 못하고 있다. 특히 빠른 속도로 발달하는 기술이나 경제·경영 분야의 발 빠른 대응에 비하면, 디지털 정치 변환에 대한 논의는 활발하지 못하다. 4차 산업혁명이 선거, 정당, 의회, 민주주의, 거버넌스, 국가 등 정치제도의 변화를 초래하는 데는 많은 시간이 요구되기 때문에 섣부른 정치적 논의는 삼가야 한다는 보수적인 태도마저도 발견된다. 4차 산업혁명 시대에는 기술혁신이 정치과정보다 훨씬 더 빠르게 진전되면서 정치엘리트와 시민의 인식과 통제의 범위를 벗어나버릴지도 모른다는 우려마저 제기되고 있다.

이러한 문제의식을 바탕으로 이 글은 4차 산업혁명 시대를 맞이하는 디지털 정치 변화의 동학을 다음과 같은 세 부분으로 나누어 살펴볼 것이다. 제2절에서는 4차 산업혁명 기술이 야기하는 디지털 분권화와 민주화의 비전을 검토할 것이다. 그중에서도 주로 소셜 미디어와 블록체인에 초점을 맞추어 정치 참여의 활성화와 분산자율조직의 출현 가능성에 대해 살펴볼 것이다. 제3절에서는 4차 산업혁명이 야기하는 디지털 중앙집권화와 지배 및 감시의 비전을 살펴볼 것이다. 특히 인공지능과 알고리즘의 지배 가능성과 빅데이터를 기반으로 한 감시권력에 대한 우려를 살펴볼 것이다. 제4절에서는 4차 산업혁명 시대에 거론되는 새로운 정치제도와 국가모델 수립의 과제에 대한 논의를 담았다. 대의민주주의를 대체할 복합 민주주의의 개념과 국민국가를 넘어서는 네트워크 국가의 비전을 검토할 것이다. 끝으로 맺음말에서는 이 글의 주장을 종합·요약하고, 4차 산업혁명 시대의 변환을 주도해나갈 인간주체의 정치적 과제를 제기할 것이다.

디지털 분권화와 민주화의 비전

소셜 미디어와 정치 참여의 활성화

정보화시대 초기부터 인터넷은 민주화의 기술로 인식되어왔다. 특히 웹 2.0으로 불리는 쌍방향 커뮤니케이션 환경의 도래는 이러한 인식을 강화했다. 웹 1.0시대에는 소수의 전문가들이 정보를 제공하고, 다수의 사용자들이 이들 정보를 소비하는 일방향 커뮤니케이션 환경이 형성되었다면, 웹 2.0시대에는 모든 사람이 다양한 정보를 생산하고 사용하는 웹환경이 조성되었다. 네티즌들이 스스로 정보를 생산하는 동시에 사용하게 되면서 네티즌의 민주적 소통과 정치적 참여의 역량이 강화되었다. 무엇보다도 웹 2.0의 활성화는 대중이 참여하는 민주주의의 전망을 높여놓았다. 기존에는 미미하던 소수자들이 힘을 모아서 거대한 권력에 도전할 수 있게 되었고, 집합지성을 형성하여 사이버 공간과 오프라인 광장에서 공론장을 형성하게 되었다(임혁백 외, 2017).

소셜 미디어 또는 SNS가 보편화되면서 개인의 힘은 정부와 정치엘리트에 대항할 수 있을 만큼 어느 때보다 강해졌다. 국민 개개인이 품고 있던 정치에 대한 불만과 분노가 소셜 미디어를 통해 결집되면서 소외되고 고립되었던 개인이 기존 정치체제를 변화시키는 사건이 벌어지기도 했다. 북아프리카와 중동에서 발생한 이른바 '재스민혁명'이 대표적 사례. 인터넷과 소셜 미디어를 통해 형성된 생각과 공감의 네트워크가 실제로 집단행동으로 이어졌다. 소셜 미디어가 결정적으로 중요한 변수인 구성원들 간의 '인식의 공유'를 가능케 한 것이다(Shirky, 2011). 소셜 미디어라는 '기술 변수'가 중동 민주화의 불씨가 되었다는 말이 아니라 소셜 미디어가 확산함으로써 역사의 전면에 등장한 '커뮤니케이션의 정치'가 변화의 주역이라고 보아야 할 것이다(김상배·황주성 편, 2014).

한국에서도 소셜 미디어를 통한 정치 커뮤니케이션의 중요성이 어느 때보다도 높아졌다. 그야말로 한국 정치와 사회를 이해하는 데 커뮤니케이션의 정치는 엄연한 독립변수로 자리잡아가고 있다. 2016~2017년 촛불집회 과정에서 인터넷과 소셜 미디어는 국정을 농단한 대통령의 탄핵을 이끌어냈다. 더 거슬러 올라가면 이러한 촛불집회 정치는 2002년 노무현 정부의 등장 과정이나 2008년 미국산 쇠고기 수입 반대, 2010년의 천안함 침몰사건과 연평도 포격사건을 둘러싸고 벌어졌던 네티즌들의 토론 등에서도 나타난 바 있었다. 예전 같으면 기성 엘리트들의 성역으로 남아 있었을 무역협상과 외교안보 정책의 쟁점들이 이제는 일반 국민들도 한마디씩 거들 수 있는 분야로 인식되고 있다. 이러한 과정에서 소셜 미디어 혁명으로 대변되는 커뮤니케이션의 정치는 한국 정치와 사회의 권력구조를 바꾸어놓을 선봉장 역할을 톡톡히 담당했다.

좀 더 구체적으로 소셜 미디어의 정치적 위력을 여실히 보여준 사건은 2011년에 있었던 두 차례의 재보궐 선거였다. 소셜 미디어의 실제 위력만큼이나 주목해야 할 것은 유권자들이 소셜 미디어를 통해서 선거에 영향을 끼칠 수 있고, 더 나아가 현실을 바꿀 수도 있다는 희망과 믿음을 갖게 되었다는 사실이다. 소셜 미디어는 정치에 무관심하던 유권자들에게 정치적 효능감을 안겨주었다. 소셜 미디어를 활용하여 '생각과 공감의 네트워크'를 형성함으로써 사람들이 예전처럼 수동적인 청중의 자리에만 머물러 있지 않고 좀 더 능동적인 참여자의 역할을 찾아 나섰다. 이러한 과정에서 정치학적으로 가장 큰 관심사는 아마도 소셜 미디어 기반의 '생각과 공감의 네트워크'가 어떻게 시청 앞 광장의 '행동의 네트워크'로 전화하느냐의 문제라고 할 수 있다.

이와 관련하여 임혁백 외(2017)는 촛불정치에서 나타난 '헤테라키heterarchy 민주주의'에 주목한다. 2016~2017년의 촛불정치는 광장민주주의agora democracy와 대의민주주의가 황금분할적으로 결합해서 성공한 헤테라키 민주주의의 대표적 사례라는 것이다. 1960년의 4·19학생혁명 및 1987년의 6월 민주항쟁과 촛불정치의 차이는 광장으로의 동원주체와 대상에서 나타난다. 1960년과 1987년의 경우에는 동질적인 특정 시민대중이나 계급이었던 데 반해 촛불정치는 이질적인 '작은 자들의 함성'이라 할 수 있는 다중multitude이었다는 것이다. 전자의 경우에는 화염병과 돌멩이를 수반한 폭력적 동원이었던 데 반해 촛불정치는 온라인 소통매체를 통한 평화적인 대규모 참여였다. 전자의 경우, 거리와 오프라인에서 화염병과 돌멩이로 독재정권을 타도하여 정권을 교체하려고 한 반면, 촛불정치는 온라인과 오프라인에서 헤테라키적 선거운동을 통해 '종이 돌paper stones'을 던져 정권을 교체하여 혁명을 완수하려고 했다(임혁백 외, 2017).

이러한 연속선상에서 볼 때, 향후 정치과정에서도 소셜 미디어는 큰 역할을 담당할 것으로 보인다. 소셜 미디어의 활용이 보수와 진보 중에서 어느 세력에 더 유리하느냐의 문제는 논란의 여지가 있다. 소셜 미디어도 미디어이기 때문에 학계에서 논의되어온 '미디어 편향성'이 없지 않다. 일반적으로 소셜 미디어는 위계조직보다는 수평적 네트워크 형태의 사회관계, 그리고 보수이념보다는 진보이념에 상대적으로 친화적인 것으로 알려져 있다. 조직형태나 이념이라는 변수와 더불어 놓치지 말아야 할 점은 젊은 세대가 소셜 미디어에 좀 더 친화적이라는 사실이다. 기성세대는 이러한 젊은 세대의 정치적 소통방식에 익숙하지 않으니 그 내용을 파악하는 데 어려움이 있을 수도 있다. 그러나 2018년 대통령 탄핵 이후에는 오히려 소셜 미디어(특히 유튜브)가 기성시대의 보수 정치담론을 담아내는 주요 수단으로 활용되고 있다.

진보와 보수 정치진영에서 공히 소셜 미디어의 위력을 인지하고 이를 활용하면서, 이로 인해 발생하는 문제점을 우려하는 목소리도 만만치 않다. 사실 태생적으로 소셜 미디어는 어디로 튈지 모르는 힘을 가지고 있다. 마치 하이퍼텍스트의 구조를 따르는 인터넷에서 우리가 관심 있는 주제를 따라서 검색하다 보면 어디로 가게 될지 모르는 상황을 연상케 하는 힘이다. 평소에는 느슨한 고리의 형태로 연결되어 있다가 무슨 일이 생기면 그 연결고리가 강해지면서 널리 확산되는 힘이다. 균질적인 네트워크를 이루는 것이아니고 벌떼들의 움직임처럼 우르르 쏠림 현상이 발생하는 힘이기도 하다. 이러한 속성을 갖고 있다 보니 소셜 미디어의 권력은 도마뱀의 꼬리와도 같은 권력이 되기 쉽다. 다시 말해 문제가 생기면즉각 꼬리를 감추고 숨어버려서 결과에 대한 책임을 물을 데가 없다. 게다가 진보담론이건 보수담론이건 간에 현안에 따라서 쏠림 현상이 발생할 우려가 크다.

이러한 소셜 미디어의 위력과 문제점이 여실히 드러나는 사례는 최근 논란이 되고 있는 폭로와 루머의 확산, 그리고 여기에서 비롯되는 개인정보 침해와 명예훼손의 문제다. 예전 같으면 몇몇 친구만 알았을 사생활의 비밀이 소셜 미디어라는 확성기를 통해서 모든 사람에게 퍼져나가는 일이 다반사로 발생한다. 이러한 문제를 해결하기 위해서는 궁극적으로 소셜 미디어가 형성하는 커뮤니티의 자정기능을 믿을 수밖에 없을 것이다. 그러나 자정기능이 작동하여 결과적으로 진실이 밝혀지더라도 그 피해는 그동안 당한 사람이 떠안을 수밖에 없는 경우가 많다. 소셜 미디어에도 눈에 보이진 않지만 신뢰가 분명히 존재한다. 그렇지만 그러한 신뢰는 섣부른 감정의 동조보다 사실관계의 확인을 바탕으로 구축되어야 한다.

이런 점에서 보면, 소셜 미디어를 통한 민주주의 실현의 가능성을 논하기는 아직 이른 것이 사실이다. 소셜 미디어는 기성언론의 프레임으로부터 자유롭게 누구나 평등하게 논쟁에 참여하여 건설적인 토론도 많이 하지만, 듣고 싶어 하는 의견에만 동조하여 팔로우하는 경향도 없지 않다. 게다가 동조하는 의견들이 급속히 네트워킹되는 일종의 '눈덩이 효과'가 크다. 소셜 미디어의 실험이 지니는 위력만큼이나 그 실험이 파생시킬 실패의 가능성에도 주의해야 하는 이유다. 경제학에 '시장 실패'라는 말이 있다. 시장 실패가 발생하면 정부가 시장에 개입한다. 또한 정부 실패나 국가 실패란 말도 있다. 칼자루를 주니까 자기가 좋은 대로만 쓰더라는 얘기다. 이러한 연속선상에서 보면 사회 실패도 얘기할 수 있고, 소셜 미디어 실패 또는 '네트워크 실패'는 그중 하나다.

시장과 정부와 사회는 모두 다 실패할 가능성이 있다. 그렇지만 소셜 미디어에서 '네트워크 실패'의 가능성이 있다고 해서 국가가 들어가 규제를 하는 건 해법이 아니다. 시장이 통제하는 것도 해법이 아니다. 항상 시장-국가-사회의 삼각형이 균형점을 찾는 방식으로 가야 한다. 어쨌든 소셜 미디어는 정치에 무관심하던 세대들에게 '뭔가 현실을 바꿀 수 있겠다'는 단초를 보여준 게 사실이다. 그리고 문제점이 있더라도 자체적인 자정기능이 작동하기를 기다리는 것이 순리다. 다만 단기적으로는 시스템 전체의 건강한 작동을 위해서 공공公共의 목적을 갖고 계도하는 지혜도 필요하다(김상배·황주성 편, 2014).

블록체인과 분산자율조직의 가능성

소셜 미디어가 정치엘리트의 권력을 견제하고 시민참여 거버넌스를 확대하는 방향으로 활용되는 기술이라면, 블록체인은 실제로 거버넌스 과정에 활용하는 기술로 볼 수 있다. 블록체인은 거래 장부를 공개해두고 관리하는 '공공거래장부public ledger'다. 기술적으로는 스마트 계약을 위한 플랫폼으로 거래에 참여하는 모든 사용자에게 거래내역을 보내주며 거래할 때마다 이를 대조해 데이터

위조를 막는 방식을 사용한다. 다시 말해 네트워크를 통해 데이터를 검증·저장함으로써 특정인의 임의적인 조작이 어렵도록 설계된 저장 플랫폼이다. 블록체인은 2008년 사토시 나카모토가 고안한 것으로 알려져 있는데, 2016년 세계경제포럼에서 블록체인 기반 플랫폼이 2027년까지 전 세계 GDP의 10% 이상을 차지하게 될 것이라는 예측이 제시되면서 더욱 각광받고 있다. 그 이후 한국에서도 블록체인이 4차 산업혁명의 핵심 기술로 부각되면서 기업조직뿐만 아니라 정치조직에도 커다란 변화를 가져올 것이라는 예측이 쏟아지고 있다.

블록체인 기술은 최근에 탈중심적 가상화폐인 비트코인이나 화폐거래에 한정되지 않는 자발적인 조직운영 방식을 구현한 이더리움 등에서 주목받았다. 이러한 블록체인의 기술적인 근원은 거래의 신뢰성과 정보의 보안을 담보하는 메커니즘을 구축하는 혁신적인 시도다. 블록체인은 정보의 신뢰와 투명성을 실현시키는 기술로 지금까지 정교하게 조직화된 '관료주의'를 네트워크 형태의 '분산자율조직'으로 대체한다(Atzori, 2015). 여기서 분산자율조직이란 조직의 (인간)관리자 없이 알고리즘이나 공공거래장부에 의해 정치적 상호작용 및 의사결정이 이루어지는 것을 말한다. 전통적인 관료주의 조직은 직접 정보를 소유·운영·제어하고 책임과 권한이 집중되는 시스템이지만, 블록체인 플랫폼에서는 정보를 분산·공유·합의함으로써 책임과 권한을 나누어서 관리한다. 거버넌스 구조가 단일화된 구조에서 네트워크화된 구조로 변화함에 따라 의사결정 사안에 관련된 이해관계자(조직)들은 동시에 정보를 공유하고 합의하는 과정을 통해 신속하게 업무를 처리할 수 있다는 것이다(배영임 외, 2018).

가장 쉽게 이해할 수 있는 사례를 들자면, 블록체인은 가상화폐 비트코인의 기반 기술로서 경제·금융의 탈중심화를 촉발시켰다. 비트코인은 온라인상 가치를 다른 당사자에게 직접적으로 이전시키는 기술, 곧 P2P 전자지불 시스템이라 할 수 있다. 이러한 블록체인 기술은 이미 금융서비스와 상거래 등에서 널리 활용되고 있다. 예를 들어, 캐나다는 토론토 증권거래소에 블록체인 기술을 적용하기 위한 검토 및 자문그룹을 구성했다. 전 세계 은행 간의 결제시장, 외환거래 시장 등 신뢰가 필요한 거래시장에 블록체인을 적용할 수 있다. 블록체인은 정보를 '투명'하고 '안전'하게 관리할 수 있는 '신뢰'의 플랫폼으로, 신속하고 효율적인 정보공유·거래·계약이 가능한 비즈니스 생태계를 구현한다. 제조업 분야에서도 부품과 원자재의 이력 관리를 통해 불량률 감소 및 완성품의 질 향상에도 기여할 것으로 기대된다(배영임 외, 2018).

그렇지만 블록체인은 단지 화폐거래와 생산공정에 적용되는 데 국한되지 않고 좀 더 광범위한 영역, 특히 전통적으로 공공기구 및 단체에 의해 제공되어왔던 공공 서비스에도 적용될 수 있는 기술로 진화해왔다. 이러한 블록체인은 경제 및 금융 영역을 넘어서 정치 및 사회문화 전반에 근본적인 변화를 이끌어낼 기술로 인식되고 있다. 블록체인은 분산자율조직을 생성하는 탈집중화 메커니즘에 의존하여 일종의 중개자가 필요 없는 P2P 네트워크를 가능케 함으로써 경제·금융뿐만 아니라 정치과정과 정부조직의 역할 변화에도 영향을 끼친다(이원태, 2017).

정치영역에서 블록체인 적용의 대표적인 사례는 스마트 전자투표다. 중앙 데이터베이스에 관련 기록을 저장하는 기존의 전자투표는 보안 및 조작의 위험성이 높고, 중복투표의 가능성도 완전히 제거하기 어려우며, 유권자의 정보보호 및 투개표 과정의 투명성 확보에 한계가 있었다. 이에 반해 블록체인 기술을 활용한 전자투표는 유권자가 직접 투표과정 내역을 검증할 수 있어 누구나 조작 여부를 확인할 수 있다. 기본적으로 블록체인의 기술적 특성상 투표 참여자에게 분산적으로 흩어진 데이터를 동시에 위변조하는 것은 사실상 불가능하다는 점에서 해킹 공격 및 선거결과 조작의 위험으로부터 상당히 안전하다는 평가를 받고 있다(정채연, 2018).

블록체인이 스마트 전자투표 등으로 활용되면서 디지털 정당 등 새로운 정치조직의 등장과 병행하여 다양한 거버넌스 층위에서 직접민주주의를 실현할 가능성이 논의되고 있다. 특히 상대적으로 규모가 작은 지방정치에서 그 활용 가능성이 본격적으로 검토되고 있다. 예를 들어, 미국은 2016년 유타주 예비선거에서 블록체인을 활용했다. 오스트레일리아의 신생정당 '플럭스파티Flux Party'는 이른바 '민주주의2.0'이라는 전략을 통해 블록체인을 활용한 전자투표와 선거 캠페인을 효과적으로 실현한 것으로 평가받았다. 에스파냐 온라인 정당 '포데모스Podemos'가 추진한 직접민주주의 수단인 '아고라 투표agora voting'도 블록체인 기반의 투표 시스템을 채택한 것으로 알려져 있다. 이처럼 블록체인은 직접민주주의와 온라인 투표를 촉진하고 탈집중화를 가져와 정치적 매개 및 거래 비용을 크게 감소시키며, 온라인상의 개인 권리 및 프라이버시를 보호할 뿐만 아니라 정치과정의 투명성과 책임성을 높이는 역할을 수행할 것으로 기대된다(Aminoff, 2017; 이원태, 2017).

한국에서 블록체인을 정치과정에 활용한 대표적인 사례로는 2017년 3월 경기도의 지역 프로젝트인 따복공동체 주민제안 공모 사업에서 9,000명의 거주민이 참여하는 블록체인 기반 심사가 전국 최초로 도입된 일을 들 수 있다. 이는 지방자치단체 단위에서 대의민주주의의 한계를 직접민주주의의 방식으로 보완하기 위해서 벌인 시도로서 높은 평가를 받았다. 여기서 블록체인을 통한 투표는 단순히 의제설정→정책형성→정책집행→정책평가로 나아가는 기존의 일방향적인 정책실행 과정을 넘어선다. 더 나아가 정책의 수립 및 집행이 이루어지는 일련의 의사결정 절차 전반에서 주민들의 의견이 잘 수렴될 수 있도록 한다는 의미를 가진다. 이렇듯 블록체인을 통해 지방자치단체의 정책결정에 주민들이 적극적으로 참여할 수 있는 직접민주주의가 가능해지면서 이러한 추세가 실질적인 지방분권의 구현으로 이어질 수 있을 것으로 전망되고 있다(정채연, 2018, 439~440쪽).

이 밖에도 블록체인 적용 사례는 공공영역 거버넌스 전반에서 찾아볼 수 있다. 블록체인은 정부가 '공공의 가치'와 '사회수요'에 주목하고 '작지만 더 많은 것을 할 수 있는 정부'를 구현하도록 지원한다. 블록체인 기술을 통해 시민, 전문가, 기업, 사회단체 등 정책 수요자와 정책 공급자와의 긴밀한 협력이 가능해졌으며 아이디어를 제안하고 의사결정하는 권한이 수요자에게 위임되도록 변화한다. 전통적인 거버넌스에서는 단일 조직에 의존성이 높아 조직실패의 위험성이 컸으나, 블록체인 기반 거버넌스에서는 위험과 책임을 분산시킬 수 있고 비용절감 및 시간단축을 통해 효율성을 향상시킨다는 것이다. 좀 더 구체적으로 말해 4차 산업혁명 시대의 정부는 공중의 수요에 기반을 두고 사회문제를 해결하도록 다양한 이해관계자가 협력할 수 있는 플랫폼을 구축하며, 효과적인 성과 도출을 위해 동기부여·모니터링·조정 역할을 담당하게 된다(배영 임 외, 2018).

이러한 인식을 바탕으로 현재 전 세계 정부들은 블록체인 기반 신원조회 및 개인정보관리, 부동산 등 자산관리, 전자투표 등 다양한 공공·행정 서비스 프로젝트를 진행 중이다. 시민권 발급, 투표, 토지대장, 의료기록, 교육정보 등 수많은 신뢰의 기록들이 블록체인화되어 공공기록물의 효율적 관리 및 공공서비스 편의성 향상을 도모하고 있다. 이러한 블록체인 관련 행보의 선발주자는 에스토니아다. 세계경제포럼 회장 클라우스 슈밥Klaus Schwab이 '비트네이션bit nation'이라고 부를 정도로 4차 산업혁명 시대의 새로운 국가모델로 평가받는 에스토니아는 바로 블록체인 기반의 버추얼 국가virtual state라고 할 수 있다. 에스토니아는 'e-에스토니아e-Estonia'

국가전략을 통해 전 국민의 92%가 디지털 주민등록증인 전자 ID 카드를 보유하고, 각종 정부서비스·대중교통·은행업무뿐 아니라 전자투표 등에 블록체인을 매우 성공적으로 활용했다는 평가를 받고 있다(이원태, 2017, 12~13쪽).

이러한 블록체인 기술의 공공부문 활용은 다른 나라에서도 확산되고 있다. 예를 들어, 최근 영국정부는 '비욘드 블록체인 전략'을 수립하여 블록체인을 정부 서비스 및 정부조직의 중요한 운영 원리로 채택했다. 스웨덴 정부는 토지 등 부동산에 '블록체인 스마트 계약'을 채택했다. 미국 우정청은 블록체인 기반의 우편행정 서비스의 일환으로 '우편 사물인터넷 Internet of Postal Things' 개념을 채택하기도 했다. 두바이는 2020년까지 모든 공문서를 블록체인으로 관리하여 25억 시간의 문서관리 시간을 절약할 것을 선언했다. 중국은 세금과 복지기금 지불 시 블록체인을 활용하고 있다(이민화, 2017). 한국도 2018년을 블록체인 확산 원년으로 선언했는데, 기술개발과 시범사업에 약 142억 원을 투자할 계획을 담은 '블록체인 기술 발전전략'을 발표했다(표 1-1 참조).

이러한 서비스들을 도입하는 과정에서 블록체인은 자율 거버넌스 self-governance를 현실화하는 기술로 인식되고 있다. 이는 국가의 행정 서비스가 비자발적으로 강제되는 것이 아닌, 개인이 직접적이고 자발적으로 자신에게 적합한 행정 서비스를 선택하는 것을 의미한다. 특히 블록체인 기술과 '스마트 사회계약 Smart Social Contract'은 국가권력을 실효성 있게 제한하고 정부에 대한 개인의

표 1-1   **2018년 추진 블록체인 시범사업**

사업명	기관	사업 내용
투명한 전자투표 시스템	선거관리 위원회	• 후보자, 참관인 등 이해관계자가 직접 투·개표 과정과 결과를 검증하여 신뢰성을 확보 • 투표용지와 후보자 정보 등 선거과정의 디지털화로 비용을 절감
블록체인 기반 전자문서 발급 인증 시스템	외교부	• 블록체인에 공문서와 외교부 인증서를 저장, 종이문서 대신 전자문서 형태로 외국기관과 공유하고 공문서 내용 확인도 실시간 가능
축산물 이력관리 시스템	농림축산부	• 사물인터넷 센서로 이력정보를 실시간 수집하여 블록체인으로 연계 이력관리시스템 구축 • 문제발생시 추적기간을 최대 6일에서 10분 이내로 단축
종이 없는 스마트 계약 기반 부동산 거래 플랫폼	국토교통부	• 기존의 부동산 거래(매매, 대출) 시 필요한 각종 증명서에 블록체인 기술을 도입하여 금융권, 법무사, 공인중개사, 주민센터, 국세청 등과 연계, 방문할 필요없이 원스톱 플랫폼 서비스 제공
터미널 간 환적 컨테이너 운송 효율화	해양수산부	• 컨테이너 환적 시 선사·운송사·터미널 간 유통되는 문서(주문내역, 반입·반출·배송)를 블록체인으로 공유, 운송프로세스 개선 • 현재 컨테이너 반출입증 전자문서화 비율 10%→90%로 향상
스마트 개인통관 서비스	관세청	• 통관과정의 참여자(전자상거래 업체, 특송업체, 세관 등)들이 블록체인에 함께 참여, 유통단계별 생산되는 정보를 실시간 공유 • 통관시간 단축, 물류비용 절감, 저가 신고 사례 방지

* 과학기술정보통신부.(2018. 6. 21.), 「블록체인 기술 발전전략」.

권한을 강력하게 부여함으로써 시민의 권리를 좀 더 실질적으로 보장하게 될 것이라는 전망에서 적극적으로 검토되고 있다. '스마트 사회계약'은 스마트 계약의 자기집행적 속성 덕분에 시민이 부여한 정부의 명시적인 권한을 넘어서는 행위를 기술적으로 제약할 수 있다는 것이다. 자기집행적인 합의라고 할 수 있는 스마트 계약은 실질적인 의미에서 이행이 자동화되어 있기에, 국가는 명시적으로 열거된 권력을 넘어서 권력을 행사할 수 없게 된다(정채연, 2018, 437~438쪽).

이렇듯 블록체인 기술은 새로운 e-플랫폼의 주요한 정책결정 도구로 활용이 가능하다는 장점을 가지고 있지만, 아직은 블록체인 기술이 충분히 검증되지 않았기 때문에 전면적으로 도입하는 문제는 좀 더 시간을 두고 지켜보아야 한다는 것이 중론이다. 하지만 블록체인 기술이 새로운 기술적인 혁신을 통한 대의민주주의의 문제점을 최소화하고 전자, 참여, 심의 기능을 강화할 가능성이 크다는 점은 분명하다. 다시 말해 블록체인 기술은 기존의 대의민주주의 제도가 가지고 있는 불활성의 경직성을 극복하는 차원에서 미래의 정치과정에 직접민주주의적인 요소를 도입하는 중요한 기술적인 도구가 될 것이라는 전망이 제기되고 있다(임혁백 외, 2017).

디지털 중앙집권화와 지배의 비전

인공지능과 알고리즘의 지배

4차 산업혁명의 또 하나의 정치적 화두는 인공지능이다. 소셜 미디어를 중심으로 한 기술이 기성권력에 대한 대항과 정치참여의 활성화에 기여했다면, 인공지능을 비롯한 지능기술은 오히려 기성권력의 통치능력을 향상하는 데 도움을 주는 경향이 강하다. 예전에는 인간 지능의 한계로 인해 문제점을 노정했던 방식과 제도를 머지않은 미래에 인공지능이 대체하리라 전망도 제기된다(커즈와일, 2007; Goertzel and Goertzel eds., 2015). 정치 분야도 예외는 아니다. 미래에는 국회의원이 아닌 인공지능이 시민들의 대표가 되어 협상하고 사회적 합의를 이끌어낼 것이라는 예견도 나오고 있다. 4차 산업혁명 시대를 맞이하여 정치인보다는 인공지능 기술이 공평하고 합리적이며 효율적인 자원 분배를 위해 더 많이 활용될 수 있다. 이는 인공지능 알고리즘에 시민들의 의견을 실시간으로 반영하고 정책결과를 시뮬레이션해서 최적의 의사결정을 지원한다는 것이다(황종성, 2017).

인공지능의 정치적 역할에 대한 낙관적 비전에 따르면, 인공지능은 방대한 양의 데이터를 처리할 수 있을 뿐만 아니라 인간적 편견이나 오류 없이 업무를 합리적·효과적으로 수행할 수 있기 때문에 공무원, 보좌관 등의 정치엘리트들을 인공지능, 로봇 알고리즘으로 대체하려는 요구가 증대할 것이다. 이미 법률시장에서는 '로봇변호사' '인공지능 변호사'가 도입되기 시작했고, 증권시장 및 금융거래 방식에서도 '로보어드바이저robo-adviser'가 널리 활용되기 시작한 것처럼 말이다. 최근 챗봇chat bot, 버추얼 비서virtual assistant 등의 인공지능 기술과 서비스 확산으로 인공지능이 업무 프로세스를 자가진단·개선하고 주요 현안에 대해 최적화된 정책수단, 착수시기 등을 조언해주는 '인공지능 보좌관'이 정치와 행정 영역에서 널리 확산될 것으로 예견되고 있다(이원태, 2017, 23쪽).

각국 정부들도 인공지능 기술을 도입하기 시작했다. 예를 들어 영국 지방정부에서 반복 민원에 대응하기 위한 챗봇 서비스로 도입한 '아멜리아Amelia'는 인공지능 보좌관의 대표적 사례라고 할 수 있다. '아멜리아'는 인허가 신청, 면허발급, 상담 등 주민들의 일상적이고 정형화된 요구를 자동으로 처리하는 가상 에이전트인데, 기계학습을 활용하여 주민들의 요구사항을 분석하고 최적의 대응방안을 제시하는 것으로 평가받고 있다. 대만정부는 최근 온라인 공론장 '폴리스POL.IS'를 이용해 시민들의 의견을 수렴하여 우버택시 도입을 결정했다. 최근에는 미-대만 비즈니스 공동협정에 대한 토의를 진행했다. 에스파냐에서 시민들이 주도하는 정책 네트워크인 '바르셀로나 엔 코뮤Barcelona en comu(모두의 바로셀로나)'는 '데모크라시 OS'라는 오픈소스 소프트웨어를 이용하여 각종 정책에 관한 시민들의 의견을 수렴해 정부에 전달하고 있다. 아르헨티나 부에노스아이레스에서는 시민들이 데모크라시 OS를 통해 400개가 넘는 법안을 제안했고, 이 중 16개 법안이 공식 법안으로 상정되었는데, 이러한 활동은 정당 설립으로 발전했다(윤성이, 2017, 31쪽).

여기서 더 나아가 인공지능 기술의 발달과 함께 권력의 축이 시민에서 인공지능으로 옮겨가는 '알고리즘 민주주의'의 대두가 예견된다. 사물인터넷, 인공지능, 로보틱스, 빅데이터 등 인간과 사물의 사고능력을 획기적으로 향상시키는 지능기술이 급속히 발전하고 있다. 기존의 '정보기술'이 인간의 정보활용 능력을 높이면서 인간의 판단을 지원하는 도구 역할을 했다면, 오늘날 '지능기술'은 인간의 의사결정력을 높일 뿐 아니라 스스로 사고하고 판단하고 집행한다(윤성이, 2017). 이러한 기술발달이 급속히 진행되는 사회 복잡화와 미래에 대한 불예측성을 해결하고, 더 나아가 지능기술에 의존하는 알고리즘 민주주의의 등장을 촉진시킬 것이다. 사실 오늘날 사회변화의 속도는 점점 더 빨라짐에 따라 정치뿐만 아니라 사회 전반에 걸쳐 인간의 지능을 넘어서는 복잡하고 불안한 쟁점들이 돌출하면서 사회구성원의 합의를 찾기가 사실상 불가능해져가고 있다. 정치영역에서조차도 인간의 인지·판단 능력을 향상시키는 지능기술에 대한 의존이 불가피해질 것이라는 말이다(윤성이, 2017, 32쪽).

이러한 전망에 따르면, 앞으로 미래사회에서는 효율성을 높이고 비용을 낮추는 자동화에 대한 기대 때문에 알고리즘이 인간의 판단을 대신하는 사례들이 확대될 것이다. 그런데 바로 이렇게 인공지능이 인간지능으로 전환되는 과정에서 인공지능의 정치적 역할에 대한 비관적 전망이 제기된다. 이러한 전환은 인간이 자신의 권한과 재량을 내려놓고 자동화 시스템에 권력을 넘겨주는 과정을 의미하기 때문이다. 인간이라면 판단의 이유를 설명해야 하고, 나중에 그로 인한 평가를 받거나 평판을 형성하게 되면 사후적으로 법적 책임을 지거나 징계를 받는다. 그렇지만 기계적 알고리즘은 예측에 집중하므로 굳이 판단의 근거를 설명할 필요가 없고 사후에 책임을 지지도 않는다. 컴퓨터 알고리즘은 데이터에 기반한 예측에만 집중하므로 추론이 합당한지에 대한 설명이나 절차적으로 적법성을 갖췄는지에 대한 판단은 생략된다(최은창, 2017, 29쪽).

이 시점에서 인공지능 기술이 민주화의 비전보다는 지배의 비전을 좀 더 정교화하는 데 기여할지 모른다는 우려가 제기된다. 인공지능의 알고리즘을 설계하고 이를 바탕으로 데이터를 통제하는 자가 지배권력을 갖기 때문이다. 대부분의 알고리즘은 기술엘리트와 거대자본에 의해 설계된다. 미국의 다국적기업 구글은 이러한 알고리즘 권력의 대표 사례다. 구글은 검색과정에서 특정 웹사이트를 배제하거나 주변화할 수 있으며, 사기나 음란유해물 필터링이라는 명목으로 경쟁자와 시민들을 배제할 수도 있다. 이러한 일이 가능한 이유는 바로 구글이 알고리즘을 통제하고 있기 때문이다. 이는 특정한 행위자나 행위를 억압하고 규제하며, 더 나아가 글로벌 공중을 구글의 이익에 맞추어 재구성하는 효과까지도 노릴 수 있다는 점에서 우려의 대상이다. 일종의 실천으로서 검색은 우리가 경험하는 세상을 형성하고 알고리즘 설계자의 영향력을 은닉함으로써 그 검색결과를 자연스럽게 보이게 한다(김상배, 2015).

이러한 맥락에서 알고리즘의 지배와 알고리즘의 책무성이 논란 거리가 된다(Diakopoulos, 2015). 비즈니스에 사용되는 알고리즘에서 발견되는 한계는 알고리즘이 설정해둔 작업을 융통성 없이 글자 그대로 해석하여 특정 목적에만 전념한다는 데 있다. 알고리즘이 '블랙박스'처럼 여겨지는 이유는 그 예측이 때로 정확할지라도 판단이 도출된 원인과 이유를 말해주지 않기 때문이다. 따라서 문제가 발견되어도 그 원인을 쉽게 알아내거나 수정하기 어렵다. 나아가 기계학습은 데이터를 통해 차별, 부정적 평가, 암묵적 편견도 간접적으로 학습할 수 있다. 알고리즘의 불투명한 설계 또는 알고리즘을 훈련시키는 데이터 세트에 숨어 있는 편향과 오류는 사회적 차별과 배제를 조장할 수 있다. 이러한 맥락에서 알고리즘의 책무성, 공정성, 투명성이 요구된다. 다시 말해 알고리즘에 내재된 편향을 찾아내고 이를 방지하는 일이 중요한 정치적 사안이 되었다(최은창, 2017, 30쪽).

인공지능이 확산하면서 알고리즘의 사회경제적 활용이 증대하는 가운데 인공지능의 명령어인 알고리즘이 차별적이고 편향된 데이터 입력에 의해 정치적 문제를 일으킬 수 있다는 우려가 제기된다. 알고리즘이 내리는 자동화된 의사결정에는 우선순위 결정·분류·관련짓기·필터링 등의 과정이 존재하기 마련인데, 이러한 과정이 단순히 중립적인 기술과정이 아니라 인간이 개입하는 편향적인 검열의 과정이 될 가능성이 있다는 것이다. 이렇게 보면 인공지능 기술의 영역도 본질적으로 차별적인 정치공간일 수밖에 없다. 이러한 이유로 인공지능을 어떻게 다스릴 것이냐의 문제, 즉 거버넌스의 문제가 제기된다. 다시 말해 인공지능이 거버넌스의 주체가 될 가능성을 경계하고, 이를 방지하기 위해서 무엇을 어떻게 할 것이냐의 문제 말이다. 인공지능에 대한 인간의 통제를 확보함으로써, 더 나아가서는 인간과 인공지능이 함께 어우러지는 세상을 만들기 위해 어떠한 종류의 거버넌스를 구축할 것인가의 문제가 관건이다.

최근 쟁점이 되는 것은 알고리즘의 편향성을 규제하고 알고리즘이 지배하는 정치, 즉 알고크러시algocracy의 과도화를 견제하는 문제다(Danaher, 2014). 알고크러시의 과도화를 방지하기 위해서는 알고리즘 지배의 공정성과 알고리즘 규제의 문제, 특히 코드권력을 규범적으로 통제하여 알고리즘의 책무성을 묻는 문제를 해결해야 한다. 인공지능 기술의 장점을 최대한 살리고 부정적 측면을 최소화하기 위해 정치적 합의와 관련 법적 방안을 새로이 마련할 필요가 있다. 그런데 인공지능 알고리즘의 책임 문제는 그리 간단하지 않다. 개체적인 행위자를 인공지능으로 간주하고 그 책임을 묻는다는 이분법적 발상 자체가 논란이 될 수도 있다. 인공지능을 알고리즘을 책임지는 주체로 설정할 수 있느냐의 문제부터 인공지능의 코드권력을 규범적으로 통제하는 것만이 대안인가에 이르기까지 다양한 문제가 제기된다(김상배, 2018).

최근 세계 주요국에서는 인공지능 알고리즘의 위험성을 경고하는 목소리가 높아지고 있다. 미국 오바마 행정부는 잘못된 데이터를 학습한 빅데이터 알고리즘의 부작용을 우려하면서 이에 대한 정책 대응의 필요성을 역설한 바 있다. 2016년 5월 미국 백악관이 발표한 「빅데이터: 알고리즘 시스템, 기회와 시민권」이라는 제목의 보고서는 인공지능 알고리즘의 잠재적 역기능에 대해 의미 있는 경고의 메시지를 던졌다. 최근 독일의 메르켈 총리도 알고리즘의 투명성 결여는 우리의 인식을 왜곡시키고 토론문화와 공론장을 위험에 빠뜨릴 수 있다며 경고한 바 있다. 특히 유럽연합은 개인정보 보호 차원에서 알고리즘 규제를 제도화하려는 노력을 적극 추진하기도 했다(이원태, 2016, 8쪽).

향후 기계에 권한을 부여하는 문제는 미래 인간사회, 좀 더 정확하게는 인간-기계사회에 배태된 본질적인 고민과 연결될 것이다. 이러한 과정에서 제기될 핵심 논제는 의사결정의 주체와 위임의 문제다. 진화론의 맥락에서 보는 인간의 고유 영역은 어디까지이며, 기계에게 끝까지 위임하지 말아야 하는 영역은 어디인가? 인공지능에게 얼마만큼의 의사결정 능력과 권한을 위임하는 것이 적절할까? 연산능력과 처리속도, 알고리즘, 데이터의 패턴 읽기 등과 관련된 부분에서는 인간이 기계를 따라갈 수 없다. 의료나 법조 업무처럼 '경계가 정해져 있는 지식을 다루는 분야'도 인공지능의 몫으로 간주된다. 그렇다면 위임하지 말아야 하는 영역은 어디일까? 인간의 정체성을 위협하지 않는 정도로 기계에게 권한을 위임하는 문제가 향후 쟁점이 될 것이다(이원태, 2015).

사실 인공지능의 부상은 다양한 측면에서 민주주의의 실현과 관련된 여러 가지 문제를 제기한다. 이념으로서의 민주주의라는 시각에서 볼 때, 인공지능을 투표권을 가진 행위자로 인정하는 민주주의 이념이 등장할까? 이러한 와중에 인공지능을 둘러싼 또는 인공지능을 매개로 한 인간과 인간 사이의 이익갈등은 인공지능 시대의 민주주의에 어떻게 반영될까? 그리고 궁극적으로 인공지능 민주주의 이념과 이익의 갈등을 제도화하는 과정을 누가 어떻게 주도하여 진행할 것인가? 향후 인공지능과 관련된 민주주의 비전은 기술 발달에 따른 비용 감소의 긍정적 측면과 알고리즘 권력의 일상화에 따른 지배의 정교화라는 위험 사이에서 모색될 것이며, 이 과정에서 '인공지능 정치'에 대한 민주주의적 성찰과 더 나아가 인공지능과의 관계 속에서 인간 사유의 무능에 대한 경계가 반드시 필요하다(이충한, 2018).

이러한 성찰의 과정에서 최근 강조되는 것이 '사전주의 원칙 precautionary principle'의 도입 문제다. 특히 인간능력의 강화를 목적으로 하는 이른바 약한weak 인공지능의 실현과 관련하여 '사전주의 원칙'을 적용하는 거버넌스가 논의된다. 사전주의 원칙은 다양한 위험성이 제기되는 과학기술에 대해 충분한 사전 대책을 수립하고, 연구개발을 하면서는 끊임없는 모니터링을 통해 기술발전 과정을 적절하게 관리해나가야 한다는 입장을 대변한다. 약한 인공지능 분야는 이러한 사전주의 원칙이 잘 적용될 수 있는 사례다. 예상되는 이익만큼이나 잘못 확산된 포스트휴머니즘 기술이 가져올 부작용도 무척 크기 때문이다. 가까운 미래에 실현될 약한 인공지능 기술은 이러한 사전주의 원칙에 입각하여 선제적 정책과 끊임없는 모니터링을 시행하며 생산적으로 관리해나갈 필요가 있다 (이상욱, 2015).

빅데이터와 감시권력의 우려

빅데이터 환경의 출현으로 일반 시민들도 엄청난 정보에 접근하여 그 정보를 분석·해석함으로써 정치엘리트와 정부 관료에게 책임을 물을 수 있게 되었다. 빅데이터에 기반을 둔 정확한 분석을 통해 시민과 동료 시민, 시민과 대표, 시민과 정부 간에 이견을 조정할 수 있고, 시민들 간에 협동과 협력을 통한 협업이 이루어진다. 대의민주주의하에서 시민들은 정부와 정당이 생산한 정책들을 일방적으로 소비하는 수동적 시민이었으나, 빅데이터 기반 민주주의에서 시민은 정책의 생산자이자 사용자로 거듭난다. 이를 위해서는 일반 시민들도 빅데이터에 접근할 수 있는 환경이 조성되고 빅데이터를 분석할 수 있는 도구가 마련되어야 한다. 또한 이러한 빅데이터를 시민들에게 개방하여 블록체인 방식의 정책결정을 활성화하는 환경을 창출하는 것도 필수적이다. 이러한 빅데이터를 기반으로 시민 참여와 대표의 응답이 실시간으로 이루어지는 수요자 중심의 생활정치와 정책결정이 추진될 수 있다.

이렇듯 4차 산업혁명의 총아인 빅데이터는 민주화의 비전을 높여주고 있다. 빅데이터를 통해 시민들은 정책을 대표에게 공급하고, 정부운영에 참가하고, 대표의 행동을 모니터링하는 정보민주주의를 실현하고 있다. 빅데이터 기반 민주주의하에서 주권자인 국민은 비로소 '프로슈머prosumer'를 넘어서 정책의 생산자이자 사용자인 프로듀저producer가 되고, 민주주의는 한 단계 더 진화하여 시민과 대표가 공치共治하는 헤테라키 민주주의의 가능성을 열고 있다. 헤테라키 민주주의는 대의민주주의와 광장민주주의가 결합한 복합 민주주의다. 절대다수의 소수자들이 빅데이터 정보를 공유하면서 공감하고 소통하여 집합지성을 형성함으로써 프로듀저가 되어 광장민주주의의 참여와 대의민주주의의 책임성을 결합한 헤테라키 민주주의를 실현하고 있다. 빅데이터로 힘을 얻은 광장 시민들이 참여를 통해 대표의 응답을 얻어내고 책임을 강제하는 복합적 질서를 구축하고 있는 것이다(임혁백 외, 2017).

빅데이터의 정치적 함의와 관련하여 이상의 낙관적 전망과는 달리 빅데이터는 디지털 지배의 비전을 강화하는 데 기여하기도 한다. 이러한 비관적 전망은 빅데이터가 지닌 기술적 특성 그 자체에서 비롯되는 측면이 크다. 알고리즘의 기술적 지배를 바탕으로 빅데이터 권력이 부상한다. 빅데이터 시대에는 정보를 분석할 수 있는 자와 못하는 자의 차이가 커져 데이터를 수집하고 철저히 이에 기반을 두고 경쟁을 하는 자가 힘을 얻는다. 이러한 빅데이터 권력은 데이터·정보 간의 '패턴', 즉 보이지 않는 구조를 읽어내는 권력이다. 다시 말해 빅데이터 권력은 개별 정보들이 제공하지 못했던 개인의 행위패턴을 읽는 과정에서 생성된다. 이미 공개되어 있는 정보를 집합하여 공개되지 않은 정보 간의 패턴을 읽어내는 과정에서 생성된다. 이런 맥락에서 보면 빅데이터 시대의 권력은 데이터·정보의 생산자나 소유자로부터 데이터·정보 사이의 패턴을 읽는 활용자로 이동하고 있다(쇤버거·쿠키어, 2013).

이러한 빅데이터 권력은 정보의 패턴을 읽는 차원을 넘어서, 그 데이터나 정보를 활용하여 감시하고 통제하는 권력이라는 맥락에서 이해해야 한다. 이러한 빅데이터 권력은 특히 개인정보(또는 프라이버시) 보호 차원에서 문제시되고 있다. 정보·데이터의 조각을 모으면 더 많은 개인정보를 알 수 있고, 익명의 데이터조차 수집자가 충분히 많은 양을 수집한다면 숨기고 싶었던 개인정보를 밝히고 그가 누구인지를 드러낼 수 있다. 그 과정에서 사용자 자신도 모르는 패턴이 발생하기 때문이다. 디지털 족적의 양과 속도, 그리고 다양성이 기존 데이터 처리 기술로는 감당할 수 없을 만큼 폭증했다. 그러나 앞서 설명한 바와 같이 빅데이터를 분석하고 그 패턴을 읽어내는 기술도 발달했다(김상배, 2015).

이러한 현상의 이면에는 디바이스 간의 융합inter-device convergence에 따라 개인정보의 통합이 가속화되는 양상이 있다. 최근 스마트폰과 SNS 등 모바일 서비스의 확산은 지금까지 주로 데스크톱 PC에 국한되었던 개인정보 침해의 시공간적 범위와 심도를 한층 더 확대시켰다. 디바이스의 다변화에 따라 페이스북이나 유튜브 등 특정 서비스의 이용행태를 여러 디바이스에 걸쳐 수평적으로 통합하는 것이 가능해진 것이다. 검색, 유튜브, 지메일 등 서로 다른 서비스들에 걸쳐 있는 개인정보를 수평적·수직적으로 통합함으로써 개인의 온라인 행위를 총체적으로 추적하는 것도 가능해졌다. 빅데이터는 바로 이렇게 개인이 사이버 공간에 남기는 흔적이 획기적으로 증가한 덕분에 등장했다. 이른바 사물인터넷의 등장이 이러한 변화를 가속화시킨다.

　이러한 시각에서 볼 때 빅데이터 권력은 단순히 데이터·정보의 패턴을 읽는 차원을 넘어서 이를 바탕으로 감시권력이 작동할 가능성을 증대시켰다(이광석, 2013). 이러한 차원의 빅데이터 권력에 대한 논의는 다름 아니라 미셸 푸코Michel Foucault의 감시권력과 권력/지식, 거버멘탤리티governmentality에 대한 논의로 연결된다(Foucault, 1979; Foucault, 1980; Foucault, 1991). 푸코의 권력 논의에서 등장하는 정보권력, 감시권력, 규율권력, 지배권력의 내재화 등으로 이어지는 논리적 고리의 접점에서 빅데이터라고 하는 디지털화된 정보의 메커니즘이 매개적 역할을 한다(김예란, 2013). 예를 들어, 신용카드의 사용패턴에서 발견되는 상관성과 확률로 사용자의 행동을 예측하는 비즈니스의 활성화는 프라이버시 침해와 감시 및 통제 가능성을 늘려놓았다. 빅데이터 시대의 빅브라더의 출현을 논하는 대목이다(강미라, 2017).

　나는 의식하지 않고 한 행동인데 그 행동의 패턴을 읽고서 나를 알아보거나 '나도 모르는 나'의 행동을 예측하고 통제하려고 한다면 어떨까? 겉보기에 연관이 없어 보이는 행동들을 기초로 결과를 얻어내기가 가능해졌기 때문에 이러한 우려는 현실이 될 가능성이 있다. 게다가 이러한 감시권력은 훈육효과를 낳는다. 또한 빅데이터 시대의 규율권력은 더 나아가 정체성을 설계하는 권력으로 작동한다. 개별화된 감시, 분산적인 참여와 합의에 따른 파놉티콘 Panopticon이 등장하는 것이다. 이러한 빅데이터 권력이 작동하는 가장 대표적인 사례는 신용카드다. 사실 신용카드 포인트는 참여를 유도하는 플랫폼 권력의 미끼다. 이러한 과정에서 정체성의 프로그래밍이 발생하는 통치의 기제이기도 하다(Whitaker, 2000).

빅데이터 권력, 즉 방대한 데이터와 강력한 알고리즘 기반 플랫폼을 가진 자는 사람들의 선택과 의사결정을 조종할 수도 있다. 수많은 개인정보가 동의 없이 수집되고 활용되는 가운데 우리의 사고와 행동을 언제든지 조종할 수 있다는 것이다. 달리 말하면, 로봇이 노동자를 대체하는 것보다 인간노동자를 알고리즘에 의해 로봇화하는 게 더 비극적일 수도 있다는 것이다. 어쩌면 4차 산업혁명의 정치사회적 갈등을 근본적으로 해결하기보다는 인위적으로 완화하는 데 기여할 수도 있다는 것으로 풀이할 수 있다. 예컨대 구글에서 검색할 때 이용자들이 검색결과의 첫 번째 페이지를 90% 이상 수용한다는 인도에서의 한 실험연구 결과에서 보듯이, 그것이 정치적이든 상업적이든 검색 알고리즘이 사람들을 특정한 선호로 유도할 수 있다는 것을 잘 보여준다(이원태, 2017, 20~21쪽).

이러한 알고리즘과 빅데이터의 지배에 대항하여 새로운 형태의 대항정치가 표출될 가능성이 있다. 말하자면 정치적 개인들의 합리적 판단과 행동보다는 코드, 알고리즘, 데이터 등에 의해 판단과 행위가 규율되는 정치상황에 대한 저항 및 투쟁이 증가할 수 있다. 이러한 맥락에서 4차 산업혁명 시대의 계급정치 또는 노동운동의 미래 모습으로 평가받는 '플랫폼 협동주의platform cooperatism' 에 주목할 필요가 있다. 플랫폼 협동주의는 플랫폼 독점에 의한 불평등에 맞서는, 모두에게 이익이 되는 새로운 경제모델을 지칭한다(Scholz and Schneider. eds., 2017). 자동화, 무인화 등 알고리즘 기반 경제의 확산이 플랫폼을 지닌 극소수 기업의 독과점을 강화하고 양극화를 초래하는 요인으로 지적된다. 이와 같은 플랫폼 기반 경제의 문제점들을 개선하기 위해 민주적 연대에 기반을 둔 플랫폼 경제의 재구성을 위한 방안으로 이 새로운 운동정치가 부각되고 있다(이원태, 2017, 21~22쪽).

새로운 정치제도와 국가모델의 과제

새로운 정치제도와 복합 민주주의

4차 산업혁명 시대에는 정당과 같은 정치조직이 형성되는 방식이나 민주주의가 작동하는 원리가 바뀌고 정치적 행위주체들의 성격에도 변화가 생길 것이다. 4차 산업혁명의 급속한 진전에 정치가 뒤처지지 않기 위해서는 기술변화를 이해하고 통제하는 역량이 필요하며, 정치주체들은 이를 위한 협력적 거버넌스를 마련해야 한다. 따라서 만약 기성 정치제도가 블록체인이나 알고리즘, 빅데이터 등의 기술을 제대로 소화하지 못한다면 앞으로 기술이 정치를 끌고 다니는 상황이 발생할 가능성이 크다. 이러한 과정에서 선거, 정당, 의회 등과 같은 정치제도는 구시대의 유물로 전락해버릴지도 모른다. 기존의 정치제도들이 기술변화와 이에 따른 사회적 요구를 제대로 감내하는 효율성을 확보하지 못할 것이기 때문이다. 이렇게 보면 기술발달은 정치가 활용할 중립적 도구라기보다는 정치의 존립형태 자체를 위협하는 도전요인이라고 볼 수 있다(이원태, 2017; 조희정, 2017).

지금까지 4차 산업혁명이 정치제도의 미래에 던지는 질문은, 4차 산업혁명 시대를 맞이하여 수평적으로 연결된 정치적 개인들이 분산자율조직을 통해 새로운 민주주의와 거버넌스를 형성할 것이냐의 문제로 요약된다. 좀 더 구체적으로 말하면, 이러한 과정에서 기존의 정당이나 의회, 그리고 대의민주주의는 점차 쇠퇴할 것이냐의 문제가 핵심이다. 물론 4차 산업혁명으로 정치의 모든 것이 한꺼번에 바뀔 것이라고 단정하기는 어렵다. 왜냐하면 기존의 정치적 관행을 지탱시키는 낡은 제도와 문화가 변화와 혁신에 저항하는 관성요인으로 여전히 작용할 것이기 때문이다. 4차 산업혁명의 기술과 산업이 좀 더 확산되고, 이를 뒷받침하는 정책성과와 정치혁신이 더 많이 진행되어야 한다. 이러한 과정에서 4차 산업혁명을 선도하는 집단이나 세력들이 전개하는 다양한 정치적 실험과 혁신 프로젝트들이 기존 정치제도의 성격을 변화시키는 압력으로 작용할 것이다(이원태, 2017, 29~30쪽).

예를 들어, 소셜 미디어의 확산은 기성 정치제도의 운영방식과 조직형태를 변화시키는 도전요인으로 작동하고 있다. 소셜 미디어의 시대를 맞이하는 정당정치의 미래를 예견해보자. 우선은 소셜 미디어로 대변되는 변화에 민첩하게 편승하여 이를 도구적으로 활용하는 정당만이 살아남을 가능성이 크다. 그럼에도 소셜 미디어가 야기한 변화를 도구적 차원에서만 이해할 수는 없다. 소셜 미디어의 도입은 그것을 다루는 사람들의 마인드와 그걸 담아내는 제도와 조직의 변화를 수반할 것이다. 방향 자체는 현대 정당의 변화 방향과도 맞다. 거대 조직이 축소되고, 정책이나 비전에 동조하는 사람들이 소셜 미디어라는 채널을 통해 모이는 방식의 정당이 불가피하다. 물론 조직으로서의 정당은 죽을지도 모른다. 그렇지만 정당의 공적 기능은 여전히 필요하다. 누군가 끝까지 남아서 공공성의 마인드를 지켜줄 필요가 있기 때문이다(김상배·황주성 편, 2014).

정당정치보다 좀 더 넓은 의미에서 이해되는 대의민주주의 제도의 미래도 관건이다. 정보화시대 초기부터 대의민주주의와 직접민주주의의 관계를 어떻게 설정할 것이냐에 관련된 논쟁은 계속되었다. 다시 말해 이는 '대표'와 '시민' 가운데 누가 국가운영을 주도하는 것이 공동체를 위해 바람직한가에 대한 논쟁이었다. 산업혁명 이후 근대 민주주의가 도입된 이래 오랜 기간 동안 대의민주주의가 보편적이고 이상적인 거버넌스 방식으로 인식되고 다양하게 채택되어왔다. 그러던 것이 20세기 말부터 본격화된 정보화는 대의민주주의에도 커다란 변화를 가져왔다. 정보기술의 발달과 함께

정치적 대표와 일반 시민 사이에 존재하던 정보와 전문성의 비대
칭성이 무너지면서 대의제도에 대한 불신은 높아지고 시민들의 직
접 참여에 대한 욕구는 나날이 높아졌다(윤성이, 2017, 33쪽).

사실 오늘날 대부분의 민주국가에서 의회, 정당 등과 같은 정치
제도에 대한 신뢰는 급속히 낮아지고 있다. 이에 비해 정보기술의
발달로 개인의 정치적 역량은 나날이 높아지고 있다. 디지털 기술
의 발달로 개인들이 습득하는 정보의 양이 많아지고 사회적 쟁점
에 대한 이해와 판단력 면에서도 정치엘리트에게 결코 뒤떨어지지
않다. 게다가 디지털 네트워크의 확산으로 개인들은 고립된 존재
가 아닌 촘촘히 연결된 정치세력으로 변모했다. 정보기술의 발달
은 개인들을 묶어주는 네트워크 사회를 확산시켰고, 이들이 하나
로 결집한 세력으로 정치과정에 참여하면서 권력의 축은 점차 엘
리트에서 시민으로 이동하고 있다. 이러한 네트워크 사회는 디지
털 정보화와 초연결망에 의해 개인의 다양성이 강화되면서 정보력
이 증강된 네트워크 시민 다수의 정치참여를 촉진하고 있다(김범
수·조화순, 2017, 229쪽).

전통적인 대의제는 정치엘리트와 대중 사이의 수직적인 정치관
계를 근본 원리로 했다. 네트워크 사회에서는 정보의 디지털화, 글
로벌화 그리고 개인화와 인터넷을 이용한 소셜 미디어의 활용으
로 정부와 시민의 관계가 더욱 수평적으로 변화했고, 시민들은 쌍
방향적인 소통으로 정책에 관해 토론하고 성찰하는 새로운 대의제
시스템을 필요로 한다. 시민들은 자신의 이해와 요구가 대표자에

의해 대표될 수 있다는 대의제의 기본 가정을 신뢰하지 않으며, 여론형성 과정과 정책결정 과정에 직접 참여하기를 원한다. 시민은 상시적이고 대규모로 정치과정에 직접 참여하는 제도를 기대하며, 이러한 정치참여의 과정을 통해서 진정한 민주주의를 구현하기를 원한다. 정보기술은 이러한 수평적이고 성찰적인 소통의 비용을 낮추어 새로운 대의제를 실현시키는 기술적 동인이라고 할 수 있다(김범수·조화순, 2017).

이러한 변화를 배경으로 이른바 '포스트대의제post-representative system'에 대한 논의를 이해할 필요가 있다. 포스트대의제는 전통적인 대의제의 위기와 한계를 극복하고 네트워크 사회에 조응하는 새로운 정치제도를 제시하려는 개념이다(Tormey, 2014). 20세기 말이후 나타나고 있는 정당의 위기 또는 대의제의 위기의 원인을 정치부패나 정부 실패와 같은 현상적 요인이 아닌 대의제 자체의 구조적 요인에서 찾고 있다. 포스트대의제 개념은 시민의 대규모적이고 지속적인 참여를 가능하게 하면서 정치적 안정을 실현하기 위한 정치제도의 설계원칙을 네 가지로 제시한다. 첫째, 대규모 시민들이 정책과 정치과정에 참여하는 시민의 관여를 보장하고, 둘째, 정책 및 정치과정에서 정보가 투명하게 제공되며, 셋째, 다양성이 보장되는 민주적 공론장이 형성되고, 끝으로 정책과 정치과정에서 시민의 통제가 실현되는 동시에 결정 결과에 대하여 시민이나 대의기구가 책임을 담당하는 원리에 의거해서 정치제도가 설계되어야 한다는 것이다(김범수·조화순, 2017, 252쪽).

이와 유사하게 앞서 언급한 '헤테라키 민주주의'의 개념도 4차 산업혁명 시대에 대의민주주의의 위기를 극복할 대안모델로서 주목할 만하다(임혁백 외, 2017). 헤테라키 민주주의는 자발적·개방적 참여와 책임성을 지닌 시민들의 역량을 강조하는 국가-시민-시장의 공치共治 모델이다. 이러한 헤테라키 민주주의의 개념 정립은 4차 산업혁명과 새로운 시대환경에 따른 전환기 정의의 실현 차원에서 제기된다. 헤테라키 민주주의는 대의민주주의의 문제점을 보완하고 발달된 시민적 정치기술을 이용하여 대리인인 대표가 주권자 시민의 요구에 응답하고 책임지게 할 수 있는 혁신적 장치들을 고안한다. 한국의 경우 2016~2017년 진행된 촛불정치 과정에서 대통령을 탄핵하고 새로운 정부를 구성하는 데 참여함으로써 광장 민주주의와 대의민주주의를 결합한 복합 민주주의의 가능성을 보여주었다(임혁백 외, 2017).

이러한 헤테라키 민주주의 모델은 시민들이 참여하여 직접 결정한다는 점에서 새로운 정책결정 모델에도 원용되고 있다. 대의민주주의 제도의 구조 속에서 참여민주주의의 장점을 구현한 것이라 할 수 있다. 소셜 미디어와 스마트 디바이스를 활용한 실시간 투표가 가능함에 따라 정책결정 과정의 전 과정에서 정부(또는 지방정부)는 e-플랫폼을 제공하고, 이를 바탕으로 시민들이 제안한 정책에 관한 토론이 진행된다. 이러한 헤테라키 정책결정 모델은 세계 각국에서 실험 중이다. 프랑스 파리에서는 'Madame Mayor, I have an idea'라는 e-플랫폼을 통해 연간 1억 유로에 해당하는 예산을 시민들의 발의와 토론, 숙의 과정을 거쳐 결정하고 있다. 에스파냐 마드리드에서도 'Decide Madrid'라는 e-플랫폼을 통해 시민들이 직접 발의하고 토론하고 결정하는 방식을 운영하고 있다. 아이슬란드 레이캬비크에서는 'Better Reykjavik and Better Neighbourhoods'라는 e-플랫폼을 구축하여 지역주민들의 참여 채널로 운영하고 있다(임혁백 외, 2017).

이와 유사한 맥락에서 '액상민주주의liquid democracy'의 개념도 이해할 수 있다(Rifkin, 2013). 액상민주주의는 기존의 경직된 민주주의 시스템을 디지털 수단으로 대체하는 가운데 정치적 유동성이 커지면서 시민들의 힘도 증대한다는 개념을 주요 내용으로 한다. 이원태(2017)가 강조하듯이, 이러한 액상민주주의의 작동은 블록체인뿐만 아니라 소셜 미디어 등과 같은 인터넷 기술을 활용한 새로운 민주주의 플랫폼을 바탕으로 한다. 기본적으로 액상민주주의는 직접민주주의의 장점과 대의민주주의 장점을 복합한 민주주의 모델로 이해할 수 있다. 4년마다 선거를 통해 의사를 표시하는 대의제를 너무 오래 기다리고 지루하다고 간주하면서, 소셜 미디어를 통해서 수시로 정치과정에 참여하고 자신의 권한을 이슈에 따라 다른 사람에게 자유롭게 위임하면서 수평적·분산적으로 권력을 행사하는 제도다(이원태, 2017, 14~16쪽).

이러한 액상민주주의 정치 시스템은 '이슈 기반 직접민주주의Issue based Direct Democracy, IBDD'라고 불리기도 한다(Kaye and Spataro, 2017). 이러한 이슈 기반 직접민주주의를 작동시키는 기술적 원리는 '액상 피드백liquid feedback'이다. 이는 독일 해적당이 '네트워크가 위계를 이긴다'는 슬로건하에 최초로 개발한 정치적 의사결정의 오픈소스 소프트웨어이자 전자투표 민주주의 시스템이다. 이러한 민주주의 기술은 독일 해적당 외에 브라질 해적당, 스위스 해적당, 이탈리아 오성운동당 등에서도 널리 활용하고 있다. 위임·선호도 표현·의견수렴·의견수정이 가능한 대화형 민주주의를 지향하기 때문에, 중앙정부의 시민 참여부터 지방정부의 지역정책 이슈, 사기업의 전략적 결정사안 등에 이르기까지 널리 활용 가능한 것으로 평가받기도 한다(조희정, 2017).

새로운 국가모델과 네트워크 국가

4차 산업혁명 시대의 정치제도와 민주주의에 대한 논의는 국가모델에 대한 논의로 연결된다. 4차 산업혁명 시대에 대응하는 주요 정치주체 중 하나인 오늘날의 국가는 근대적인 의미의 국민국가 행위자가 아니다. 글로벌화와 정보화, 민주화 등의 변화에 영향을 받아 탈영토적이고 탈중심적인 형태로 변환을 겪고 있는 새로운 모델의 국가로 이해되어야 한다, 이러한 국가의 변화를 이끄는 핵심 변수 중 하나가 4차 산업혁명의 기술 변수다. 예를 들어 블록체인과 같은 지능정보 기술을 활용한 탈집중 거버넌스의 도입을 통해 국가의 기능과 형태의 변화가 일어나고 있다(구민교, 2017; 송태은 2017). 사실 정보화시대를 맞이하여 기존 정부의 형태, 기능, 역할, 그리고 법체계에도 큰 변화가 발생할 것으로 논의되어왔으며,

최근에는 블록체인 기술의 도입으로 인해 국가 권위·시민권·민주주의의 전통적인 메커니즘에 중대한 변화가 예견되고 있다.

이러한 블록체인 기술을 가장 빠르고 성공적으로 도입한 나라는 에스토니아다. 에스토니아는 정부 주도의 디지털 프로젝트 'e-에스토니아e-Estonia'를 추진하여 데이터 플랫폼X-Road을 구축했으며, 이를 통해 전자투표·의료처방·세금납부 등의 공공서비스를 제공하고 있다. 특히 국민의 98%가 전자신분증e-ID을 보유하고 있으며 ID카드 인증을 통해 은행업무와 개인정보 관련 업무를 볼 수 있다. 세계 최초 전자투표i-Voting는 2005년 지방선거에 도입된 후 지금까지 아홉 차례나 시행되었으며, 익명성이 보장되고 중복투표가 방지되는 안전하고 효율적인 투표시스템으로 자리잡았다. 적은 인구의 단점을 극복하기 위해 발급한 전자영주권e-Residency은 최근까지 150여 개국의 3만여 명에게 발급되었다. 전자영주권 발급 이유 1순위는 '국제비즈니스'와 '기업 이전' 목적으로, 현재 전자영주권자가 소유한 기업은 6297개 사에 이른다(배영임 외, 2018).

앞서 언급한 바와 같이, 비트코인이 탈중심적 화폐경제의 가능성을 열었고, 이더리움은 화폐거래에 한정되지 않는 자발적인 사회조직의 운영방식을 제안했다면, 비트네이션Bit Nation은 블록체인 기술에 기반하여 근대적인 의미의 영토적 주권국가에 준하는 정치공동체를 설립하려는 기획이다. '탈중심적인 국경 없는 자발적 국가Decentralized Borderless Voluntary Nation, DBVN'를 천명하는 비트네이션은 수장 타르코프스키 템펠호프Susanne Tarkowski Tempelhof에 의해

2014년 7월에 설립되었다. 비트네이션은 비트코인의 블록체인을 기반 기술로 하고, 이더리움의 플랫폼을 응용하여 이를 국가와 유사한 차원으로 고양시키고자 한다. 블록체인 기술을 기반으로 하여 탈중심적 거버넌스와 탈영토적 국가를 지향하는 최초의 버추얼 국가라고 할 수 있는 비트네이션은 근대 국민국가의 틀을 넘어서 새로운 정치공동체의 가능성을 실험하고 있다(정채연, 2018, 430쪽).

세계 어느 곳에 있든 이름과 이메일 주소 정도의 정보만 제공하면 누구나 비트네이션의 시민이 되어 비트네이션에서 제공하는 행정 서비스를 이용할 수 있다. 시민들이 탈영토적인 온라인 공간에서 블록체인 기술과 스마트 계약을 기반으로 하여 자신들에게 효력 있는 법의 내용을 만들고 행정 서비스를 제공받으며 분쟁을 해결할 수 있다. 이는 향후 국민국가의 고유한 임무로 여겨졌던 대부분의 역할을 수행할 것을 지향한다. 이 밖에 버추얼 국가로서 비트네이션이 블록체인 기술에 터잡아 제공하고자 하는 서비스로는 신분보증, 분쟁해결, 결혼, 이혼, 유언, 토지등기, 교육, 사회보험, 보안, 외교 등을 망라한다. 2016년에 이르러 비트네이션은 이더리움과 협약을 체결하고 헌법을 공포하는 등 실질적인 국가로서의 지위를 갖는 실험을 벌이고 있다(정채연, 2018, 431쪽).

정채연(2018)이 지적하는 바와 같이, 비트네이션에서 블록체인 기반 탈중심적 거버넌스의 가능성이 가장 적극적으로 검토되는 영역은 바로 '신분관리 시스템'이다. 블록체인 기술은 중앙집권화된 정부기구가 아닌 시민들의 자발적인 인증을 통해 공인된 신분 및 효력 있는 법적 관계의 증명이 가능하다. 예컨대 국가의 관리 아래 놓여 있었던 각종 인증이 비트네이션을 통해 이루어지고 있으며, 실제 세계 최초로 블록체인에 혼인관계가 등록되고 최초의 블록체인 여권이 발행된 바 있다. 이렇듯 신분관리의 탈중심화는 특히 사용자의 데이터 주권 회복이라는 맥락에서도 당위성을 주장하고 있다. 신분관리에서 중앙기관의 통제를 경계하고 사용자 중심적 관점, 즉 개인에게 데이터에 대한 자율성 및 통제권을 보장하는 '자기주권적 정체성self-sovereign identity'이 모색된다(정채연, 2018, 434쪽).

비트네이션은 국경을 넘어서는 세계시민의 자유와 권리를 천명한다는 점에서 범세계주의적 성향을 띤다. 일례로 비트네이션은 세계시민권world-citizenship 개념의 정립을 지속적으로 추구해왔다. 세계 어느 장소에 있든지 개인들은 DBVN 헌법에 서명함으로써 비트네이션의 세계시민권 ID를 발급받을 수 있다. 2017년 말 현재 비트네이션을 통해서 세계시민권 신분을 획득한 비트네이션 시민은 1만여 명에 이른다. 정연(2018)이 사례를 들고 있듯이, 이 개념의 연속선상에서 2015년에 비트네이션이 제안한 '난민 긴급 대응 프로그램'을 이해할 수 있다. 이는 난민이나 망명신청자에게 블록체인 긴급 신분증Emergency ID과 비트코인 데빗카드를 제공해, 실질적 무국적자인 개인이 물리적으로 자신의 법적 지위를 증명할 수 없는 상황을 모국이나 국제기구에 의존하지 않고 해결하는 방도를 모색했다. 이를 통해 난민들은 모국의 신분증명 없이도 사회적·재정적 도움을 신속히 받을 수 있게 되었다(정채연, 2018, 453쪽).

비트네이션은 자국 국민을 보호하기 위한 주권의 행사나 공적 책임을 다하지 못하는 개발도상국의 거버넌스 문제를 해결하기 위한 대안도 제기한다. 정채연(2018)이 사례로 지적하듯이, 가나의 경우, 비트네이션을 통한 블록체인상의 토지등록이 이루어짐으로써 토지권에 대한 적절한 법적 보장이 이루어질 수 있었고, 이를 위해 가나도 버추얼 국가의 서비스를 적극적으로 활용하기 위한 법제도적 정비를 추진한 바 있다. 이렇듯 블록체인 기반 탈중심적 거버넌스 논의는 오늘날 국민국가가 직면하고 있는 도전 및 한계를 적절하게 성찰하고 세계주의적으로 나아가도록 하는 중요한 계기를 제공하고 있다(정채연, 2018, 454쪽).

　그러나 아무리 국경을 넘나드는 초국적 현상이 발생하고 이에 따라 복잡한 구도가 형성된다고 할지라도 (국민)국가는 사라지지 않고 그 역할과 형태의 변환을 겪으면서 미래에도 여전히 중요한 역할을 담당할 것으로 예견된다. 특히 변화하는 환경에서도 국가 안보를 보장하고 공익성 및 공공재를 제공하면서 다양한 행위자들의 사적 이해관계를 조율하는 국가의 고유영역은 여전히 존재할 것이다. 게다가 다양한 비국가 행위자들이 부상하는 네트워크 환경의 확산에 적응하여 국가조직도 자신의 기능과 권한을 적절하게 국내의 하위 단위체에게 분산·이전시킴으로써 그 구성원들로부터 정당성을 확보하고 있다. 또한 개별 국가 차원에 주어지는 도전에 효과적으로 대처하기 위해서 영토적 경계를 넘어서 국제적이고 지역적이며 경우에 따라서는 초국가적 차원의 제도적 연결망을 구축하려는 노력도 진행되고 있다. 이렇게 변화를 겪고 있는 국가는 근대 국민국가와 같은 단일 행위자 unitary actor라기보다는 국가-기업-사회의 복합 행위자로서의 '네트워크 국가 network state'로 개념화할 수 있다(김상배, 2014).

이러한 과정에서 출현하는 세계질서의 모습도 과거와 같은 국민국가 중심의 국제질서라기보다는 다층적인 세계질서의 모습으로 구현될 것이 예견된다. 네트워크 국가들이 구성하는 세계질서의 이미지는 현실주의가 그리는 것처럼 무정부질서 anarchy의 국제체제도 아니고 세계체제론에서 말하는 것처럼 어느 국가가 다른 국가의 상위 권위로서 군림하는 위계질서 hierarchy도 아니다. 또한 개인의 상위에 정부가 존재하는 국내사회와도 다르다. 네트워크 국가들이 구성하는 체제는 무정부질서와 위계질서의 중간에 설정되는 '네트워크아키 networkarchy' 정도로 볼 수 있다. 이러한 네트워크아키의 질서는 상이한 구성원리를 가지고 있는 몇 가지 유형의 질서가 복합된 질서가 될 가능성이 크다(김상배, 2014).

미래 정치의 주체는 누가 될 것인가

소셜 미디어, 블록체인, 인공지능, 빅데이터 등과 같은 4차 산업혁명 시대의 기술발달은 사회 전반의 변화에 크게 영향을 끼치고 있다. 정치 분야도 예외는 아니다. 4차 산업혁명이 정치 변화에 끼치는 영향이 관심을 끄는 이유는 새로운 권력현상을 엿볼 수 있기 때문이다. 사실 기술발달은 누가 어떻게 지배할 것인가의 문제를 되돌아보게 한다. 정교한 기술발달을 바탕으로 하여 중앙집권화가 정교화되고 지배 메커니즘이 고도화되기 때문이다. 그런데 4차 산업혁명이 생성하는 기술은 분권화를 가속화시켜 기성권력에 대한 대항의 메커니즘을 부추기는 효과도 낳는다. 특히 소셜 미디어와 블록체인 기술의 활용은 정치 참여의 활성화와 탈집중 거버넌스의 비전을 가능케 했다. 위계적인 조직과 플랫폼의 위력에 대항하는 소수자들의 네트워크가 힘을 발휘하고 있다. 이에 비해 인공지능이나 빅데이터 관련 기술이 제기하는 정치적 전망은 사실상의 지배권력이 강화되는 모습이다. 보이지 않게 프로그래밍되고 감시하는 플랫폼 권력의 정교화를 엿보게 된다.

이러한 논의의 연속선상에서 볼 때, 4차 산업혁명의 진전은 정치과정뿐만 아니라 정치제도의 변화도 야기하고 있다. 빠른 기술발달 와중에 기존의 구태의연한 정치제도들이 자취를 감출 것으로 예견되기도 한다. 대의민주주의 제도하에서 정치적 대리인의 역할을 담당했던 국회의원이나 정당, 의회 등이 앞으로 사라질 정치제도의 단골 후보로 거론된다. 예를 들어 국회의원과 같은 정치적 대리인들이 특권화된 직업으로 인식되는 상황을 넘어서 '자발적 계약직'과도 같은 유연한 직업으로 자리매김해야 할 것이다. 국민국가나 국적, 여권 등도 앞으로는 볼 수 없거나 그 형태가 크게 달라질 후보들이다. 이에 비해 4차 산업혁명 시대를 맞이하여 정치 분야에서 새로이 생겨날 것들도 없지 않을 것이다. 전자신분증 또는 전자영주권, 스마트 투표, 스마트 계약, 분산자율조직, 비트네이션, 네트워크 국가 등과 같은 아이템들을 후보로 떠올려볼 수 있다. 예를 들어 최근 탈원전 문제를 둘러싼 정치사회적 토론과 같은 공론화 과정이 디지털 기술의 지원을 받아서 좀 더 많이 출현할 것이다.

이러한 맥락에서 2030년 한국정치와 관련하여 제기되는 두 가지 비전으로서 분권화와 중앙집권화가 복합되는 균형점의 내용을 채워야 한다. 물론 전반적으로 유권자가 중심이 되는 분권화된 디지털 정치의 구현이 비전이다. 그러나 정부와 국회와 정당으로 대변되는 중앙집권형 제도가 완전히 없어지는 것은 아니므로, 분권과 집권이 공존하는 새로운 정치이념이나 국가모델의 균형점을 모색해야 할 것이다. 이러한 취지를 반영하여 이 글은 기존의 대의민주주의 차원을 넘어서는 정치 제도와 이념으로서 헤테라키 민주주의, 액상민주주의, 포스트대의제 등과 같은 복합 민주주의와 관련된 개념을 검토했다. 이는 단순한 선거와 정당과 같은 정치과정 문제에만 국한된 것이 아니라 실제 정책결정 모델에 원용되는 네트워크 거버넌스에 대한 전망을 낳고 있다. 이러한 과정에서 시스템 전반의 변화를 전제로 하여 4차 산업혁명 시대의 새로운 국가모델에 대한 고민도 진행되고 있다. 이 글에서 살펴본 포스트정당, 포스트대의제, 포스트민주주의 등의 논의가 포스트 국민국가 모델로서 네트워크 국가에 대한 논의와 연결되는 대목이다.

이러한 논의들은 궁극적으로 '어떻게 다스릴 것이냐?'라는 정치학 고유의 거버넌스 문제로 연결된다. 4차 산업혁명 관련 기술의 권력적 함의가 커지면서 이를 확보하기 위한 정책과 제도의 거버넌스를 정비하는 문제에서부터, 비대해지고 있는 기술변수 자체의 권력을 규제하는 제도와 규범을 만드는 문제가 관건이다. 이와 관련해서는 개별 국가 차원에서 과학기술 경쟁에 효과적으로 임하기 위해 국내 환경을 정비하는 문제 이외에도 이 분야의 국가 간 경쟁을 적절하게 규제할 국제규범의 도입에도 관심이 집중되고 있다. 이런 점에서 보면 4차 산업혁명의 진전은 단순한 기술현상에만 그치는 것이 아니라 이를 둘러싼 국내외 정치의 '게임의 규칙'을 새로이 세우는 거버넌스의 문제에도 영향을 끼치고 있다.

여기서 더 나아가 결국 제일 중요한 것은 누가 미래정치의 주체가 될 것이냐의 문제일 것이다. 4차 산업혁명 시대에서는 데이터와 알고리즘에 의한 의사결정과 행동양식에 익숙한 이른바 '디지털 자아들digital selves'이 미래정치의 주역이 될 것이다(이원태, 2017). 그들이 주도하는 미래정치의 모습을 구체적으로 묘사하기는 쉽지 않지만, 그들은 기계와의 협업에 익숙해진 뛰어난 개인들일 수도 있고 트랜스휴먼이나 사이보그일 수도 있다. 인간-기계 간의 인터페이스가 다양화되면서 인간적 가치 못지않게 사물 자체의 가치가 과대하게 부각될 가능성도 없지 않다. 인공지능의 알고리즘에 의존한 자동화된 의사결정이 증대하면서 정치적 행위의 중심이 사람이 아닌 사물로 이동하는 현상, 즉 정치적 행위주체의 탈인간화가 진행된다면 어떻게 해야 할까?

다양한 기회와 도전이 제기되는 4차 산업혁명 시대 정치 변환의 미래와 관련하여 제기되는 가장 큰 우려는 오늘날 정치엘리트들의 대응방식이 여전히 기존의 낡은 패러다임에 갇혀 있다는 점이다. 무엇보다도 새로운 기술발달이 가져올 정치 분야의 변화에 대해 둔감하다는 것이 문제다. 위기의식을 가지고 각성하는 것은 고사하고 기존의 이해관계에 얽매여서 새로운 변화를 수용하지 않으려는 관성도 문제다. 특히 대의민주주의의 위기를 논하는 상황에서 기성 정치엘리트들이 차세대 민주주의 모델에서는 쓸모없는 '중개자'로 전락할 가능성마저 있다. 물론 4차 산업혁명 시대 디지털 정치 변환의 성패는 우리의 힘에 달려 있다는 것을 잊지 말아야 한다. 정치가 '가능성의 예술'인 것만큼 우리의 노력 여부에 따라서 좀 더 나은 미래를 여는 것도 가능할 것이다.

제2장

미래 기업 경제의 비전

과업형 기업과 소호경제가 만든
새로운 경제 생태계

디지털 기술이 열어준 기회의 창

4차 산업혁명과 디지털화는 기존의 기업과 산업의 개념을 송두리째 탈바꿈시키고 있다. 개인과 기업이 네트워크와 플랫폼으로 연결되면서 시간과 공간의 한계를 뛰어넘어 다양한 협업과 분업을 진행하고, 기존 생산체제와 전통적 개념의 기업을 해체하면서 새로운 산업을 탄생시키고 있는 것이다. 이들은 인공지능과 빅데이터, 클라우드 등과 같은 소프트웨어 기술로 무장하고 있으며, 정보의 수집과 저장, 처리에 소요되는 거래 시간과 비용을 거의 0에 가깝게 낮추고 있다. 게다가 지식과 기술이 공유될 수 있는 모바일 인프라가 자리를 잡으면서 이들 간의 상호작용으로 기존 거대 기업은 비효율적이 되고, 디지털 신생기업들에게는 오히려 기회로 작용한다. 기존 대기업의 플랫폼이나 거버넌스에 의존도가 점차 줄고 있는 대표적인 사례가 바로 은행이다. 기존 은행이 제공하는 대부분의 서비스는 소액송금, 결재, 세금납부, 대출 등 과업 또는 개별 서비스 단위로 쪼개져서 이를 다양한 스타트업 기업들이 수행하고 있다. 이제 디지털을 이용해서 기존 기업 네트워크를 대체하는 과업형 기업들이 새롭게 등장하고 있는 것이다.

디지털화에 의한 또 하나의 새로운 현상은 바로 슈퍼파워를 발휘할 수 있는 주체, 즉 슈퍼개인이 주도하는 소호경제의 시대가 열리고 있다는 것이다. 2019년 세계경제포럼에서도 세계경제의 화두로 '세계화 4.0'을 설정하고 인터넷을 이용해서 부상하는 개인의 역할을 강조하고 있다. 세계화 4.0이란 제국주의(세계화 1.0) →국가 주도(세계화 2.0) →기업 주도(세계화 3.0)에 이어서 개인이 주도하는 세계화를 의미한다.

기존에는 전통적인 학교 시스템 또는 도제식 교육을 통해 전문가를 육성하였으나 최근에는 인터넷을 통한 스스로 학습이 용이해졌고, 전문지식조차 인터넷에서 쉽게 접할 수 있어서 누구나 쉽게 전문가 수준의 정보와 지식을 확보할 수 있다. 이렇게 전문성이 강화된 개인이 플랫폼이라는 새로운 생산기제와 융합되어 만드는 경제가 바로 프로슈머의 경제prosumer economy이자 디지털 소호경제다. 소호SOHO는 Small Office Home Office의 약자로 말 그대로 작은 사무실, 가정 사무실이라는 뜻이다. 즉 소규모로 운영되는 1인 기업, 자영업 또는 개인 기업 등을 의미한다.[1]

기존의 분업과 협력은 공간적·시간적 제약으로 단일 공장과 기업의 한계를 넘기가 사실상 불가능했다. 한 장소에 모여서 작업하는 것이 효율적이었으며, 제품 원료에서부터 구매·가공 및 생산·유통·판매·마케팅 등의 선형적 가치사슬이 중요했다. 그러나 지금은 시간과 공간의 제약 없이 전 세계 어디서나 다양한 이해관계자가 높은 수준의 협력과 협업이 가능하다. 수많은 외부 디자이너와 협업을 진행하는 로컬 모터스의 사례에서처럼 플랫폼은 전자상거래 플랫폼과 같은 마켓 플레이스Market Place에 그치지 않고, 생산을 위한 협업과 분업의 기반이 되기도 한다.

　디지털화로 인해 등장한 과업형 기업과 슈퍼개인이 주도하는 소호경제가 새롭게 등장함에 따라, 우리 경제도 이러한 디지털 기술이 열어주는 기회의 창을 비전으로 삼고 적극적으로 활용해야 한다. 디지털 시대의 과업형 기업은 위기에 빠진 국내 기업경제에 새로운 활력을 줄 것으로 기대되고, 또한 슈퍼개인들이 주도하는 역동적 소호경제는 일자리와 복지 문제에 새로운 접근을 가능하게 할 것이다.

디지털에 의한 가치사슬의 해체와 재구성

산업의 해체와 과업형 기업

기업이 어떻게 탄생했는가에 대한 기존의 시각은 크게 거래비용론(윌리엄슨)과 자원기반론(펜로즈)으로 나누어볼 수 있다. 먼저 거래비용론은 시장에서 일어나는 다양한 일을 개인보다는 장기적 거래관계를 갖는 기업(내부조직을 가지고 있는)이 더욱 낮은 비용으로 처리할 수 있기에 생겨났다고 한다.[2] 거래비용Transaction Cost을 발생시키는 원인으로 제한적 합리성·자산의 특수성·정보의 불확실성과 복잡성·독점과 같은 소수자 상황 등이 있으며, 거래 당사자들의 기회주의도 거래비용을 증가시킨다고 한다. 거래비용 경제학은 다각화와 인수합병은 물론 단일사업부U-Form에서 다사업부제 M-Form로의 변화도 거래비용 감소라는 맥락에서 해석한다. 한편 이와는 달리 펜로즈 Edith Penrose가 주장한 자원기반 이론 Resource Based View에서는 기업을 유휴자원이 없도록 끊임없이 성장하는 조직으로 해석한다.[3] 이들은 기업을 관리와 조정의 권위적 소통에 의해 묶여진 생산적 자원의 집합 Collection of Resources으로 정의하고 다각화와 인수합병은 놀고 있는 내부 자원을 효율적으로 활용하기 위한 성장과 팽창 차원의 전략이라고 해석한다.

그러나 최근 등장한 4차 산업혁명과 디지털 패러다임에서는 기업이 더 이상 내부 자원에만 의존적이지도 않고, 거래비용을 줄이지도 못하는 상황이 발생하기도 한다.

4차 산업혁명 기술의 등장으로 탄생한 대표적인 기업인 우버는 택시 한 대 없이 세계 최대의 택시사업을 운영하고 있으며, 에어비앤비 역시 호텔을 단 하나도 보유하지 않고 전 세계 191개 국가에 3만 4000개 이상의 도시에 진출해 누적 이용객 5억 명을 달성했다. 매일 200만 명가량이 에어비앤비를 이용해 전 세계 어딘가에서 하루를 보내고 있으며, 500만 명이 넘는 등록 호스트가 이들을 맞이하고 있다. 이들은 펜로즈가 강조한 핵심 자원인 택시와 호텔을 내부가 아닌 외부에서 조달하고 있는 기업이다.

1973년에 설립된 페덱스 FedEx는 화물 집결지인 허브 Hub를 만들고, 모든 화물들을 일단 허브에 모은 다음 재분류하여 미국 전역으로 배송하는 방식으로 모든 화물을 24시간 이내에 배송할 수 있는 허브-스포크 방식을 고안했다. 이 방식으로 미국을 포함해 전 세계 220개 이상의 국가 및 지역에서 신속하고 정확한 국제화물 특급배송 서비스를 선보임으로써 세계적인 운송산업 브랜드로 자리잡았다.

그러나 최근 등장한 디지털 기술로 무장한 물류 스타트업이 소량화물부터 대량화물에 이르기까지 선적, 운송, 보관, 추적 등 다양한 분야에 진입하여 페덱스의 허브-스포크 네트워크를 해체하고 있다. 기존 물류산업에서 활용되던 플랫폼은 관련 기업 간 B2B 플랫폼으로 일반 사용자에게는 공유되지 않았는데, 최근에는 빅데이터 인공지능 기술을 통해 물류요금 비교·화물이동 분석·마켓플레이스 등과 같은 신사업 모델이 속속 등장하면서 화주는 물류 마켓 플레이스를 통해 요건에 맞는 화물운송 기업·가격·보험 등의 여러 옵션을 비교하고 직접 선택할 수 있게 되었다. 세계에서 가장 큰 물류 마켓 플레이스는 인트라INTTRA로 200여 개국 3만 개의 소규모 해운기업들을 60개 이상의 주요 해운기업과 연결시켜줌으로써 복잡한 해양무역 절차를 간소화하고 있다.

또 다른 해체의 대표적인 사례가 바로 은행이다. 은행은 전통적으로 이용자의 자금을 보관하고 필요로 하는 사람들에게 빌려주는 대출업무를 주로 담당했다. 이 과정에서 부동산, 해외유학, 시설투자 등 목돈이 필요한 개인과 기업에게 대출하며 수익을 창출해왔다. 이렇게 다양한 연관 서비스 영역으로 확장하는 시너지가 경쟁력의 원천이기도 했지만 이제는 이러한 백화점식 서비스가 더 이상 이용자에게 편리와 가치를 제공하지 못하고 있으며, 오히려 관료적인 행정절차로 인해 불편을 제공하면서도 비싼 이자와 서비스 수수료를 챙기는 경우가 허다하다. 국내에는 비바리퍼블리카의 토스 서비스가 대표적으로 소액송금의 기능을 중심으로 기존 은행업을 분해하고 있는 사례다.

최근 기업과 산업의 해체 추세는 물류와 은행 이외에도 유통, 제조 등 전 산업의 영역으로 확산되고 있다. 이러한 산업의 해체 추세는 윌리엄슨Oliver Willamson이 강조한 기업의 존재와 거래비용론으로 설명하기 어려운 부분으로, 기술의 진보가 열어주는 새로운 기업 생태계다.

산업이란 인간이 생계를 유지하기 위해 필요한 재화나 서비스를 생산하는 활동이다. 산업의 종류, 즉 업종은 생산하는 재화의 종류에 따라 분류할 수 있는데 이들 각각의 업종에는 업종별 특성이 있으며, 같은 경영조직이더라도 소속된 업종이 다르면 그 자체에 여러 가지 다른 점이 있다. 최근 4차 산업혁명과 디지털 전환의 패러다임은 산업별로 존재하는 고유한 혁신의 특성을 해체하고 재조합하면서 새로운 산업으로 재탄생시키고, 그 과정에서 과거 존재하지 않던 새로운 기업도 출현시키고 있다. 볼드윈Robert Baldwin(2006, 2011)에 의해서 주창된 산업의 해체는 몇 단계를 거치면서 진행되고 있는데, 우선 1차 해체는 증기기관 혁명이 거래비용을 줄여서 생산의 지역적 분업이 가능해졌다. 인도에서 생산한 섬유와 의류가 영국에서 소비되거나 한국 등 동아시아 국가에서 생산된 신발과 의류, 전자제품이 선진국에서 소비되는 것이 대표적인 사례다. 이때 후발국의 전략은 저기술-저임금으로 진입이 가능한 산업을 전략적으로 선별해서 선진국의 설계기술과 자국의 저임금 노동력을 결합하고, 비용경쟁을 넘어 점차 설계단계로 역량을 고도화하거나 독자적인 기술경로를 개척하는 것이 추격과 생존의 핵심이었다.[4]

1차 해체가 산업혁명으로 인해 등장했다면 2차 해체는 ICT 기술에 의해서 등장했다. 즉 ICT 기술이 제품과 서비스의 생산단계에서 조정비용coordination cost을 감소시킴으로써 분업이 등장하게 되었다. 가장 대표적인 변화는 선진국 기업들이 자국에서 만들어진 하이테크 제품을 해외의 저임금노동자들과 결합했다는 것이다. 1차 해체 시기에는 한 공장에서 만들어진 제품이 다수의 국가에 판매되었지만, 2차 해체 시기에는 사람·물건·트레이닝·투자·정보가 국가 간에 지속적으로 흐르며 한 제품이 다수의 국가에서 생산되고 조립된다. ICT 혁명으로 복잡한 업무의 조정비용을 줄이는 것이 가능해지자 선진국은 생산 및 판매 단계 중 특정 부분을 후발국에 오프쇼어off-shore해서 후발국의 저렴한 노동력을 활용한 생산체제를 갖추기 시작한 것이다. 미국과 인도 간의 ICT 서비스 분업이 대표적 사례다.

볼드윈(2006, 2011)에 따르면, 과거 자급자족 경제에서 산업혁명으로의 이행기에 등장한 기업 간 분업이 1차 해체, 정보통신기술에 의해 아웃소싱이 등장한 것이 2차 해체라고 했는데, 이러한 관점을 연장해서 보면, 지금은 디지털 신생기업Digital new-born에 의해 전통적 개념의 산업이 과업 중심으로 분해되고 있는 단계로서 3차 해체에 해당할 것이다.

디지털에 의한 가치의 재구성

전략경영시대의 산물인 가치사슬Value Chain[5]은 빅데이터와 인공지능과 같은 4차 산업혁명 시대의 등장으로 가치의 재구성Value Constellation이라는 개념으로 대체되고 있다.

4차 산업혁명의 새로운 디지털 기술은 시장에서 가치에 대한 해석과 가치를 창출하는 방식 및 경로에 기존과는 다른 새로운 가능성을 열어주고 있는 것이다.[6] 빅데이터, 인공지능, 블록체인 등과 같은 소프트웨어 기술은 산업의 경계를 연결하고 새로운 생태계를 창출하기에 다양한 가치의 생성과 통합이 가능해졌다. 이제 기업은 기업 내 생산과 판매의 단계별 부가가치를 창출하는 것을 뛰어넘어 공동으로 가치를 생성하고 교환하면서 새로운 생태계를 재창조한다. 이들의 전략적 과업은 주체들 간의 역할과 관계를 재구성해서 새로운 가치를 생성해내는 것이다. 이제 가치는 더 이상 선형적인 사슬로부터 생성되는 것이 아니라 복잡한 재구성에 의해 생성된다. 예를 들어 AI 비서는 사용자의 특수한 경험에 기반해서 현지 날씨정보, 맛집, 관광지, 환율정보 등을 맞춤형으로 조합한다. AI 비서에게 태국 여행에 대해 문의하면 인터넷에 존재하는 엄청난 양의 정보를 검색하고, 사용자의 취향을 고려해서 태국의 호텔·항공권·일정·여행지·식당 등을 추천한다. 하지만 사용자의 입장에서는 AI 비서의 판단 알고리즘을 이해하기도 어렵거니와 AI 비서가 검색한 정보의 양을 현실적으로 비교·검증하기도 불가능하기 때문에 이 서비스가 정말 적당한 가격의 서비스인지 판단하기 어렵다. 따라서 사용자는 AI 비서가 제공한 서비스를 보고 그 가치를 수용할지 말지 결정만 하면 된다. 이러한 생태계에서는 같은 상품을 좀 더 저렴하게 제공하는 비용 경쟁력보다 소비자가 수용할 만한 가치로 재조합해서 제공하느냐가 핵심 경쟁력이 된다.

또 다른 사례로 2017년 미국 보험사인 유나이티드 헬스케어는 운동량과 생활습관 등을 측정할 수 있는 특수 제작 기기를 착용한 보험 가입자에게 최대 1460달러(약 165만 원)를 적립금 형태로 되돌려주면서 차별화된 경쟁력을 유지하고 있다.[7] 온라인 보험사인 오스카도 손목에 차는 스마트 기기인 미스핏으로 수집된 보험 가입자의 정보를 활용해서 운동량이 오스카가 정한 수준을 넘어서면 온라인 쇼핑몰 상품권을 주면서 차별화하고 있다.[8]

사실 건강 관련 다양한 데이터가 축적되면 운동을 많이 하고 건강한 식생활을 하는 50대의 보험료를 술·담배에 빠져 있고 좀처럼 운동을 하지 않는 20대의 보험료보다 더 싸게 책정하는 것이 가능해져 사회 구성원 모두가 이득을 볼 가능성이 높다. 이는 결국 불필요한 사회적 비용을 줄이고, 혁신창출 활동에 재원을 더 활용할 수 있게 하는 일종의 사회적 경쟁력이 될 수 있다.

이러한 사회적 가치의 연결 활동은 쓰레기, 자동차 배기가스, 생활폐수, 전기 절약 등 여러 분야에서 혁신적으로 시도되고 있으며 일정 정도 효과를 보고 있다. 개별 산업 차원에서의 가치사슬 최적화로는 달성하기 쉽지 않았던 혁신이 가치의 재구성 생태계에서는 가능할 수 있는 것이다.

슈퍼개인과 디지털 소호

인터넷으로 연결된 사회에서 개인의 영향력은 시간과 공간의 한계를 뛰어넘는다. 창의적인 생각, 선구자적 생각을 가진 개개인들이 아마존에서 쇼핑하고, 한국에서 중국 사이트에 쇼핑몰을 만들어 비즈니스를 하는 등 전 세계를 무대로 활동하는 시대가 왔다. 회사에 출근할 필요도 없이 한국에서 생활하면서 미국이나 유럽 회사의 직원이 되어 일을 할 수 있고, 컴퓨터 앞에 앉아 상대방의 얼굴을 보며 무슨 회의든지 할 수 있게 된 지는 이미 오래됐다.

디지털혁신의 대표적인 산물인 플랫폼과 모바일 인프라를 활용해 전통적 개념의 거래비용을 줄이면서 같은 조직체 내에서만 가능했던 제품과 서비스의 생산 및 교환이 개인 단위에서도 가능하게 해주었다. 개인적 재능이나 재화가 시장에서 거래되고, 기존 생산활동에 참여하는 데에 소요되는 비용이 획기적으로 줄면서 다양한 혁신이 발생하고 있는 것인데, 이렇게 전문성이 강화된 개인이 플랫폼이라는 새로운 생산기제와 융합되어 만드는 경제가 바로 프로슈머의 경제prosumer economy이자 디지털 소호경제다.[9] 대표적인 사례가 디지털 소호의 연결을 지원하는 크몽과 탤런트 뱅크라는 프리랜서 플랫폼이다. 특히 크몽 플랫폼은 2019년 6월 현재 분야별 전문가 16만 명이 가입해서 활동하고 있으며, 누적 건수 100만 건을 돌파할 정도로 활성화되어 있다. 한편 2018년 7월에 오픈한 탤런트뱅크의 경우, 대기업에서 경력을 축적한 시니어 인력을 중소기업에 연결시키는 인력의 선순환 역할도 한다. 일례로 케이블과 건설자재 등을 생산하는 중소기업 A사는 가격경쟁력과 품질은 확보했지만 해외시장에서 영업과 마케팅하는 방법을 몰랐는데, 탤런트뱅크를 통해 삼성과 LG 등에서 일한 경험이 있는 전문가를 활용하고 있다. 이들은 고정급 없이 출장비와 성공보수를 받기로 하고 미국시장을 개척하기 위해 일하고 있다. 탤런트뱅크는 2019년 3월 현재 이런 프로젝트 계약을 150건 정도 성사시켰다.

탤런트뱅크와 같은 플랫폼을 긱이코노미Gig Economy라고 한다. 긱gig은 1920년대 미국 재즈 공연장에서 일회성 계약으로 밴드나 연주자들을 고용하던 방식에서 유래한 단어다. 유럽 고용시장에서 긱이코노미가 차지하는 비중은 20% 중반대로 추산되며, 「포브스」는 2020년 미국경제에서 긱이코노미가 직업시장에서 차지하는 비중이 43%에 달할 것으로 전망하고 있다.

과업형 기업과 디지털 소호, 자신만의 가치를 만들다

디지털 기술의 등장으로 기존 산업의 네트워크와 대기업의 비즈니스 영역은 디지털 소호들에 의해 단위 기능(또는 과업)으로 점차 분해되며 해체되고 있다. 이 절에서는 과업, 시간과 공간 등 다양한 영역에서 기존 시스템을 해체하고 새로운 생태계를 구성하는 슈퍼 개인과 디지털 소호의 사례를 소개하고자 한다.

과업형 기업

무형의 서비스와 지식을 거래하는 '탤런트 마켓Talent Market': 크몽

2012년 6월 설립된 크몽kmong은 2018년 12월 현재 약 40만 명의 이용자를 보유하고 있는 대표적인 프리랜서 마켓이자 서비스 중개업체다.

크몽이 최초로 제공한 서비스는 5000원에 캐리커처를 그려주거나 연애편지를 대신 써주는 등 개인 사용자 위주의 캐주얼한 느낌의 서비스였다. 이후 전문가 그룹이 유입되면서 개인 사용자보다는 비즈니스 거래가 점차 증가했고, 2016년부터는 아예 비즈니스 서비스 마켓 플레이스를 표방하고 있다.[10]

크몽은 무형의 서비스와 지식을 거래하는 '재능마켓'으로 단순한 아마추어 개념의 공유경제 모델을 넘어 좀 더 전문적인 지식과 서비스를 거래하는 일종의 마켓 플랫폼이다. 플랫폼 내에서 새로

운 창업이 이루어짐과 동시에 중소기업·소상공인뿐만 아니라 대기업까지도 활발하게 이용하고 있다. 또한 경력단절 여성이나 일선에서 은퇴한 전문가 등에게 일거리를 제공하고, 중소기업이나 소상공인에게는 합리적인 가격에 높은 수준의 서비스를 제공하고 있다. 예를 들어 번역의 경우, 전문적인 번역 이외에도 영문 메일 등 전문 번역회사를 쓰기에는 애매한 문서나 서류 등의 과업에 서비스를 주로 제공했다. 다른 서비스 분야와 마찬가지로 프리랜서가 작업하므로 전문 번역회사보다 단가가 낮다. 따라서 결혼 후 육아에 전념하는 경력단절 여성이나 역량 있는 은퇴자, 장애인 등에게 새로운 과업시장을 창출하는 효과가 있다.[11]

서비스의 제공 범위는 로고나 간단한 인쇄물 제작 외에도 패키지 디자인·3D 디자인·CAD 등에 이르기까지 다양한 영역을 아우르고 있으며, 마케팅이나 애플리케이션 개발, 영상광고 제작, 난이도가 높은 통역·번역 등 비즈니스에 필요한 무형의 전문 서비스와 지식까지도 제공하고 있다.

2016년에 이미 매출 1억 원을 넘긴 재능 판매자가 열 명이 넘어섰으며 누적거래액이 100억 원을 돌파했다. 2017년 7월에는 누적

표 2-1 **크몽에 등록된 전문가 수** (2018년 12월 현재 총 136,882명)

구분	디자인 개발	마케팅	IT, SW 개발	콘텐츠 제작	번역·통역
등록자 수	3만 3855명	2만 1255명	1만 2533명	8971명	6361명

* 크몽 웹사이트(https://kmong.com/about/service).

거래액이 200억 원, 매출 1억 원 이상 판매자는 20명을 돌파했다.

햄버거와 화장품도 배달: 메쉬코리아의 부릉서비스

메쉬코리아Mesh Korea는 빅데이터, 인공지능 기계학습 등의 최신 IT기술을 활용하여 화주, 배송기사, 고객을 연결하는 일명 부릉서비스라는 배달서비스를 제공하는 디지털 물류기업이다.

버거킹이나 맥도날드 햄버거는 배달 서비스가 없어 매장을 방문해야 먹을 수 있었지만 이제는 부릉이라는 서비스를 통해 집에서도 배달받을 수 있다. 맥도날드의 입장에서 보면, 특정 식사시간에만 몰리는 배달주문을 위해 정직원을 고용할 수 없어 포기한 시장을 부릉서비스가 수익으로 실현해준 셈이다. 물론 부릉서비스는 맥도날드 이외에 버거킹, 롯데리아, 심지어 신세계백화점까지 상대하면서 규모의 경제를 확보한 덕분에 이런 서비스가 가능했다.

생각해보면 부릉서비스는 설계와 생산, 마케팅과 같은 생산단계 production stage보다 훨씬 작은 일종의 과업 수준의 일감을 모아서 처리하고 있다. 혹자는 이런 서비스는 기존에도 있었다고 하겠지만, 기존의 물류와 운송은 허브와 스포크 구조Hub-Spokes, 곧 일단 중간 집중국에 물건을 모았다가 다시 배분하는 형태라면, 부릉서비스는 허브를 거치지 않고 바로 배달한다. 다시 말해 서울에서 주문한 물건이 포천 공장에서 생산되어 대전 옆에 옥천 집중국에 갔다가 다시 서울로 전달되는 일이 부릉서비스에서는 발생하지 않는다.[12] 배달원이 정직원이 아니고 개인사업자이기에 월급 개념 자체가 없고

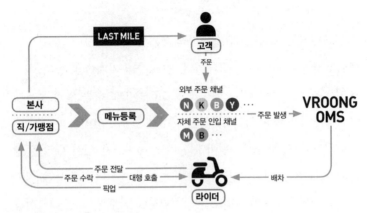

그림 2-1 　메쉬코리아의 주문 처리 절차

* http://meshkorea.net/?c=service#vroong_tms.

배달한 과업에 따른 수당Task Based Income이 있다. 부릉서비스는 자
사의 핵심 경쟁력이 이들 배달원이 얼마나 빠르고 안전하게 과업
을 달성하는가에 달려 있다고 보고 배달원을 위해 보험 가입은 물
론이고 전국에 이들 배달원이 쉴 수 있는 휴식공간(부릉 스테이션)
과 안전장비를 제공하고 있다. 심지어 배달원은 배달에만 집중할
수 있도록 물건 파손 및 교환 등 이슈를 해결하는 전문 상담센터를
아웃소싱의 형태로 운영하고 있다. 과업 자체가 소비자와의 접점
에서 발생하기에 소비자 정보가 맥도날드나 버거킹이 아닌 부릉서
비스에 축적되어 향후 소비자 취향에 더욱 다가가는 서비스로 업
그레이드할 가능성도 열려 있다. 흥미로운 점은 배달원의 숙련도
에 따라 소득이 달라지지만, 신입 배달원의 사기 진작과 업무의 지

속성을 고려하여 일을 시작한 초기에도 일정 소득을 확보할 수 있도록 알고리즘을 설계했다.

이 기업에서는 생산성과 효율성 이외에도 최소생계를 유지하기 위한 과업량이라는 매우 인간중심적인 업무 배분이 인공지능 알고리즘에 의해 구현되고 있어서 숙련이 덜 된 배달원이라도 배달기술을 업그레이드할 기회가 보장된다. 사실 직원도 아니고 월급도 없다 보니 이들에게 최저생계비는 별로 의미가 없고, 오히려 최저생계 과업이 의미가 더 크다. 메쉬코리아의 설계자는 이 기업이 기존의 일자리를 재배치한 것이 아니고, 원래 수요가 불규칙해서 정규직 일자리로는 오히려 비용이 더 들어가서 답이 없었던 영역에서 인공지능과 데이터로 새로운 형태의 일자리를 창출해냈다는 견해를 가지고 있다. 즉 기존 조직으로는 거래비용이 오히려 증가해서 개인화된 형태의 일자리(개인사업자 형태)가 탄생했다는 것이다.

표 2-2 **메쉬코리아 기업 현황**

기 업 명	(주)메쉬코리아	대표이사	유정범
법인 설립	2013. 01.	서비스 론칭	2013. 05.
서비스	화주와 고객 간 라스트 마일 물류배송 서비스 및 기업의 물류배송을 최적화하는 물류 솔루션 제공		
수익 모델	배송 수수료, 물류 솔루션 이용 요금		
주요 투자처	네이버, 카카오, 현대자동차, 신한캐피탈 등 총 10여 개 기업 및 VC로부터 투자 유치		

매쉬코리아는 배달은 개인사업자를 활용하고 고객불만 해결센터는 아웃소싱 형태로 위탁하면서 내부에서는 주로 시스템 개발과 화주 네트워크의 구축과 운영에 집중하고 있는데, 이는 자원기반이론에서 강조한 내부자원의 이용보다 외부자원의 연계와 활용이 중요하다는 점을 시사한다.

최근 매쉬코리아는 CJ올리브네트웍스가 운영하고 있는 국내 대표 헬스앤뷰티 스토어 올리브영과 함께 화장품을 즉시 배송하는 서비스인 '오늘드림'을 시작하며 영역을 확장하고 있다.[13]

자투리 경제와 디지털 소호

기존에 버려지는 제품이나 자투리를 단순히 재활용하는 차원을 넘어서 디자인을 가미하는 등 새로운 가치를 창출하여 새로운 제품으로 재탄생시키는 것을 업사이클링Up-cycling이라고 한다. 생활 속에서 버려지거나 쓸모없어진 것을 수선해 재사용하는 리사이클링Recycling의 상위 개념으로, 기존에 버려지던 제품을 단순히 재활용하는 차원에서 더 나아가 새로운 가치를 더해upgrade 전혀 다른 제품으로 다시 생산하는 것을 말한다. 재활용 의류 등을 이용해 만든 옷이나 가방, 버려진 현수막을 재활용해 만든 장바구니, 음식물쓰레기를 지렁이 먹이로 활용하여 얻은 지렁이 배설물 비료 등이 이에 해당한다. 경제학에서 자투리는 범위의 경제를 설명할 때 쓰이는 개념인데, 한 제품의 자투리를 다른 상품의 생산에 활용해 이득이 생기는 경우 이를 흔히 범위의 경제가 있다고 말한다. 범위의 경제를 누리는 기업들은 생산비용을 절감할 수 있고 유통과 서비스 분야에서도 경비를 절감할 수 있다. 예를 들어 자투리 목재로 고급 의자나 액세서리 수제품을 만들고, 옷이나 구두 등을 만든 뒤 남은 가죽 자투리로 손지갑이나 가방을 만드는 것 모두 이런 범위의 경제를 이용한 경우다. 오징어 가공 공장에서 버려진 오징어 입을 모아 맥주 안주로 만든 아이디어도 버려지는 자투리를 활용한 사례다. 최근 디지털 기술은 자투리의 활용도를 높이거나 거래비용을 줄여서 새로운 가치를 창출하게 만든다.

자투리 천으로 패션을: SJY와 '퀼트' 스타일

대표적인 업사이클링 브랜드로는 스위스에 본사를 두고 있는 '프라이탁'이 있다. 이 기업은 비가 와도 스케치가 젖지 않게 할 만한 튼튼한 메신저 백을 만들어야겠다는 생각에서 가방 만드는 일을 시작했다. 가방의 소재는 타폴린이라는 방수천, 자동차의 안전벨트, 폐자전거의 고무 튜브 등 재활용 소재에서 얻었으며, 반드시 일정 기간(방수천은 5년) 사용한 재료만을 사용했다. 제작공정에서 1년에 트럭 천막 200톤, 자전거 튜브 7만 5000개, 차량용 안전벨트 2만 5000개가량이 소요된다. 모든 제품이 수작업으로 만들어지며 모든 제품을 개별적으로 디자인한다. 가격은 20만~70만 원으로 고가에 속하며, 전 세계 350개 매장에서 연간 500억 원 어치가 팔린다.[14] 업사이클링 제품들은 가격이 비싸도 소비자들이 업사이클링한 가치 있는 제품에 소비를 한다고 생각하기 때문에 경기불

그림 2-2 SYJ의 업무 풍경

황에도 잘 팔린다. 실제로 신발 한 켤레를 사면 한 켤레의 신발을 제3세계 어린이들에게 기부를 하는 탐스슈즈의 경우, 타 브랜드에 비해 상대적으로 높은 가격에도 불구하고 사람들이 가치를 위해 소비한다고 생각하기 때문에 불황일수록 더 잘 팔린다.

자투리를 이용해 이른바 대박을 터뜨린 대표적인 기업이 바로 'SYJ'다.[15] 2014년 4월에 창업한 이 기업은 매출의 90퍼센트가 맨투맨 티셔츠에서 나온다. 옷을 생산해 11번가, 지마켓, CJ몰 등 국내 주요 온라인 쇼핑몰과 동대문 도매시장에 납품한다. 최근에는 자체 온라인 쇼핑몰(www.im3.co.kr)을 열기도 했다. 치열한 경쟁이 벌어지는 의류업계 판매전쟁에서 승리한 비밀은 바로 자투리 원단이다. 봉제공장들이 내다버리는 이른바 '자투리 원단'을 이용해 옷을 만들어 원가를 40% 이상 줄인 것이다.

다음은 SYJ 김소희 대표의 인터뷰 내용이다.[16]

"새 원단으로 맨투맨 티셔츠를 만들 땐 2000~3000원이 들지만요. 짜투리 원단을 이용해 만들면 원가가 1500원입니다. 3년이 지

그림 2-3 **자투리 원단을 이용한 봉제 기술**

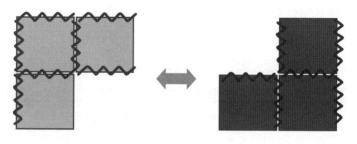

ㄱ 블록과 ㄴ 블록 모양으로 원단을 봉제하면 트임 없이 자연스럽게 옷을 봉제할 수 있다. 게임 테트리스에서 'ㄱ'과 'ㄴ' 모양 블록이 짜임새 있게 결합하는 데에서 아이디어가 나왔다. 색상이 달라도 염색 가공을 할 경우 한 가지의 색상과 문양의 원단으로 만들 수 있다.

난 자투리 원단을 다시 임가공해 새 원단처럼 뽀송뽀송하게 만듭니다. 저희 옷이 동대문에서는 4000~5000원, 백화점 편집숍에서는 1만 원에 팔려요. 값싸고 포인트 있는 옷을 파는 게 경쟁력이죠."

매년 새 원단 단가가 높아져 의류회사들의 부담이 커지고 있었다. 그러나 김 대표는 버려지는 자투리 원단을 다시 가공해 옷을 만들어 원가 경쟁력을 확보했다. 남들과 거꾸로 가는 역발상이다. 버려지는 원단을 활용해 짜임새 있게 봉제하는 기술을 개발하고, 가공·염색을 거쳐 새 원단 수준으로 만들었다. 티셔츠의 앞판은 자투리 원단, 뒤판은 새 원단으로 만들어 원가를 낮췄다. 손바닥만 한 자투리 원단 여러 개를 이어 만든 퀼트 스타일의 디자인 의류도 개발했다. 지금은 섬유에 지방을 연소하는 성분을 넣은 다이어트 섬유도 개발하고, 로봇 팔을 장착한 새로운 재봉틀 기계를 개발해서 자투리 원단을 자동으로 엮어준다.

이 기업은 IBK투자증권을 통해 증권형 크라우드펀딩으로 7억 원을 조달했고, 2017년 5월 크라우드펀딩 성공 기업으로는 최초로 코넥스시장에 상장했다. 미얀마에 생산법인을 설립해서 미얀마를 비롯한 동남아 유명 백화점에 입점을 앞두고 있으며, 향후 오프라인으로 매장을 확장하고 남성복에도 도전할 계획이라고 한다.

자투리 공간도 혁신: 스위트스팟

종로나 명동, 심지어 땅값이 비싼 강남의 어느 빌딩이라도 로비는 널찍하고 자투리 공간은 있다. 스위트스팟Sweet Spot이라는 기업은 주로 빌딩 로비 후면이나 지하로 내려가는 엘리베이터 옆처럼 '놀리는' 공간에 임시매장(팝업스토어)을 연다. 건물 측에서는 유휴공간을 활용해서 좋고, 물건을 파는 기업 입장에서는 유동인구가 많은 곳에 가게를 열 수 있어 상생이 된다.[17] 유휴공간이라 해서 아무 물건이나 파는 것은 아니다. 빌딩의 품격을 유지하도록 매장 공간을 고급스럽게 연출해 매출을 극대화하는 것이 경쟁력이기에, 유동인구와 판매결과 같은 데이터를 분석해 전략을 세운다. 최근에는 팝업스토어 덕에 빌딩의 유동인구가 평균 7~8퍼센트 늘고, 빌딩 주차료나 커피숍 매출도 올랐다는 가시적 효과가 입소문이 나면서 건물 이미지 제고 차원에서도 건물주들이 팝업스토어 유치에 적극적이다.

이 기업은 2015년 창업 후 분기 평균 250%씩 성장했고, 강남파

이낸스센터와 파르나스몰, 그랑서울, 서울스퀘어, DDP, 여의도 전 경련회관 등 중개한 빌딩만 70곳에 달하는 성과를 냈다. 사실 생각 해보면, 상점을 개설하기 위해서는 유동인구가 많은 공간을 탐색 하고 장기임대 계약을 해야 하며, 내부 인테리어·마케팅 홍보·직 원 채용 등에 회수가 보장되지 않은 투자를 해야 한다. 그런데 팝 업 스토어는 단기간에 상품의 시장성을 검증할 수 있고, 판매자가 감당해야 할 비용과 위험도 상대적으로 낮다. 이러한 비즈니스 모 델이 가능한 이유는 모바일 환경이 흩어져 있는 유휴공간을 한곳 으로 모아 규모의 경제를 실현하기 때문이다.[18]

자투리 시간을 활용한 투잡 경제 Two-Job Economy : 카바조

카바조는 차량 상태를 정확히 진단할 수 없는 소비자들을 위해 정 비사가 차량 구매 시 동행해 중고차시장의 정보 비대칭성을 해결 해주는 O2O Online to Offline 플랫폼이다.[19] 정비사가 현장에서 총 130 가지가 넘는 항목을 점검한 후, 차량의 상태를 파악해서 구매를 도 와준다.

점검 서비스는 정비사들의 일정한 퀄리티를 유지하기 위해 육 안으로 직접 보고 확인하는 것뿐만 아니라 전문 장비를 동원해 차 량의 이상 유무를 체크하며, 점검한 결과는 점검 리포트로 발행해 서 고객에서 전달한다. 카바조의 인터넷 사이트에서 정비사 대동 서비스를 예약한 후에 약속된 시간에 정비사와 함께 중고차 딜러 를 만나러 가면 된다. 카바조 소속 정비사들은 카센터 등에서 일하면서 자투리 시간을 이용해 부업으로 카바조 일을 한다. 정비사 입장에서는 남는 시간에 수익을 낼 수 있고, 이용자 입장에서는 중립적인 위치의 자동차 전문가의 조언을 받고 중고차를 살 수 있다는 장점이 있다.[20]

이제는 지자체 차원에서도 버려지는 자투리 시간을 활용해서 가치창출 활동과 연결하려는 시도를 하고 있다. 특히 포항시의 경우, '자투리시간거래소'를 운영하며 구직자와 구인자를 연결해주고, 사용자에게 인센티브를 부여하는 방식으로 더욱더 활성화하고 있다. 포항시 자투리시간거래소는 2018년 1월 2일 개통한 이래 현재까지 시스템 접속자 7만 8044명, 구인·구직자 3337명, 구인·구직자 간 취업자 1314명으로 큰 성과를 보이고 있다.[21]

소호 네트워크

크몽, 메쉬코리아 같은 기업들이 플랫폼으로 서비스 수요자와 공급자를 연결했다면 최근 등장하는 디지털 소호는 수요자와 공급자를 단순히 연결하는 것에서 나아가 다른 소호들을 연결하면서 소비자에게 새로운 가치를 창출하고 있다.

소호 큐레이션과 네트워크: 마켓컬리

마켓컬리Market Curly는 온라인 전자상거래로는 최초로 저녁 11시까지 주문하면 다음 날 7시까지 배송해주는 새벽배송 서비스를 시작하여 창업 3년 만에 월매출 100억 원을 돌파할 정도로 빠르게 성장하고 있다. 신세계, 쿠팡 등 대형 온라인 전자상거래 기업도 마켓컬리를 따라 신선식품의 새벽배송에 진출하고 있다. 일반 공산품과 달리 유통기한이 짧은 신선식품을 보관하고 배송하기 위해서는 콜드체인시스템[22]을 도입해야 하기 때문에 대규모의 투자가 필요하다. 또한 수요를 기반으로 한 최적의 물량 확보가 중요하다. 다시 말해 품절되지 않을 만큼 충분하면서, 폐기되지는 않을 만큼 적정한 물량의 수급이 가능해야 유통 이윤의 극대화가 가능하다. 마켓컬리는 빅데이터와 인공지능 기술을 수요 예측에 활용함으로써 이 문제를 해결했다. 실제로 마켓컬리는 빅데이터를 통한 수요 예측으로 상품의 폐기율이 1% 수준에 불과하다.

하지만 콜드체인과 수요 예측을 통한 신선식품의 당일 배송이 초기에는 차별화된 경쟁요소로 작용할 수 있지만, 경쟁사도 대규모 투자를 통해 배송 시스템을 구축할 수 있다. 더욱이 쿠팡과 11번가 같은 경쟁사들은 고객의 데이터를 다양하게 수집하고 있기 때문에 더욱 정확한 수급 예측이 가능하다.

마켓컬리의 가장 차별화된 경쟁력은 큐레이션 서비스다. 마켓컬리는 어디서나 구매할 수 있는 대기업의 기성제품이 아닌 동네 소호의 제품을 소개한다는 점이 차별화 요소다. 상품기획자 merchandiser, MD가 전국의 음식점과 농가들을 찾아다니면서 이들을 소개하는 것이다. 마켓컬리에서 소개된 대표적인 소호는 미자언니네, 정미경키친, 리치몬드제과점 등 다양하다. 이전에는 이들 밑반찬이나 빵을 그 동네에 찾아가야 맛볼 수 있었다. 소호의 입장에서도 한정된 전문 식품만으로는 온라인에서 판매가 어려워 오프라인에 집중하고 있는 상황이었다. 마켓컬리에서 이들 소호를 소개하면서 마켓컬리의 소비자는 찾아가지 않으면 먹어볼 수 없는 빵이나 밑반찬을 직접 집에서 받아볼 수 있게 되었다. 쿠팡, 11번가가 오프라인의 제품을 조금 더 싸게 살 수 있게 또는 오프라인 매장에 가지 않고도 편리하게 살 수 있게 하는 것에 불과했다면, 마켓컬리는 소비자가 좋아할 만한 상품과 함께 이 상품으로 요리해 먹을 수 있는 레시피도 소개하는 등 기존 온라인 전자상거래가 하지 못했던 새로운 가치를 주고 있다.

또한 마켓컬리의 상품은 제품 한 개당 최대 세 개의 브랜드만 유지하고 있다. 예를 들어 마켓컬리에서는 감자를 한두 가지 종류만 판매하고 있다. 반면 11번가나 쿠팡 같은 오픈마켓에서는 판매자가 각기 다른 감자를 올려두는 구조이기 때문에 수십 종류의 감자가 판매되고 있다. 여기서는 상품기획자의 큐레이션 능력이 중요한데, 상품기획자는 원재료와 성분, 제조시설 등 70여 가지 항목을 검사해 해당 기준을 통과한 제품만 선정해 판매한다. 또한 공급사로부터 직접 상품을 구매하여 재고 부담을 줄이고 소비자에게 제공하는 가격을 낮출 수 있다. 잡지사 출신의 에디터가 직접 상품을 소개하고 사진도 내부의 콘텐츠팀에서 직접 촬영한다. 소비자들의 이해를 돕기 위해 모든 상품 페이지에 컬리's 체크포인트를 제시해 자세한 성분과 활용법을 소개하는 것은 물론 브랜드 스토리와 즐기는 팁 등을 잡지 기사처럼 제공한다.

소호 연대와 공유공장 : 성수연방과 위쿡

소호들의 제품과 서비스를 큐레이션하면서 새로운 가치를 만들어내는 마켓컬리가 온라인의 모델이라면 오프라인에서도 이와 비슷한 현상이 나타나고 있다. 바로 공유공장이다. 공유공장의 시작은 규제 때문인데, 마켓컬리를 통해 온라인에서 빵이나 반찬을 판매하던 기존의 소호가 식품위생법에 규제를 받으면서 더 이상 판매할 수 없게 된 것을 계기로 등장했다.

식품위생법에 규제를 받은 대표적인 사례가 '오월의 종'이다. 2007년 한남동에서 작은 베이커리로 시작한 오월의 종은 소문이 나며 이태원과 영등포 등에 분점을 내며 인기를 끌고 있었다. 오월의 종은 마켓컬리와 협력하면서 매출액이 4~5배 가까이 늘어났고 온라인에서도 성공 가능성을 열었다.[23]

하지만 동네 떡집, 빵집이 대부분 그렇듯이 오월의 종도 식품위생법상에 즉석식품가공업으로 등록되어 있어 온라인 유통을 위해서는 식품유통업자로 다시 등록해야 했다. 그런데 동네 빵집이 식품유통업자로 등록하기 위해서는 2~3억 원에 달하는 시설장비를 추가로 갖춰야 했고, 결국 마켓컬리와의 협력은 무산되었다. 이러한 규제는 과거 냉장시설이 부족하고 콜드체인 유통에 대한 개념이 없을 때 생겨나 현재까지 이어져온 것으로 식품의 유통을 위해 생산자에게 과거의 개념으로 과도한 설비규정을 요구한 사례에 해당한다.

최근 오월의 종과 같은 소규모 소호들이 겪은 규제의 문제를 '공유공장'의 모델로 해결한 사례가 나오고 있다.[24] 서울 성수동에서 가동을 시작한 '성수연방'이 바로 공유공장이다. 공장 설비는 각 업체의 먹거리에 맞춰 식품제조업 또는 HACCP(안전인증기준) 요건을 갖췄다. 현재 국내 대부분의 소규모 업체는 '즉석판매제조업체'로 분류된다. 그러나 식품위생법상 푸드 스타트업이나 소규모 브랜드가 제3의 유통 판매자를 통해 제품을 팔려면 식품제조업으로 허가를 받아야 하는데, 개인·영세업자의 경우 그 요건을 갖추기가 만만치 않은 현실을 해결해보자는 목적으로 설립된 것이다.

성수연방에서는 존쿡 델리미트(육가공), 샤오짠(만두), 인덱스 카라멜(캐러멜) 등 기존 유명 맛집들이 이곳에서 음식을 생산하고 있다. 공유주방의 개념으로 출발한 위쿡은 적절한 업체를 심사하고, 선정된 업체는 공유주방을 통해 메뉴를 개발하고 배달까지도 해볼 수 있는 공간으로 혁신하고 있다.

인플루언서 경제 Influencer Economy

과거에는 미니홈피(싸이월드)나 블로그를 통해 자신의 사적인 공간과 네트워크를 형성하는 것이 SNS의 기능이었다. 그 뒤로 블로그가 뉴스와 같이 사회적인 내용을 담기 시작하면서 1인 미디어가 태동했다. 초기 블로그는 글자와 사진 위주였다가, 팟캐스트와 같이 음성으로 발전했다. 다시 팟캐스트는 영상으로 발전했고, 실시간 생방송(스트리밍) 서비스로 발전해 양방향 소통으로 진화했다.

과거 블로그를 통해 활발히 의견을 개진하는 사용자를 '파워블

로거'라고 했다면, 최근에는 '인플루언서influencer'나 '크리에이터creator'라고 부르고 있는데, 대도서관·벤쯔·씬님 등이 대표적인 크리에이터의 사례다. 이러한 인플루언서나 크리에이터는 2017년 EBS 조사에서 10대와 20대가 가장 선망하는 직업으로 꼽을 정도로 새로운 직업군으로 자리잡아가고 있다.[25]

또한 1인 미디어 콘텐츠의 제작자를 돕는 일종의 기획사 역할을 하는 MCN(다중채널네트워크)과 같은 새로운 미디어 사업자도 빠르게 성장하고 있다. 대표적 MCN인 다이아TV는 전 세계 약 1400여 팀의 크리에이터와 파트너십을 맺고 있으며 총 구독자 수 1억 6000만 명으로 성장했다.

1인 미디어의 시초: 대도서관

1인 미디어의 시장을 열었던 대표적인 크리에이터는 대도서관으로 최근에는 엉클대도라는 소속사를 직접 설립해 운영하고 있다. 대도서관은 게임을 주요 콘텐츠로 삼아 게임을 직접 플레이 하면서 리뷰하고 시청자와 소통한다. 대도서관과 같은 시기에 시작한 초기 크리에이터가 문제의 소지가 될 수 있는 표현이 담긴 영상을 게재하면서 인터넷 방송에 대한 비판이 제기되기도 했지만, 대도서관의 경우 자극적인 콘텐츠보다는 여러 연령층이 시청할 수 있는 콘텐츠를 제작하고 있다.

대도서관은 다수의 플랫폼을 넘나들면서 각각의 플랫폼이 주는 이점을 잘 활용하고 있다. 활동 초기인 2002년 세이클럽에서 1인

미디어를 시작한 이후 2010년 다음TV팟을 거쳐 2011년부터 2016
년까지 아프리카TV에서 활동했다. 다음TV팟에서는 수익의 확보
가 어렵다가 아프리카TV가 시청자로부터 직접 시청료를 받는 개
념인 별풍선을 도입하면서 수익구조가 갖춰졌다.

2016년에는 유튜브로 플랫폼을 옮겼으며 최근에는 트위치에서
방송하고 있다.[26] 이렇게 다수의 플랫폼을 활용하며 벌어들이는 대
도서관의 수입구조는 크게 세 가지인데, 첫째는 시청자에게 직접
아이템 형태로 받는 것으로 아프리카TV에서는 별풍선을 받았다.
둘째는 기업의 광고를 통한 수익으로 최근 유튜브로 플랫폼을 옮
기면서 추가된 수입구조다. 특히 유튜브에서 대도서관이라는 동일
한 콘텐츠를 보더라도 광고를 시청하는 사용자의 성별, 나이, 지역
등을 고려하여 세밀하게 보여줌으로써 광고 단가를 높게 형성하고
있다. 셋째로는 제휴상품에 의한 수익으로 콘텐츠를 제작할 때 직
접 제품을 소개하는 형태다. 게임 콘텐츠를 제작하기 때문에 게임
기업의 홍보가 많고, 단순한 광고 형태라기보다는 시청자와 이벤
트를 하는 형태를 띤다.

대도서관은 2019년 1월 현재 200만 명에 달하는 구독자를 보유
하고 있으며, 대도서관 1인의 연수익은 17억 원에 달한다.[27]

인플루언서와 글로벌 네트워크

최근 인스타그램, 유튜브, 네이버 블로그 등을 통해 의류를 판매하
는 1인 커머스(일명 세포마켓)와 중국의 왕홍 등 인플루언서가 지역

경제와 산업을 일으키는 중요한 자산으로 주목받고 있다.

대표적인 사례가 바로 동대문의 패션산업이다. 동대문 의류 시스템은 크게 구매→디자인→생산→판매의 4단계로 구분된다. 구매 시스템은 점포주와 디자이너가 동대문종합시장 등에서 원단과 부자재를 구매하는 단계이고, 디자인 시스템은 점포주와 디자이너가 시장조사, 디자인을 하여 샘플제작 후 물량을 결정하는 단계다. 이렇게 결정된 상품은 자체 공장이나 하청공장을 통하여 생산되고, 점포에서 판매된다.

우선 원단과 부자재의 선별과 구매의 경우, 동대문에서 각 원단 점포마다 벨벳·암막·린넨·시폰·허니콤·노블레스·알루미늄 등 3000여 가지 이상의 국내외 원단이 유통되고 있으며, 전체적으로 약 200만 종 이상이 유통되고 있다. 일반인은 이름만으로 그 특성과 용도를 알기도 어려운 다양한 원단의 선별은 최소 30년 이상의 경험을 축적한 노련한 원단사가 디자이너와 그들만의 언어로 소통하면서 원단을 선택하고 샘플을 제작한다. 그러나 최근 원단이 디지털 자산DB으로 전환되어 원단의 특징, 색상 등을 인공지능AI이 분석한다. DB 구축의 초기에는 원단 샘플(스와치)을 구매해서 사진과 영상을 찍고, 제품명·혼용률·질감·색상 등 14가지 원단 스펙을 데이터베이스화하고 카테고리의 분류와 검색이 가능하게 사람이 직접 수작업으로 제작해야 했지만, 이제는 원단 샘플을 떼오는 것 이외에는 대부분 자동화됐다. 데이터가 축적되다 보니 이미지 기반 인공지능을 통해 원단에 대한 트렌드 분석과 분류, 검색도 가능해졌다. 부자재의 경우도 마찬가지로 DB가 빠르게 구축되고 있다. 옷을 만들 때 필요한 단추·지퍼·끈·솜 등을 이르는 의류 부자재 시장은 약 2조 원 규모로, 기술 발전이 더뎌 지금도 대부분의 디자이너들은 1990년대와 마찬가지로 직접 동대문시장에 가서 부자재들을 일일이 흥정하며 구매하고 있다. 국내 의류 부자재 생산 공장은 400여 곳으로 아직도 기존 판매관행을 유지하는 곳이 대부분이지만 최근에는 인공지능과 결합하는 추세다. 구글의 포토 시스템처럼 40만 개 이상의 의류 부자재 이미지 DB와 딥러닝 이미지 분석기술을 기반으로 소비자가 원하는 의류 부자재 이미지를 넣으면 해당 제품의 정보를 알려주고 있으며, 40여 생산공장의 제품을 온라인 판매 플랫폼에 등록해서 기존의 생산공장→동대문→소비자 루트에서 생산공장→소비자(주로 디자이너)' 루트로 유통을 혁신시키고 있다. 이렇게 되니 비용이 30% 정도로 저렴해져 가격경쟁력을 추가로 확보하게 되었다. 이제 DB화된 동대문의 원단과 부자재 등은 다양한 인플루언서와 결합하면서 새로운 가치를 창출하고 있다. 동대문 스타트업인 패브릭타임은 20만 종 이상의 원단 DB와 AI 분석 시스템을 전 세계 80여 개국 2000여 명의 창의적 디자이너들과 실시간으로 공유하며 기존의 OEM 생산이나 완제품의 가격경쟁을 버리고 제품의 디자인 단계에서부터 국제협력을 하고 있으며, 국내 의류 부자재 플랫폼기업인 종달랩은 유럽이나 베트남 등지에서 활동하는 다양한 디자이너가 국내 의류 부자재를 직접 구매할 수 있는 서비스를 개발하고 있다.[28]

한편 유통에서도 인플루언서가 중요한 역할을 하고 있다. 대표적인 사례가 바로 동대문의 의류와 패션제품을 개인 간에 거래가 가능하도록 중재하는 인플루언서다. 이들을 C2C 세포마켓이라 부르는데, 그 규모는 약 20조 원으로 추정하고 있다.[29] 세포마켓과 더불어 동대문의 큰손으로 부상한 것이 바로 중국의 인플루언서를 일컫는 '왕홍'이다.[30] 2018년 왕홍이 동대문에서 일으킨 거래액은 1600억 원 정도로 매년 급성장하고 있다.[31] 왕홍은 크게 에이전시 소속과 타오바오 셀러의 두 가지 유형이 있으며, 주로 오후 8시부터 새벽 1시 사이에 실시간 방송을 이용해서 중국 현지의 온라인 쇼핑몰에 동대문 의류를 판매한다. 적게는 수백만 원, 많게는 수천만 원 규모의 의류가 왕홍의 1인 미디어 방송을 타고 중국으로 넘어간다.[32] 모두 현금거래이며, 방송 도중 주문액이 보유한 현금을 초과하면 다음 날 와서 결제하고 상품을 찾아가는데, 동대문시장 특유의 신뢰 네트워크(외상거래)에 왕홍도 새롭게 참여하고 있는 셈이다.

일반 개인 소비자 측면에서의 혁신도 진행형이다. 패션 검색 포털인 지그재그를 운영하는 크로키닷컴은 개인 사용자들의 검색, 구매이력 같은 빅데이터를 AI로 분석하고 개인 맞춤형 상품과 쇼핑몰을 보여준다. 지그재그는 동대문시장 의류업체를 중심으로 3000여 개 쇼핑몰에서 제공하는 580만 개의 의류·패션 상품을 검색해주기도 한다. 서울시 면적의 0.1%(58.6ha, 약 17만 평)에 불과하지만 약 30개의 도매상가들이 밀집해 있으며, 약 3만여 개의 매장에 약 15만 명의 종사자들이 분포[33]되어 있는 동대문은 생산과 유통 과정 곳곳에 이른바 '세포마켓과 왕훙'으로 불리는 인플루언서들의 SNS마켓이 연결되면서 연간 20조 원 규모의 부가가치를 창출하는 명실상부한 패션의 중심지로 도약하고 있다.[34] 최근에는 연 매출 1000억 원을 상회하는 스타일난다, 엔라인, 부건에프엔씨 등 국제화된 동대문표 스타트업도 빠르게 증가하고 있어 지금 동대문은 그야말로 '인플루언서가 창출한 디지털 붐'을 만끽하고 있는 상황이다.[35]

한편 슈퍼개인들의 약진으로 위협을 느낀 대형 뷰티기업이나 로드숍들은 초기에 제품 초고급화 등의 차별화를 시도하기도 했으나, 최근에는 이들 인플루언서를 적극적으로 활용하는 전략으로 선회해서 인플루언서들과의 공동 마케팅을 보다 활발히 진행하고 있다. 국내 기업인 맥스타8은 왕훙 마케팅 전문 기업으로 동대문 맥스타일 건물에 국내 최초로 왕훙 전용 방송센터를 설립해 타오바오·모구지에·틱톡·웨이보·후난TV 등의 플랫폼을 통해 동대문 패션의 마케팅을 생방송으로 진행하고 있으며, 전반적인 쇼핑몰 관리 및 상품 기획, 마케팅도 담당하고 있다.[36]

과거 다이공이나 러시아 보따리상의 역할이 모바일과 결합된 세포마켓이나 왕훙과 같은 인플루언서 등을 통해 실시간 글로벌 판매체제로 전환되고 있는 것이다.

지속가능한 경제 생태계를 위한 우선 과제

과제 1: 실업지원에서 창업장려 기제로 전환

창업이 성공으로 이어지기가 결코 쉬운 일이 아니듯이 모든 일을 직접 처리해야 하는 1인 기업이나 소호의 경우, 업業을 창創하기는 쉬워도 흥興하게 하기는 어렵다. 창업은 커다란 위험이 존재하는 활동이다. 따라서 개인이나 소호 창업의 위험성을 보장해주는 사회적 배려와 노력이 필요하다.

그간 우리 사회는 각종 자격증·취업 연계 교육·취업장려금·실업급여·취업정보 제공 등 취업을 장려하기 위한 인프라 구축에 많은 노력을 해왔다. 그러나 개인이나 소호 창업을 위한 지원은 대부분 창업교육·사무공간이나 시설장비 임대·초기 R&D자금 지원 등 물적 인프라 제공형 지원이 대부분이며, 선진국과 같이 창업 인센티브나 폐업에 대한 보호조치와 관련된 정책은 거의 부재하다.

경기침체와 같은 외부환경의 변화에 따른 타격은 자영업자 중에서도 가장 영세한 1인 자영업자가 가장 먼저 직격탄을 맞는다. 실제로 폐업 후 일정 기간 실업급여로 생계를 꾸리며 재기를 모색할 수 있는 1인 자영업자는 0.3%에 불과하다고 한다.[37] 고용보험은 임금 근로자의 경우 근로자와 사업자가 각각 임금의 0.65%를 부담하지만, 자영업자의 경우 소득의 2.25%를 보험료로 낸다. 그럼에도 자영업자의 실업급여는 최대 134만 5000원으로, 근로자의 실업급여인 최대 180만 원보다 낮은 실정이다.

선진국에서는 스타트업과 소호창업에게 인센티브를 주어 지원한다. 가령 영국은 창업기업에게 창업수당enterprise allowance scheme을 지급하고, 이들을 사회보장체계에 편입시키려는 노력으로 우산회사 umbrella company를 설립해서 창업자 또는 프리랜서들을 피고용인으로 등록해 조세나 보험금을 처리해주고 있다. 독일의 경우도 1인 기업인이 실직하거나 폐업하면 실업소득을 지급하는데, 역량과 전문성에 따라 추정 임금을 산정해서 지급하기 때문에 고도의 전문성을 갖춘 독립 직업인은 높은 실업급여를 받을 수 있다.

우리나라에서도 스타트업과 디지털 소호기업이 실패해도 계속 도전할 수 있고, 또한 좀 더 과감하게 도전을 지속할 수 있는 사회적 분위기가 형성될 수 있도록 기존의 실업급여 이외에 창업수당이나 폐업급여의 도입을 적극적으로 고려해야 할 것이다. 대전시의 경우, 청년창업 촉진을 위한 대부분의 정책들이 사업비 중심인 점을 개선하기 위해서 창업수당을 지급하고 있다. 환영할 일이지만, 현재의 월 30만 원을 실업급여 수준 이상으로 상향 조정해서 취업보다 창업을 장려하는 사회적 분위기를 만들어야 할 것이다.

과제 2: 플랫폼 독점에 의한 불공정 계약을 알고리즘형 공정경쟁으로

디지털 경제에 핵심적 자산을 보유한 플랫폼 기업과의 협력이 중요한 개인이나 디지털 소호의 입장에서는 플랫폼 기업과 협상력에서 차이가 있다. 이로 인해 불공정 계약(전속계약, 배타적 계약 등)이나 과도한 수수료, 계약 불이행에 대한 부당한 책임 부과, 불공정한 사업 제한과 간섭 등에 취약할 수 있다.

또한 시장에서 활동 중인 소수 플랫폼 간에도 가격담합의 가능성이 존재하기 때문에 정부는 디지털 소호와 플랫폼 기업 간의 불공정 거래를 모니터링해서 공정한 거래환경 조성을 위해 노력해야 한다.

실제로 플랫폼 수수료의 경우, 국내 앱 장터의 60%를 차지하고 있는 구글플레이는 SK텔레콤 등이 만든 국내 앱마켓 원스토어(시장점유율 13%)가 수수료율을 5~20%로 인하했음에도 10년째 앱 판매액의 30% 수준의 높은 수수료를 받아 챙기고 있다. 또한 부동산 정보란에 '확인된 매물' 정보가 표시되는데 네이버는 다른 포털에 3개월 동안 이 정보를 못 올리게 (부동산업체들과) 배타적인 계약을 체결했다. 이를 두고 국회에서는 플랫폼 기업의 지배적 지위의 남용에 해당한다고 지적한 바 있다.

플랫폼 기업과 개인이나 디지털 소호 간의 불공정 계약을 막기 위한 조치의 일환으로 기존에는 주로 회계감사를 중시했다면, 디지털 플랫폼 경제에서는 공공성의 보호를 위한 최소한의 안전장치로서 플랫폼 기업의 검색·계약·가격 등 관련 알고리즘을 감사할 수 있어야 한다.

이를 위해서는 장기적으로 공정한 제3의 감사기관 설립과 전문 인력의 양성이 필요하다. 알고리즘 감사 제도는 알고리즘에 의한 경쟁 제한적 결과를 사전에 평가할 수 있지만, 알고리즘의 작동 메커니즘을 공개하는 것이 특정 기업의 영업기밀이나 지식재산권을 침해할 우려가 있고, 공개하더라도 전문가가 쉽사리 해석하기 힘든 경우가 발생할 수 있다. 따라서 기업의 영업기밀을 보장하면서도 알고리즘의 전문 감사가 가능한 인력의 확보가 전제되어야 한다.

한편 일각에서는 담합 가능성이 있는 알고리즘을 개발하거나 도입하는 것도 처음부터 담합 의도가 있는 것으로 해석할 수 있도록 법 적용 범위를 넓혀서 예방하는 방안을 제안하기도 한다. 결과적으로 플랫폼의 독점성과 불공정 거래를 사전에 차단해서 1인 기업이나 디지털 소호의 활동이 침해되지 않는 생태계의 조성 노력이 필요하다.

또한 특정 기업의 사적 플랫폼private platform이 독점하는 상황을 개선하는 대안으로 플랫폼협동조합 형태의 공적 플랫폼public platform을 만드는 방안도 고려해볼 수 있다. 공적 플랫폼은 플랫폼 참여자 조합이 소유 및 운영하고, 수익을 서로 공유해서 조합원들의 자본 형성과 커뮤니티 강화, 복지라는 선순환을 목적으로 한다. 카우치서핑couchsurfing, 블라블라카blablacar 등 전 세계 250여 개의 협동조합형 플랫폼이 활동하고 있다.

과제 3: 소득 양극화를 해소하는 사회적 부의 재분배와 교육 강화

플랫폼을 통해 수요를 찾고 서비스를 제공하는 디지털 소호는 더 이상 피고용인에게 속하지 않고 특정 업무를 수행하는 독립 노동자다. 플랫폼 경제에서 소수 독점 플랫폼이 탄생하는 문제가 있었다면, 1인 기업 또는 디지털 소호가 중심이 되는 경제에서는 이들

간의 경쟁 심화와 역량 차이에 따른 양극화가 발생할 수 있다. 예를 들어 국내의 재능거래 플랫폼인 크몽에서도 시장 규모가 커지고 경쟁이 치열해지자 크몽을 이용하는 개인과 소호들 스스로가 과도한 가격경쟁을 하는 현상이 나타나고 있다.[38] 수요와 공급의 법칙에 따라 가격 인하가 발생할 수는 있지만 문제는 그 하락 속도가 일반적인 시장보다 훨씬 빨라 판매자 간 경쟁이 특히 심해진다는 점이다.

또한 핵심역량을 보유한 소수 인재와 대다수 사람들 간의 격차도 확대될 수밖에 없다. 특히 복잡한 문제해결 역량이 필요한 작업을 수행하는 고소득 독립 수행자와 일반 개인의 소득은 그 격차가 더욱 심해질 가능성이 높다.

일찍이 노동경제학자 가이 스탠딩Guy Standing은 불안정한 직업을 가진 사람, 안정적인 고용 전망을 갖지 못한 사람, 별다른 직업경력을 갖지 못한 사람으로 구성된 집단을 가리켜 프레카리아트Precariat라고 표현했다. 프레카리아트는 '불안정한'이라는 뜻의 이탈리아어 프레가리precari와 프롤레타리아트proletariat의 합성어다.[39] 엘리트→봉급생활자→연금생활자→프롤레타리아로 이어지는 전통적 계급의 하부에 위치하고 있는 프레카리아트 계급은 오로지 자신의 노동소득에만 의지할 수밖에 없으므로 평생 '직업 불안정성'을 느끼고, 자기계발의 여유가 없다.[40]

한편 반복적인 작업을 수행하는 직업은 인공지능과 로봇에 의해 미국에서만 약 47%가 사라질 위험에 처해 있다(Frey&Osbone,

2013).[41] 또한 인공지능과 로봇이 향후 10년간 인간의 일자리 7500 만 개를 빼앗아 많은 사람들이 긱이코노미(임시경제)의 일원이 되어 프로젝트성 일에 종사하게 되지만, 소수의 슈퍼개인이나 디지털 소호들은 시장에서 절대적 위상을 확보하는 생태계가 되고 있는 것이다.

결국 강화된 개인이 역량을 발휘하고 디지털 소호가 활성화되는 경제의 지속가능성을 위해서는 사회적 부의 재분배 시스템을 확충할 필요가 있다. 이를테면 고소득 디지털 소호에 대한 세부담 상향, 그리고 최저생계비를 대체할 최소생계 과업을 보장하는 것이 필요하다.

그리고 일반 대중이 디지털 역량을 확보해서 언제든지 소호를 창업할 수 있도록 교육의 역할이 중요하다. 교육의 방향은 디지털 시대에 부합하는 개인의 핵심 역량을 발굴·육성하는 맞춤형으로 이뤄져야 한다. 이를 위해서 프랑스의 에콜42, 미국의 미네르바 스쿨과 같은 과감하고 혁신적인 수업방식과 학사제도, 교육과정 등을 도입할 필요가 있다. 특히 프랑스 에콜42의 경우, 19~30세까지 입학이 가능하며, 학비·학위·교사가 없이 프로젝트형으로 학생들 스스로가 문제를 해결하며 학습하는 혁신적 교육방식이다.

세계화를 주도할 슈퍼개인을 위해

전통 산업의 해체와 세계화 4.0의 시대가 이제 시작하고 있다. 이 글에서는 과업형 기업과 소호경제의 활성화라는 우리 사회의 비전을 구체적으로 보여주는 비즈니스 사례를 소개하고 이 비전을 달성하기 위한 몇 가지 과제를 제시했다. 먼저 디지털 소호의 사례로는 과업기반형 디지털 소호, 자투리경제형 소호, 소호들의 네트워크, 그리고 인플루언서의 사례를 소개했다.

과업형 기업의 출현과 소호경제의 흐름에 대응하기 위해서는 첫째, 기존 산업의 구조와 경쟁력이 해체되는 패러다임에서 스타트업은 기회요인을 포착하고, 규모성장을 달성하도록 여건을 마련해야 한다. 둘째, 가치사슬형 경쟁구조에서 가치재구성을 통한 상생으로 경쟁의 구조와 방향을 전환하는 제도적 기반을 마련해야한다. 셋째, 디지털 소호와 인플루언서의 경제가 본격적으로 활성화되도록 창업과 플랫폼의 공정성을 강화하는 환경을 조성할 필요가 있다.

새롭게 출현하는 과업형 기업과 소호경제의 부상에 대응하기 위해 우리 경제가 해결해야 할 과제로는 첫째, 긱이코노미의 확대는 정규직 위주의 장기고용과 더불어 계약직 특수고용 형태의 노동인구가 새롭게 편입됨을 의미하기 때문에 장기적으로 점차 불안정해지는 근로자의 삶을 보호하기 위한 새로운 사회안전망이 필요하다. 다시 말해 미래의 분권화된 디지털 사회 2.0에서는 과업형 기업과 소호경제, 그리고 자발적 계약직의 증가가 예상되기 때문에 최소과업 보장제와 기본창업수당, 그리고 새로운 시도의 과감한 도전을 장려하는 규제 샌드박스 확대 등이 새로운 디지털 안전망 개념에 포함되어야 한다. 특히 1인 기업과 디지털 소호 기업이 실패해도 좀 더 과감하게 도전을 지속할 수 있는 사회적 분위기 형성이 무엇보다 중요하다. 이를 위해 기존의 공장취업 중심의 실업급여 지급기제를 창업수당이나 폐업급여를 지급하는 창업 장려의 방향으로 사회안전망의 관점을 전환해야 한다고 제안했다.

둘째, 플랫폼의 독점성과 불공정 거래를 사전에 차단해서 1인 기업이나 디지털 소호의 활동이 침해되는 일이 없는 생태계의 조성 노력이 필요하다고 강조하고, 이를 위해 알고리즘 감사나 담합 가능성이 있는 알고리즘을 개발하거나 도입하는 것도 담합 의도가 있는 것으로 해석할 수 있도록 법적용 범위를 넓히는 방안과 플랫폼협동조합 형태의 공적 플랫폼public platform을 활성화하는 방안도 고려해볼 수 있을 것이다.

셋째, 슈퍼개인이나 성공한 디지털 소호에 의해 초래될 수 있는 사회의 소득 양극화를 해소하는 차원에서 고소득 디지털 소호에 대한 세금부담 상향, 최소생계 과업의 보장, 그리고 맞춤형 교육의 기회 제공을 제안했다.

디지털화로 인해 외부 자원의 활용과 연계에 따르는 거래비용이 감소하고 있어 기업이라는 조직과 네트워크가 오히려 비효율이 되고 이 자리를 특정 과업을 수행하는 혁신적 스타트업들이 대체하면서 이제 전통적 개념의 산업은 점차 해체되고 새로운 산업으로 재구성되어 등장하고 있다.

미래 경제에는 디지털 플랫폼을 등에 업고 인터넷으로 전문가 수준의 정보와 지식을 확보한 강화된 슈퍼개인들이 새로운 혁신의 주체로 추가되고 있으며, 개개인이 플랫폼으로 집단화되면서 시공의 한계를 뛰어넘어 다양한 협업과 분업을 통해 생산과 소비의 새로운 슈퍼파워를 발휘하고 있는 기회의 창이 본격적으로 열리고 있는 것이다. 세계경제포럼에서도 향후에는 디지털로 강화된 슈퍼개인이 세계화를 새로운 방향으로 주도할 것으로 전망하고 있다. 이에 우리 경제도 디지털이 열어주는 기회의 창을 적극적으로 활용하자는 실천적 의지로서 역동적인 과업형 기업과 소호경제를 장기 비전에 적극적으로 담아야 한다. 여기에는 저성장과 중국의 추격으로 위협받고 있는 국내 경제의 두 가지 난제인 일자리와 복지라는 두 마리 토끼를 동시에 잡으면서 도약하자는 전략적·정책적 의미도 포함되어 있는 것이다.

유연성은 높이고 안정성은 강화한
디지털 창의 일자리 2.0

디지털 기술이 인간의 일자리를
빼앗을 것인가

최근 자동화 기술이 발달하면서 기계가 인간의 일자리를 대체할 거라는 비관적전망이 전 세계적으로 확산되고 있다. 세계적 리서치 회사인 에들먼Edelman(2019)에 따르면, 경제 선진국에서 유독 미래에 대한 비관주의가 강하다는 사실이 포착되었다. 특히 미국·일본 및 대부분 서구유럽 국가에서 대다수 대중이 "나와 내 가족이 5년 후에 더 잘살 거라고 믿지 않는다"라고 응답했는데, 그 이유는 "자동화나 불충분한 기술 탓에 일자리를 잃을 수 있다"는 두려움 때문이라고 했다.[1] 한국인을 대상으로 한 온라인 설문조사에서도 4차 산업혁명으로 인해 빈부격차가 커질 것이라고 응답한 사람이 전체 응답자의 85.3%로 나타났으며, 이는 대부분의 사람들(응답자의 89.9%)이 4차 산업혁명으로 인해 인간의 일자리가 줄어들 것이라고 예상한 것과 무관하지 않다(그림 3-1 참조).

뿐만 아니라, 현재는 기술발달에 따른 불평등 교정 시스템인 제도에 대한 불신마저 고조되고 있는 상황이어서 자칫 미래에 대한

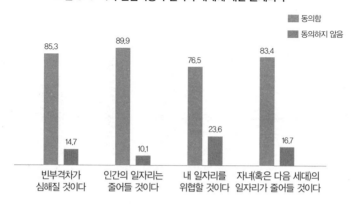

그림 3-1 **4차 산업혁명과 일자리 대체에 대한 문제의식**

■ 동의함
■ 동의하지 않음

* 한국언론진흥재단 미디어연구센터 온라인 설문조사.(2017. 4. 18~21.). N = 1,041.

비관적 전망이 현실화될 우려마저 존재한다. 에들먼(2019)은 해당 조사자료를 통해 현 시스템에 대한 신뢰의 위기를 제기했는데, 이들 자료에 따르면 현재 시스템이 자신을 위해 역할을 할 것이라고 답한 사람은 다섯 명 중 한 명에 불과했으며, 70% 이상은 현재 시스템에 불의injustice를 느끼고 변화를 바란다고 응답했다(그림 3-2 참조). 한국인을 대상으로 한 온라인 설문조사에서도 4차 산업혁명이 현 세대(76.5%)보다 다음 세대 일자리(83.4%)에 더 큰 영향을 줄 것이라고 인식하는 사람이 더 많았다.[2]

한편 온라인 플랫폼 노동시장이 등장함으로써 기업은 대내외적 인력을 유지하고 관리하는 데 소요되는 각종 거래비용을 줄이는 새로운 형태의 고용이 가능해졌다. 결과적으로 디지털 기술의 발달은 기존의 전통적 정규직 일자리는 줄이고 새로운 형태의 비

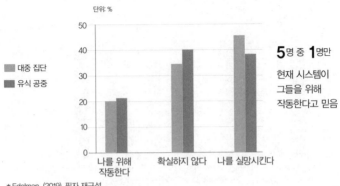

그림 3-2 **현재 시스템에 대한 대중의 불신 척도**

단위: %

■ 대중 집단
■ 유식 공중

5명 중 **1**명만

현재 시스템이
그들을 위해
작동한다고 믿음

＊Edelman, (2019). 필자 재구성.

정규직 일자리를 증가시킬 것으로 예상되는데, 따라서 현재 전통
적 일자리(정규직 일자리)를 중심으로 설계되어 있는 각종 근로계
약 및 복지 시스템은 노동자 간의 불평등 심화기제로 작용할 수 있
다. 남성일(2017)은 디지털 기술의 발달이 업무의 특정성과 복잡성
을 줄임으로써 기존에 지배적이었던 정규직 고용을 줄이고, 도급·
프리랜서·임시직 같은 비정규직 고용을 늘리게 되었다고 주장했
다. 그는 일의 특정성이 강하고 복잡할수록 기업 내부에서 안정적
인 고용관계를 갖는 정규직 고용이 보다 합리적이며, 일이 단순해
특정성이 약할 경우 비용을 절약할 수 있는 외주 임시직 고용을 활
용하는 것이 보다 합리적이라고 말했다. 즉, 디지털 기술의 발달은
각종 거래비용을 낮춤으로써 거래에 소요되는 자원의 특정성과 복
잡성을 줄이는데 기여하였고, 결과적으로 현재 온라인 플랫폼 노
동시장에 등장하는 다양한 형태의 고용을 양산하게 되었다.

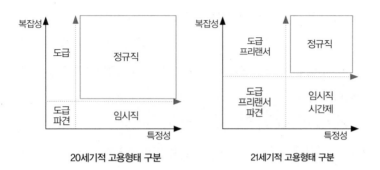

그림 3-3 **기술발달에 따른 고용형태의 변화**

20세기적 고용형태 구분

21세기적 고용형태 구분

＊ 남성일. (2017).

하지만, 디지털 기술의 발달이 노동시장의 불안정성만 증폭시
킨 것은 아니다. 소비자가 다양한 유형의 디지털 매체를 활용하
게 됨으로써 좀 더 분권화된 시장구조로의 이행이 가능해졌고, 좀
더 다양한 주체가 경제활동에 참여할 수 있게 되었다. 로렌스 레식
Lawrence Lessig은 그의 저서 『리믹스Remix』(2008)에서 공유경제란 상
품을 소유하는 것이 아니라 인터넷과 모바일 등 IT기술을 기반으
로 소비자들이 서로 빌려 쓰는 개념을 의미하며, 대량생산·대량소
비와 대비되는 의미로 이미 생산된 제품을 여러 명이 공유해서 쓰
는 협력적 소비경제를 의미한다고 말했다. 이민화·안상희(2016)는
이러한 O2OOnline to Offline 초융합 경제에서는 거대한 자본을 바탕
으로 한 대기업의 진입장벽이 허물어지고, 누구나 아이디어만 있
으면 상품 또는 서비스의 공급자이자 플랫폼 사업자로 참여할 수
있다고 언급했다. 오가사하라 오사무(2016)도 그의 저서 『메이커스

진화론』에서 메이커스의 탄생은 일본의 전통 제조업(모노즈쿠리)이 쇠퇴하는 과정에서 탄생했으며, 크라우드펀딩이라는 새로운 판매 방식이 IoT라는 새로운 기술적 환경과 조합되면서 단시간에 혁신적 제품을 시장에 선보일 수 있는 새로운 시스템이 도입되었다고 밝혔다.[3]

그렇다면, 미래 디지털화된 산업에서 인간은 어떠한 방식으로 일을 조직하게 되고 그 속에서 인간은 어떠한 법적 제도적 보호장치를 통해 보호받을 수 있을까? 남성일은 『일의 미래와 노동시장 전략 연구』(2017)에서 디지털혁명이 조직을 변화시킬 것이고, 변화된 조직은 효율성 향상을 위해 새로운 고용계약을 필요로 할 것이라고 말했다. 그는 디지털혁명으로 말미암아 기존의 조직이 핵심 역량에 중심을 둔 조직·네트워크화된 조직·전략적 제휴·범세계적 조직의 특징을 가질 것이라고 예측했는데, 이와 같은 조직 변화가 고용구조의 유연화·취업 형태의 다양화·지식근로 및 고기능 근로의 중요성·보상 시스템의 확산을 가지고 올 것이라고 예측했다. 한편 손을춘은 『4차 산업혁명은 일자리를 어떻게 바라는가』(2018)에서 4차 산업혁명 시대의 변화된 일자리에 기반한 새로운 정책의 필요성을 제기했다. 그는 지금까지는 주로 일하는 사람, 소비하는 사람에게 세금을 거두어들였으나 로봇이 인간의 일자리를 빼앗고 생존마저 위협하는 결과를 초래한다면 로봇세 도입에 대한 논의를 시작해야 하며,[4] 독립노동자·프리랜서·긱워커 Gig Worker 등 급증하는 다양한 형태의 소득자들에 대한 정당한 과세체계를 갖추

는 작업이 필요하다고 주장했다.[5]

결론적으로 단기 특수계약이 지배적인 미래의 디지털 노동시장에서는 전문성 있는 근로자들을 육성하고 그들의 경쟁우위를 지속적으로 가져갈 수 있게 하는 국가 차원에서의 개인혁신시스템 Individual Innovation System, IIS이 필요하다. 좀 더 구체적으로 현재 장기 포괄고용에 초점이 맞춰져 있는 교육 시스템과 사회안전망을 단기 특수계약에 맞춰 변화시킬 필요가 있다. 또한 단기 특수계약 상태의 근로자가 자신의 소득을 안정적으로 보전하는 동시에 전문성 확보를 통한 보다 높은 소득수준으로의 도약을 지원할 수 있는 최소과업 보장 제도와 평생학습 시스템의 도입이 필요하다.

제3의 실업사태와 일자리 양극화

숙련편향적 기술진보와 육체노동의 대체

자동화 기술의 발달은 주로 숙련노동에 대한 수요와 보상을 높이는 방향으로 작용해왔다. 데이비드 바텔David Bartel과 나훔 시서만 Nachum Sicherman(1999)은 1979~1993년까지 미국의 청년 패널데이터를 사용하여 기술진보가 높은 산업에서 숙련노동의 수요가 증가해왔음을 보여주었다. 앨런 크루거Alan Krueger(1993)는 직장에서 컴퓨터를 사용하는 근로자들이 그러지 않는 근로자들보다 약 15% 정도의 임금을 더 받는다는 사실을 포착했는데, 1984~1989년까지

학력에 따른 보상 증가분의 3분의 1~2분의 1을 대학졸업자 집단의 컴퓨터 사용 증가로 설명할 수 있다고 주장했다. 골딘C. D. Goldin과 카츠L. F. Katz(2009)는 1970년대 이후 미국의 노동자들을 대상으로 연구한 결과 노동자의 숙련에 따라 실질임금에서 차이가 발생하는 것을 확인했다. 그들은 1970년대 이후 미국 노동시장에서 숙련노동에 대한 수요가 증가하였는데, 증가된 숙련노동에 대한 수요는 숙련노동의 실질임금을 증가시켰고, 비숙련 노동에 대한 수요감소는 비숙련 노동에 대한 실질임금을 하락을 가져왔다고 주장했다.

지난 수십 년 동안 한국에서도 비슷한 현상이 목격되었는데, 기술혁신이 높은 산업에서는 숙련노동자에 대한 수요가 높아지고 이들에 대한 보상수준도 높아진다는 사실을 확인할 수 있었다. 강석훈·홍동표는 『정보기술 발전에 따른 고용구조 변화』(1999)에서 한국 제조업 내 화이트칼라의 비중이 R&D 지출 비중과 관련이 있고, R&D 투자가 증가함에 따라 고용과 임금이 높아지는 상관관계가 존재한다고 주장했다. 전병유는 「제조업과 정보통신산업 간의 성별 임금격차 차이의 요인 분해」(2002)에서 한국의 IT기업 및 벤처기업 자료를 통해 컴퓨터를 사용하는 경우 15~20% 임금 프리미엄이 존재함을 밝혔다. 신석하는 「경제위기 이후 기술 변화가 미숙련 근로자의 고용상황에 미친 영향」(2007)에서 경제위기 이후 미숙련 근로자의 고용상황이 상대적으로 악화되고 있는데, 그 원인은 숙련편향적 기술 변화 때문이라고 보았다.

이러한 특징은 기계가 인간의 물리적 노동을 대체하는 1차 산업혁명보다 기계가 인간의 지식노동을 대체하는 3차 산업혁명 이후보다 빠르게 증가하는 경향이 있는데, 이 역시 2000년대 이후 등장한 루틴화 가설과 함께 새로운 도전에 직면해 있는데, 이를 최초로 목격한 카드D. Card와 디나도 J. E. DiNardo(2002)는 1990년 이후 미국의 임금불평등 둔화는 숙련편향적 기술진보 가설과 일치하지 않는다는 비판을 제기했다. 이후 아제모을루D. Acemoglu(2012)는 숙련편향적 기술진보 이론이 임금소득 불평등을 제대로 설명하지 못하는데, 그 이유는 숙련편향적 기술진보 이론에 따르면, 모든 근로자의 실질임금이 상승해야 하지만 실제 비숙련노동자의 실질임금은 지속적으로 하락했기 때문이다. 따라서 그는 저학력 노동자의 임금 하락에 대한 설명이 필요하다고 주장하며 숙련편향적 이론의 한계를 지적했다.[6]

루틴화 가설과 지식노동의 대체

결국, 최근 논의되고 있는 자동화 기술의 발달은 과거 숙련편향적 기술진보가 아닌 숙련노동을 포함한 반복적 업무를 대체하는 기술진보로 이해되고 있다. 오터, 카츠, 키여니(2008)는 1980년대에 비하여 1990년대에는 숙련 분포에서 상위와 하위에 있는 직업들이 중위에 있는 직업보다 더 두드러지게 성장했음을 지적하면서, 이러한 직업의 양극화 현상은 전산화에 따라 일상적 업무는 컴퓨터의 대체재적인 성격을 띠고, 비일상적 업무는 컴퓨터와 독립적인 성격을 띠기 때문에 나타났다고 주장했다. 아제모을루와 오터 D. Autor(2012)는 이와 같은 자동화가 반복적 업무를 대체해왔다는 루틴화 가설을 증명했다. 그들은 노동을 지식노동과 육체노동, 일상적 노동과 비일상적 노동(2×2 매트릭스)으로 나누고, 지난 수십 년간 미국에서 나타난 노동시장의 변화를 살펴본 결과 지식노동이든 육체노동이든 관계없이 일상적 노동이 비일상적 노동보다 더 빠른 속도로 대체되어온 것을 확인할 수 있었다.

이러한 루틴화 가설은 기존에 대체 불가능한 영역이라고 여겨졌던 숙련노동(지식노동)까지 대체될 수 있다는 사실을 밝혀냄으로써 미래 일자리 문제에 대한 경각심을 증폭시키게 되었다. 일본의 물리학자이자 고베대학 명예교수인 마츠다 타쿠야松田卓也는 "산업혁명으로 농민들이 일자리를 잃었던 것이 제1의 실업, 1980년대 자동화로 공장노동자들이 실직한 것이 제2의 실업, 그리고 최근 컴퓨터와 인공지능을 통해 화이트칼라들이 직장을 잃는 상황이 제3의 실업이다"라고 주장했다.[7] 세계경제포럼(2016)의 「미래 직업에 대한 리포트The Future of Job Report」에서도 앞으로 5년 이내에 710만 개의 일자리가 없어지고 200만 개의 새로운 일자리가 생성되어 결과적으로 총 510만 개의 일자리가 줄어들 것으로 전망하였다. 이 글은 없어지는 직업의 3분의 2 이상이 화이트칼라 사무직 근로자·단순관리직·기술직 노동자로 전망하고 있으며, 창출되는 직업군은 컴퓨터·수학·건축 및 엔지니어링과 관련된 부문으로 현재 존재하지는 않지만 ICT기술을 활용하여 부가가치를 창출하는 직업

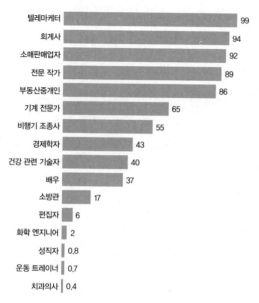

그림 3-4 앞으로 20년 이내 로봇이 직업을 대체할 확률

직업	확률
텔레마케터	99
회계사	94
소매판매업자	92
전문 작가	89
부동산중개인	86
기계 전문가	65
비행기 조종사	55
경제학자	43
건강 관련 기술자	40
배우	37
소방관	17
편집자	6
화학 엔지니어	2
성직자	0.8
운동 트레이너	0.7
치과의사	0.4

＊Frey and Osborne. (2014).

군이 될 것으로 예상하고 있다. 또한 프레이C. B. Frey와 오스본 M. A. Osborne(2017)의 「고용의 미래The future of Employment」에서는 앞으로 20년 안에 미국 직업의 47%가 기계에 의해 대체될 확률이 매우 높은 것으로 예측했다. 연구 결과 매뉴얼화가 가능한 교통 관련 직업과 논리적 사고와 관계된 직업들이 가장 많이 대체될 것이며, 비교적 안정적이라고 생각되었던 서비스 직종도 상당 부분 대체될 가능성이 매우 높은 것으로 예상되었다(그림 3-4 참조).

더욱이 심각한 것은 루틴화 가설에 따른 일자리 양극화 문제는 결국 소득 양극화 문제를 야기할 수 있다는 것이다(OECD, 2016). 그리고 이는 수요 감소를 통한 지속적 성장의 걸림돌로 작용할 수 있는데, 이는 IT기술의 발달이 불평등을 확산시키는 방향으로 진행되고 있으며 그 원인이 기술 변화에 따른 일자리 양극화 현상에 있기 때문이다(ILO, 2017). 이는 기술혁신의 결과 발생된 수익이 자본과 숙련 및 비숙련 노동자, 그리고 소비자들 사이에 불균등하게 분배되고 있기 때문이다. 브린욜프슨E. Brynjolfsson과 맥아피A. McAfee(2014)는 노동시장이 점점 더 양극화되고 중간층이 줄어들수록 이전에 중간 기능의 지식노동을 하던 사람들이 기능과 임금 사다리의 아래쪽에 놓인 일들을 찾기 시작할 것인데, 그 일자리는 점점 더 구하기 어려워지고 임금하락 압력을 받게 될 것이라고 우려했다.

전문직 일자리의 미래

그렇다면, 디지털 기술의 발달은 전문직의 영역도 대체할 수 있을까? 결론부터 말하자면 디지털 기술의 발달은 전문직 일자리에도 상당한 변화를 줄 것으로 예상되고 있다. 특히, 전통적 영역에서의 전문직 일자리는 상당히 높은 확률로 대체될 것으로 예상되고 있다. 아봇A. Abott(2014)은 그의 저서 『전문직의 체계The System of Professions』에서 전문직의 핵심인 전문성이 굳이 전문가를 통해서만 획득할 수 있는 것은 아니며, 따라서 IT기술의 발달은 전통적 전문직의 수요를 줄이는 방향으로 작용할 수 있다고 주장했다. 세계적인 리서치 회사인 가트너Gartner(2016)는 지금부터 4년 후인 2023년쯤엔 의사, 변호사, 중개인, 교수 등 전문직 업무의 3분의 1을 스마트 기계가 대체할 것이라고 예측하기도 했다.[8]

하지만 디지털 기술의 발달은 새로운 영역에서의 전문직 수요를 오히려 증가시킬 수도 있다. 궁극적으로 이러한 현상은 전문직의 보편화 현상을 야기할 것으로 예상되기도 하는데, 4차 산업혁명 시대의 개인은 각기 세분화된 영역에서의 전문가가 되어야만 기계와의 경쟁에서 살아남을 수 있기 때문이다. 전문직의 미래에 대해 심도있는 논의를 다루고 있는 리처드 서스킨드Richard Susskind와 대니얼 서스킨드Dainel Susskind(2016)의 책『전문직의 미래The Future of Professions』에서는 전문직의 미래가 첫째, 지금의 방식이 효율성만 높아진 상태로 유지되는 것, 둘째, 변혁이 일어나 전문가가 지닌 전문성이 사회적으로 보편화되는 것이라고 예상했다. 이들은 전문가의 업무가 일종의 수작업이기 때문에 절차화시킬 수 없다는 기존의 주장은 거짓이며, 오히려 전문가의 업무는 표준화된 절차로 표현되기 쉽다고 주장했다.

그러나 손을춘은 그의 저서『4차 산업혁명은 일자리를 어떻게 바꾸는가』(2018)에서 깊은 전문성과 융합능력을 길러야 한다고 강조하면서, 특별한 전문성이 없는 제너럴리스트는 다른 직장이나 직업으로 이직하기 어렵지만 어떤 분야에서 깊은 전문성을 갖춘 사람은 4차 산업혁명 시대에도 살아남을 가능성이 높다고 언급했다. 그의 주장에 따르면 고도의 전문성이 요구되고 융합적 아이디

표 3-1 **초·중·고 학생 희망 직업 조사 순위**

순위	초등학생			중학생			고등학생		
	2007	2017	2018	2007	2017	2018	2007	2017	2018
1	교사 (15.7)	교사 (9.5)	운동선수 (9.8)	교사 (19.8)	교사 (12.6)	교사 (11.9)	교사 (13.4)	교사 (11.1)	교사 (9.3)
2	의사 (10.5)	운동 선수 (9.1)	교사 (8.7)	의사 (9.4)	경찰 (4.8)	경찰관 (5.2)	회사원 (7.0)	간호사 (4.4)	간호사 (4.9)
3	연예인 (9.9)	의사 (6.0)	의사 (5.1)	연예인 (6.2)	의사 (4.8)	의사 (4.8)	공무원 (6.2)	경찰 (3.6)	경찰관 (4.5)
4	운동 선수 (9.4)	요리사 (4.9)	요리사 (4.9)	법조인 (4.4)	운동 선수 (3.8)	운동 선수 (4.4)	개인사업 (3.7)	군인 (3.1)	뷰티 디자이너 (2.9)
5	교수 (6.5)	경찰 (4.8)	유튜버 (4.5)	공무원 (3.8)	요리사 (3.2)	요리사 (3.4)	간호사 (3.3)	기계공학 기술자 및 연구원 (2.9)	군인 (2.8)

＊교육부. (2018).

어와 문제해결 능력이 필요한 업무는 인공지능이 대신하기 쉽지 않기 때문에 오히려 신기술은 전문가들의 능력을 보완해주거나 그들의 업무영역을 확장시켜줄 수 있다는 것이다. 실제로 디지털 기술의 발달과 함께 새롭게 등장하고 있는 양질의 일자리는 해당 분야에서의 전문성을 필요로 하고 있다. 예를 들어, 최근 초등학생 희망 직업 5위를 차지하는 유튜버의 경우 누구나 유튜버가 될 수 있지만, 유튜브를 통해 수익을 창출하는 '유튜브 크리에이터'가 되기 위해서는 컨텐츠에 대한 대중성과 더불어 컨텐츠 제작에 대한 전

문성이 필요하다.[9]

따라서 미래의 전문직은 단순히 전문적 지식을 전달하는 역할이 아닌 지식을 바탕으로 한 노하우의 전수, 판단에 대한 책임 등 좀 더 상위의 포괄적이고 총체적 업무가 될 것으로 예상된다. 리처드 서스킨드와 대니얼 서스킨드는 디지털 기술의 발달이 전문가의 업무를 규칙화, 탈중개화, 재중개화, 분해의 과정을 통해 재정립함으로써 지금껏 그들이 쌓아올린 전문직의 신비화 현상을 무너뜨릴 것으로 예상했다. 그럼에도 그들은 전문직이 가지는 또 다른 속성(높은 안정성, 도덕적 가치, 실용적 전문성)이 미래사회의 불안정성을 해소하고 새로운 가치를 창출하는 데 도움이 될 수 있기 때문에 유지되거나 확대될 수 있다고 보았다. 박가열은 「AI-로봇 사람, 협업의 시대가 왔다」(2016)와 「2025년 직업종사자 61.3% 인공지능, 로봇으로 대체위험 높아」(2017)에서 설문을 통해 자동화에 의한 기계적 대체 확률과 전문가 집단 대체 확률을 비교 연구한 결과, 기술만이 일자리를 대체하는 것이 아님을 밝혔다.[10] 그는 전문가의 업무 중 기계가 대체할 수 있는 부분도 있지만 대체 불가능한 부분(윤리적 고려와 책임)도 존재하는데, 그렇다 하더라도 업무 수행에 필요한 전문가는 그 수가 크게 줄어들 것이라고 예측했다.[11]

결국 디지털 기술의 발달은 기존의 전통적 전문직에 커다란 도전을 제기하고 있다. 하지만 전문가가 되지 않고서는 미래 디지털 사회에서 살아남기 어려운 것도 사실이다. 따라서 좀 더 세분화된 영역에서 전문가가 되기 위한 작업이 필요하다. 디지털 기술의 발

표 3-2   기술이 초래하는 변화와 재구성되는 전문가의 업무

기술이 초래하는 변혁	재구성되는 전문가의 업무
자동화 혁신	규칙화 탈중개화와 재중개화 분해
새로운 기술과 역량	**새로운 노동 모형**
의사소통 방식의 변화와 수용 자료 처리 숙달 기술과 새로운 관계 형성 다각화	노동력의 차익 거래 준전문가화와 위임 유연한 자기고용 새로운 전문가 사용자 기계

＊전문직의 미래. (2016).

달은 좀 더 세분화된 다채로운 영역에서 전문가의 증가 및 전문가
역할에 대한 다양한 가능성을 제시하고 있다(표 3-2 참조).

외근 정규직과 자발적 계약직 근로자의 증가

디지털 기술의 발달은 기업의 각종 거래비용을 낮춤으로써 다양한
고용 형태를 가능하게 하고, 전통적 일자리에 잇달아 도전장을 내
밀고 있다. 이는 디지털 기술의 발달이 비단 기업의 외부 고용비용
을 낮출 뿐 아니라 기업의 내부관리 비용 또한 낮출 수 있기 때문
이다. 따라서 우리는 물리적 공간으로서의 기업이 사라질 상황에

대비하여, 가상의 공간에 존재하는 1회성 프로젝트형 기업을 찾아 떠도는 디지털 노마드로서의 삶을 준비해나가야 한다.

온라인 노동중개 시장의 등장과 계약 근로자의 증가

온라인 노동중개 시장의 등장은 기업의 외부인력 조달에 필요한 거래비용을 낮춤으로써 각종 계약 근로자의 증가를 촉진시키고 있다. '긱워크Gig Work'란 플랫폼을 통해 개별적으로 노동력을 상품처럼 단기로 거래하는 새로운 기업의 작업통제 방식을 의미한다. 디지털 기술 발달에 따라 온라인 플랫폼으로 노동의 거래가 가능해지면서 기업은 급변하는 기업환경에서 그때그때 필요한 인력을 조달하는 긱워크를 활용하여 인력을 유지하는 데 소요되는 비용을 낮추고 있다. 세계은행 보고서(2018)에 따르면 2016년 이미 전 세계에서 약 1억 1200만 명의 인구가 크라우드 워크 형태로 일하고 있다고 한다.

　현재 각국에서 경쟁적으로 도입되고 있는 공유경제의 바람도 이러한 긱이코노미 종사자의 비율을 높이는 방향으로 작용하고 있다. 이민화·안상희는 「제4차 산업혁명이 일자리에 미치는 영향」 (2016)에서 O2O 초융합경제에서는 거대한 자본을 바탕으로 한 대기업의 진입장벽이 허물어지고 누구나 아이디어만 있으면 상품 또는 서비스의 공급자이자 플랫폼 사업자로 참여할 수 있다고 주장했다. 다시 말해 공유경제의 확산은 기존에 진입장벽이 존재했던 특정 서비스 업종의 진입장벽이 허물어짐을 의미하는데, 그 결과 과거 기술적 실업 상태로 존재할 수밖에 없었던 사람들의 노동시장 참여를 독려할 수 있다.[12] 도이블러와 클레베(2016)는 2013년 4분기 영국에서는 0시간 계약이 가능한 온디맨드on-demand 노동이 총 60만 건 이루어졌는데, 이는 영국에서 나타나고 있는 높은 자영업 증가 현상과 밀접한 관련이 있다고 말했다.[13]

하지만 긱이코노미 등장에 따른 계약직 근로자의 증가는 사회적 안정성을 떨어뜨리고 높은 사회적 비용을 수반한다. 도이블러와 클레베(2016)는 독일경제연구소DIW 자료를 통해 2011년 1인 자영업자 한 명의 시간당 소득은 평균 13유로였는데, 전체 1인 자영업자 가운데 3분의 1의 소득은 8.5유로 이하였다고 전했다. 이는 사용자가 아무런 사회보장보험료도 납부하지 않고, 또 병가 시 임

그림 3-5   **온라인 플랫폼 노동시장의 등장과 계약직 일자리의 증가**

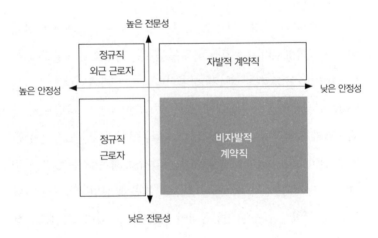

금계속청구권이나 유급휴가도 보장되지 않는다는 점을 감안할 경우 매우 낮은 수준인데, 이 같은 저소득 계약직 근로자의 증가는 사회적 안전성을 떨어뜨리고 각종 사회적 비용을 수반할 수 있다. 손을춘은 『4차 산업혁명은 일자리를 어떻게 바꾸는가』에서 4차 산업혁명 시대에 일하는 사람뿐 아니라 소비하는 사람이 줄면 모든 종류의 세금이 감소할 수 있다고 경고했다. 따라서 그는 강인공지능에 의한 인류의 종말을 고민하기보다 일자리 양극화로 중산층이 무너지고 저소득층이 증가할 경우 이들의 생계비를 지원할 재원을 어디서 어떻게 마련해야 하는지와 관련한 더욱 현실적 고민들이 필요하다고 주장했다.

유연근무제 도입을 통한 정규직 외근 근로자의 증가

다른 한편으로 디지털 기술의 발달은 기업 내부의 의사결정 과정을 효율화시킴으로써 다양한 방식의 일처리를 가능하게 한다. 한국과학기술기획평가원(2016) 보고서에 따르면, IT기술의 발전은 인간의 시간과 공간을 무한히 확장하는 효과를 불러왔고, 그 결과 소호·재택근무·텔레워크·모바일 근무 등 다양한 형태의 직업생산을 견인하고 있다. 로라 덴 둘크Laura den Dulk는 「네덜란드의 근로시간 제도」(2015)에서 전 세계적으로 근로시간 제도가 재조명되고 있는 이유는 디지털 및 통신기술의 도입으로 기업이 새로운 근무방식의 채택 가능성에 눈을 돌리고 있기 때문이라고 말했다.

그럼에도 디지털 기술의 활용이 기업 외부에 비해 기업 내부에서 활발히 이루어지지 않고 있는 이유는 기업 내 비정규직 일자리에 대한 사회의 부정적 인식 및 차별 때문으로 보인다. 헤이먼J. R. Hayman(2009)은 유연근무제는 그 취지는 매우 좋으나 생각보다 활용도가 낮은데, 조직문화가 가장 큰 이유라고 주장했다. 콜런스S. Callans(2007)는 조직에 헌신하면서 일을 다른 무엇보다 우선시하는 사람이 '이상적인 근로자 상'이라는 인식이 있는데, 이러한 인식이 팽배한 조직에서는 유연근무제를 이용하는 사람을 이상적인 근로자 상에서 벗어난, 즉 승진에 관심이 없는 사람으로 본다고 지적했다.

결국 기술의 발달이 기업 내 조직의 효율성을 증가시키기 위해 변화해야 하는 정부는 기업 내부의 디지털 기술 활용을 적극 유도

그림 3-6 **과도기적 상황에서 정규직 외근 근로자의 증가**

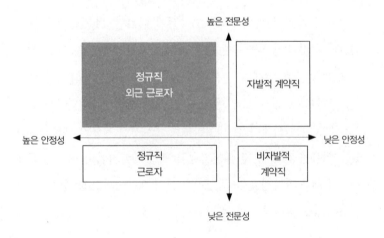

하기 위한 정책, 즉 기업으로 하여금 정규직 외근 근로자(유연근무제)의 확대를 독려할 필요가 있다(그림 3-6 참조). 이는 사회적 안정장치가 제대로 구현되지 않은 상황에서 업무효율을 높이려는 개인과 기업에게 비정규직 일자리를 독려하는 것이 자칫 사회적 혼란을 야기하고 질 낮은 일자리의 양산을 촉진할 수 있기 때문이다. 박은정은 「연구노트: 유연근무제 논의 실태와 문제점」(2012)에서 정부는 일과 가정의 양립이라는 사회적 필요성 및 당위성에 의해 유연근무제의 도입을 지지하는 반면, 기업은 글로벌화·유연화로 대변되는 경제환경 변화에 맞춰 노동의 수량적 조절을 원활히 하기 위해 유연근무제를 도입했다고 보았다. 그 결과 제도적 보완장치가 없는 유연근무제는 비정규직 근로자의 확대 및 열악한 근로조건의 고착화로 이어질 가능성이 높은데, 이는 전문성 있는 정규직 근로자가 좀 더 효과적인 업무처리를 할 수 있는 비정규직 근로자로의 전환을 가로막을 수 있다. 한편, 국수미는 『나는 직장에서 디지털 노마드로 일한다』(2018)에서 흔히 직장 없이 자유롭게 개인사업을 하는 디지털 노마드가 IT업계에서만 가능하다고 생각하기 쉽지만, 지금 다니고 있는 직장 내에서도 충분히 적용 가능하다고 보고 있다.[14]

사회적 안전망 확충을 통한 자발적 계약 근로자의 증가
끝으로 공유경제와 긱이코노미의 등장에 따라 계약직 근로자의 비중이 높아지고 있는 가운데 전문성이 높은 사람들은 오히려 기업

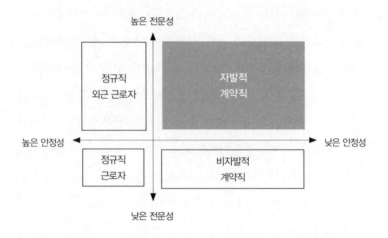

그림 3-7 **사회적 안전망 확충과 자발적 계약 근로자의 증가**

높은 전문성

정규직
외근 근로자

자발적
계약직

높은 안정성 ←——————————→ 낮은 안정성

정규직
근로자

비자발적
계약직

낮은 전문성

에 소속되지 않고 자유롭게 일하는 자발적 계약직의 형태를 선호할 수도 있다(그림 3-7 참조). 도이블러와 클레베(2016)는 앞서 1인 자영업자의 임금이 너무 낮은 수준에 머물러 있음을 지적하는 한편, 크라우드 워커의 소득은 이처럼 낮기만 한 것이 아니라 능력과 업무에 따라 달라질 수 있다고 보았다. 그들은 아마존 메카니컬 터크AMT 참여자의 경우 90%가 시간당 0.1달러 미만의 보수를 받고 있지만, 업무효율이 높은 숙련된 터커는 시간당 8달러, 고급 업무를 수행하는 소프트웨어 개발자나 설계가는 시간당 평균 24~33달러를 받고 있다고 설명했다.

이는 단순히 계약 형태에 따라 근로자의 임금이 정해지는 것이 아니라 근로자의 임금은 본질적으로 근로자 개인의 생산성(전문성)에 따라 달라질 수 있음을 의미한다. 따라서 온라인 노동중개

시장의 등장은 오히려 전문성 있는 근로자의 경우 맞춤형 노동계약을 통한 후생 극대화의 실현을 가능하게 할 수 있다. 이는 전문성이 있는 근로자의 경우 본인이 가진 전문성을 바탕으로 플랫폼상의 더 많은 기업과 고객들과 만날 수 있으며, 원하는 시간과 공간만 선택하는 것이 아니라 원하는 일과 보수도 선택할 수 있기 때문이다. 손을춘은 『4차 산업혁명은 일자리를 어떻게 바꾸는가』에서 최근 미국을 비롯한 선진국에서는 공유경제 플랫폼에 등록하여 재화와 서비스를 공급하고 수입을 창출하는 긱이코노미 경제가 크게 확대되고 있다며, 다양한 형태의 서비스가 존재할 수 있다고 말한다. 실제로 온라인 노동중개 시장에는 우리가 익히 잘 알고 있는 우버Uber나 에어비앤비Airbnb처럼 자산을 제공하는 형태의 서비스도 있지만, 법률 조언·작곡·디자인·그래픽·번역 등의 전문 서비스, 창업이나 시장조사와 같은 컨설팅 서비스, 앱 개발 등 다양한 개발수요를 충족시켜주는 서비스 등도 있다. 다시 말해 온라인 플랫폼을 통한 노동중개는 단순히 저임금 노동에만 국한된 것이 아니라 고임금 노동 분야에도 확대 적용될 수 있으며, 이는 궁극적으로 양질의 일자리 확대 방안이 될 수 있다.

결론적으로 디지털 기술 발달에 따른 장기 포괄고용의 축소 및 단기 특수계약의 증가는 일반적으로 근로자의 삶을 불안정하게 만들 수 있다. 홀J. V. Hall과 크루거A. Krueger(2015)는 미국의 경우 우버 기사의 69%가 다른 풀타임 직업 또는 파트타임 직업을 가지고 있으며, 우버를 통해서만 돈을 버는 기사는 전체의 20%에 불과하다

그림 3-8 **전통적 근로자와 디지털 노마드의 근무환경**

고 말했다. 도이블러와 클레베(2016)는 크라우드 워커의 업무 동기에 대해 여러가지 이유가 있지만-크라우드 업무 자체에 대한 즐거움, 사회적 교류, 학습, 다른 크라우드 워커로 받는 인정, 셀프 마케팅 기회 확보 등-가장 큰 이유는 수입이나 생계안정, 또는 재택근무와 고정되지 않은 업무시간에 따른 가정생활과 돈벌이의 균형 향상이라고 말했다. 따라서 디지털 기술의 발달이 근로자의 삶을 불안정하게 만들지 않도록 사회가 안전망을 좀 더 촘촘히 만든다면 기술의 발달은 분명 인간에게 보다 자유롭게 일하고 소비하는 고차원적인 삶을 약속할 수 있다. 하지만 이것은 우리가 양보와 타협을 통해 이것을 가능하게 할 사회 안전망과 제도를 갖추었을때 가능한 이야기이며, 그러지 못할 경우 기술의 발달은 오히려 인간의 삶을 크게 황폐화시킬 가능성이 높다.

지식의 불균등, 소득 불평등을 해결하려면

인적 자본의 생산성 향상을 위한 창조적 학습사회 구축

일자리가 없는 사회에서 개인은 지속적으로 새로운 일을 찾고 만들어나가기 위해 새로운 재화나 서비스를 생산하는 데 필요한 학습을 지속적으로 진행해나가야 한다. 캐플런A. M. Kaplan(2016)은 급속한 자동화로 인해 일자리를 잃은 사람들의 상당 부분은 새로운 기술을 배울 기회조차 얻지 못할 것이라고 우려했는데, 이에 대한 해법으로 그는 교육개혁과 직업대출을 주장했다. 또한 학교에서 가르치는 기술이 미래에도 경제적 가치를 창출할 수 있게끔 교육과정을 개선해야 한다고 주장했는데, 기술 발전의 속도가 노동자들의 적응 속도보다 훨씬 빠르기 때문에 교육방식에 변화를 주어야 한다고 강조했다. 스티글리츠J. E. Stiglitz는 그의 저서 『창조적 학습사회』(2015)에서 영구적은 아니더라도 최소한 오랫동안 국가의 경제성장률을 높이는 방법은 창조적 학습사회의 구축이라고 강조했다. 그는 개발도상국에게 학습사회 구축이란 자국 기업과 선진국 기업들의 최고 경영행위의 격차를 줄여나가는 것이지만, 선진국에게 학습사회란 개별 기업들의 생산성 향상을 위해 빠르게 학습하도록 하는 사회를 의미한다면서 지식의 빠른 확산과 학습의 중요성을 강조했다.

다행히 디지털 기술의 발달은 양질의 콘텐츠를 낮은 비용으로 학습할 수 있는 최적의 학습환경을 제공하고 있다. 리프킨Jeremy

Rifkin은 그의 저서 『한계비용 제로 사회』(2014)에서 그동안 지식은 높은 등록금 때문에 부유층 외에는 높은 벽에 둘러싸여 있었지만, 이러한 상황은 분산적이고 협력적이며 P2P Peer to Peer의 힘을 발휘하는 인터넷혁명에 의해 변화의 국면을 맞이하고 있다고 말했다. 그는 미국 대학의 예를 들어 엘리트 비영리대학의 경우 1년에 5만 달러의 학비를 내야 하지만, 이를 개방형 온라인 강좌로 수강할 경우 동일한 수업을 1인당 30~60달러의 가격으로 수강할 수 있다고 했다. 이처럼 온라인 대중강좌를 통한 교육이 학습비용을 0에 가깝게 낮춰주고 있는 가운데 브린욜프슨과 맥아피(2014)는 기술이 앞서나갈 때 뒤처지지 않는 가장 좋은 방법은 우수한 교육을 받는 것이라고 주장했다. 하지만 그는 단순히 좋은 교육을 받을 수 있다고 해서 모두가 좋은 교육의 수혜를 받을 수 있는 것은 아니며 동기의 중요성을 강조했는데, 그는 동기부여가 된 학생과 현대기술의 조합은 가공할 만한 위력을 가진다고 말했다. 실제 스탠퍼드대학의 인공지능 연구자이자 구글의 자율주행자동차를 만든 주요 인물 중 하나인 세바스찬 스런Sebastian Thrun이 온라인 대중강좌 MOOC를 개설했을 때 무려 16만 명의 학생이 수강했다고 한다. 하지만 강의를 끝까지 들은 학생은 소수에 불과했다. 그럼에도 오프라인 강의에서 최고 성적을 낸 학생은 온라인 강의를 들은 학생 기준으로 411등이었는데, 이러한 사실은 온라인 대중강좌에 대한 무궁한 잠재성을 방증한다. 온라인 대중강좌의 확산은 지역에 따른 지식의 불균등한 현상을 평등화시키는 데 기여할 것으로 예상할 수 있다.

이러한 학습도구들의 발전은 인간이 지속적으로 기술에 뒤처지지 않고 기계와의 경쟁에서 승리하는 데 도움을 줄 수 있다. 하지만 앞에서 강조하였듯, 이것을 실제로 가능하게 하기 위한 법적·제도적 뒷받침이 더 중요하다. 임지선은 「4차 산업혁명 시대, 생산적인 프로슈어 이코노미로의 전환을 위한 정책 제언」(2017)에서 한국의 노동시간 단축 정책은 단순히 현재의 실업문제 해결을 위해 중요한 것이 아니라 미래 학습을 위한 여가시간의 확보 차원에서 보다 중요하다고 말했다. 그는 현재 한국사회에서 문제가 되고 있는 노동시장 경직성 문제는 급변하는 직업수요에 맞춰 개별 노동자가 이직을 준비하기 어렵기 때문에 더욱 경직적일 수밖에 없다면서, 노동시간 단축을 통한 여가시간의 확보는 미래 노동시장 유연화를 달성하는 데 상당한 도움이 될 것이라고 기대했다.

창조적 학습사회로 가기 위한 포괄적 사회보장제도의 확립

일찍이 우리는 일자리 양극화 문제가 소득 불평등을 야기할 수 있음을 보았다. 또한 불평등 문제는 수요를 침체시켜 기업이나 산업, 국가의 지속적 성장을 저해하고 궁극적으로 인류의 행복과 복지향상을 어렵게 할 수 있다. 최민재는 「4차 산업혁명에 대한 국민들의 인식」(2017)에서 한국인을 대상으로 한 온라인 설문조사에서 응답자의 85.3%가 4차 산업혁명으로 인해 빈부격차가 더 심해질 것이라고 응답했다고 말했다. 도이블러와 클레베(2016)는 독일경제연구소 자료를 인용하며 공유경제 또는 긱이코노미의 매출이 증가할 것으로 예상해볼 때,[15] 기업은 노동자 대신 노동법상의 보호권이 없는 자영업자를 고용하여 비용을 줄일 것이기 때문에, 근로자 보호권을 누리지 못하는 자영업자들이 삶의 모든 사안에 대해 본인이 직접 보호책을 강구하게 될 상황에 대해 우려했다.

기본소득제는 이와 같은 기술발달에 따른 여러 가지 불평등 문제를 개선하기 위해 도입이 논의되었다. 하지만 기본소득제가 불러일으킬 수 있는 여러 가지 현실적 이유 때문에 도입이 지연되고 있는 것도 사실이다. OECD의 「정책대안으로서의 기본소득제Basic income as a policy option」(2017)이라는 보고서에 따르면 기본소득제의 도입은 불평등 및 비전통적 형태의 일자리 증가와 같은 사회적 이슈의 등장과 함께 논의되기 시작했는데, 이러한 것들은 모두 자동화에 따른 일자리의 상실 및 일과 가족, 여가의 불균형과 관련되어 있다고 설명했다. 해당 보고서는 기본소득제의 도입은 현재의 소득이나 고용 지위에 따라 혜택이 제한되는 사람이 존재하는 사회보험의 한계를 극복한다는 점에서 큰 장점이 있지만, 이를 위한 세수 확보 방안 및 기존 수혜자의 혜택을 줄이는 문제 등을 해결해야 하기 때문에 쉽게 도입하기 어렵다고 설명하고 있다. 뿐만 아니라 실제 기본소득제의 도입이 빈곤을 해결하는 데 효과적인 수단인가라는 근본적인 질문도 제기되고 있어서 현재 많은 국가에서 여러가지 검증과정을 통해 도입에 신중을 기하고 있다고 설명하고 있다.

따라서 노동자와 생산자의 경계가 불명확하고 생산자와 소비자의 경계 또한 불명확한 미래사회에서 사회 구성원 모두가 합의할 수 있는 형평성 있는 세원 발굴 노력 및 포괄적 사회보장제도는 반드시 필요하다. 하지만 일자리가 없기 때문에 소득이 없고, 소득이 없기 때문에 소비가 이루어지지 않는 것이 문제라면 아무런 노동의 대가 없이 최저임금 또는 소득을 보장해주는 기본소득제보다는 최소과업 보장을 통해 최저임금을 보장해주는 제도개선 방안이 적어도 자본주의의 작동원리인 개인의 근로의욕을 해치지 않는다는 측면에서 좀 더 바람직할 수 있다. 더불어 현재 기업이 소비자에게 사용료를 지불하지 않고 개인의 정보를 활용해 수익을 창출하고 있는 수익창출 방식이 이들 플랫폼 기업에 의한 승자독식 구조를 강화하고 있다는 점을 생각해볼 때. 기업에게 개인정보 사용에 대한 수수료를 지급하게 하는 방안도 바람직해 보인다. 이러한 제도는 디지털 사회 전환에 따른 개인 희생의 일정 부분(자동화에 따른 노동대체)을 소득으로 보전하게 함과 동시에 개인정보 활용 촉진을 통한 양질의 제품 및 서비스 개발에도 도움을 줄 수 있기 때문에 로봇세를 통한 부의 재분배보다 기업의 활용 가능성의 측면에서 좀 더 현실적 대안이라고 생각된다.

개구리식 도약이 아닌 단계적 도약으로

디지털 기술의 발달은 기존 일자리의 관점에서 반복적 노동 대체로 인한 일자리 감소 문제를 야기할 수 있다. 한국의 일자리 문제

또한 전통산업에서의 노동수요 감소 및 신산업에서의 노동 수요 및 공급 부족에 따른 노동시장 미스매치 문제 등 디지털 기술 발달에 따른 일자리 문제와 동일 맥락으로 설명할 수 있다. 윤희숙은 「일자리 사업 심층평가의 시사점」(2016)에서 2000년대 초반 20%를 상회하던 한국 기업의 진입률과 퇴출율이 최근 10% 내외로 감소했음을 지적하며, 그 결과 새로운 일자리가 저임금 저숙련 직종 위주로 창출되고 있음을 지적했다. 세계적인 미래학자 앨빈 토플러Alvin Toffler는 2007년 한국 방문 당시 한국 학생들은 미래에 필요하지 않은 지식과 존재하지도 않을 직업을 위해 하루 15시간씩 낭비하고 있다면서 우리나라의 교육현실을 비판한 바 있다.[16] 이러한 사실들은 한국이 디지털 사회 전환에 따른 새로운 산업도, 새로운

그림 3-9 **업무의 유연성과 개인의 전문성에 따른 미래 일자리 유형**

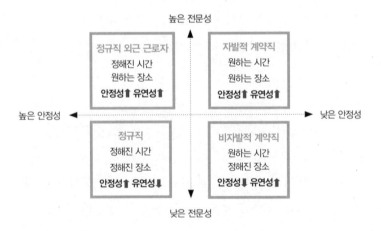

산업을 선도해나갈 인재도 준비되어 있지 못하다는 뼈아픈 현실을 보여준다. 우리나라의 높은 청년실업률(10.5%) 또한 이러한 현상을 잘 뒷받침하고 있다.[17]

궁극적으로 온라인 노동중개 시장의 등장은 현재 자본주의 사회에서 효과적 생산방식인 대량생산 체제에 맞는 장기 포괄고용을 미래 협력적 공유사회의 효과적인 대중생산 체제에 맞게 단기 특수계약의 형태로 변화시켜나갈 것으로 보인다. 세계 최대 네트워크 장비회사인 시스코는 사물인터넷이 가져올 2025년 미래상을 설명하며 향후 10년 뒤 미국 근로자의 34%가 프리랜서로 일하게 될 것이며, 이에 반해 제조업 종사자는 4~5%로 급감할 것이라고 전망했다.[18] 「포브스Forbes」는 기업에 고용되어 월급을 받기보다 직접 프로젝트를 수주하러 다니는 1인 기업 프리랜서들이 2020년경 전체 직업의 43%가 될 것으로 추정했으며,[19] 세계은행(2018)은 2020년경 크라우드 워크 플랫폼의 매출 규모가 250억~460억 달러가 될 것이라고 추정했다.

그런데 미래사회에서 저소득 불안정 일자리인 비자발적 계약 근로자가 아닌 고소득 안정적 일자리인 자발적 계약 근로자가 되기 위해 우리는 어떠한 노력을 해야 할까? 무엇보다도 중요한 것은 개인의 전문성 확보이며, 사회적으로는 기술발달에 따른 개인의 전문성 퇴보를 다시 진일보시켜줄 수 있는 지속적 학습 시스템이 필요하다. 기술의 발달이 개인의 숙련을 지속적으로 대체해나가는 급변하는 기술환경 속에서 개인이 지속적으로 전문성을 확보해나가기 위해서는 사회적 차원에서의 개인혁신시스템[115]이 필요하기 때문이다. 좀 더 구체적으로 일과 병행하여 지속적으로 학습해나갈 수 있는 평생교육 시스템과 자유롭지만 불안정한 생활을 보완하면서 경험을 통한 학습과 숙련을 증가시킬 수 있는 최소과업 보장 제도가 필요하다.

단, 현재와 같이 평생교육 시스템 및 최소과업 보장 제도와 같은 포괄적 사회안전망 제도가 제대로 수립되지 않은 상황에서 기술발달에 따른 계약직 노동자의 증가는 자칫 질 낮은 일자리(비자발적 계약직)의 증가로 이어질 수 있다. 이는 현재 온디맨드 일자리에 대한 포괄적 사회안전망이 부재한 상태에서는 정규직에서 밀려난 노동자들만이 계약직을 선택하기 때문에 대부분의 계약직 노동자들이 자발적 계약직이 아닌 비자발적 계약직이기 때문이다. 그러나 포괄적 사회안전망 제도가 확충된다면 전문성 있는 고소득 근로자들 또한 좀 더 효율적으로 일할 수 있는 단기 특수계약 근로자로 전환할 유인이 있고, 또 그 가능성이 높다. 이러한 변화는 이들의 초과노동 시간을 줄여줌으로써 더 많은 양질의 일자리를 창출하고 정규직과 비정규직 간의 사회적 차별을 줄여줄 수 있으며, 지식이 사회로 빠르게 확산되어나가는 데 도움이 될 수 있다.

마지막으로 강조하고 싶은 점은 선도형 경제 모형에서는 과거 추격형 경제에서 유용했던 '개구리식 도약 Leap Frogging' 전략이 더 이상 유효하지 않을 수 있다는 것이다. 한국은 지난 수십여 년간 급격한 소득증가와 함께 민주시민 의식도 함께 성장해왔다. 따라서 지금 한국에게는 기존 일자리를 통한 급격한 변화보다는 새로운 일자리를 통한 단계적 도약이 좀 더 바람직할 수 있다. 일단 정규직이 지배적인 기존 일자리는 기업 내부적으로 디지털 기술을 활성화하여 정규직 근로자에 대한 유연근무제를 확대 시행하되, 유연근무제 도입에 따른 생산성의 향상은 노동시간 단축을 통해 해소해나가면서 기업 내부적으로 정규직과 비정규직 근로에 대한 의식과 차별을 개선해나갈 필요가 있다. 더불어 기업의 새로운 일자리는 디지털 시대에 좀 더 효과적인 일자리 형태인 비정규직 일자리들로 대체하되, 임금·복지 면에서 각종 사회보험 혜택을 제공하는 정규직 일자리보다 기업의 리스크와 비용을 줄여주는 비정규직 일자리에 더 높은 임금과 보상을 제공해주는 식으로 새로운 룰을 적용해나가야 한다. 그래야 좋은 인재가 본인의 생산성에 맞게 더 높은 임금을 주는 일자리로 자유롭게 이동해나가며 경제적 효율성을 달성할 수 있다. 이들이 자발적 계약직 형태로 일하며 높은 보수를 받아야 비로서 타율이 아닌 자율에 의한 정규직과 계약직의 차별이 사라지고 본인의 선호에 맞는 일자리의 선택이 가능해지기 때문이다. 즉 장기적으로 기업의 정규직과 비정규직 일자리의 차이는 높은 안정성과 낮은 임금으로 대표되는 장기 포괄고용이냐 낮은 안정성과 높은 임금으로 대표되는 단기 특수계약이냐의 차이에 두어야 한다.[20] 한편 정부는 이 모든 것을 가능하게 할 비정규직 일자리에 대한 포괄적 사회보장제도를 설계해야 하는데, 더불어 이들의 노동에 대한 공정한 조세 부과 방안도 함께 고민해야 한다. 정부는 미래 한국 디지털 노동시장(단기 특수계약 사회)이 정규직 외근 근로자와 자발적 계약 근로자가 중심을 이루는 노동시장 비전을 실현시켜나갈 수 있도록 제도 개선에 적극적으로 힘써야 할 것이다.

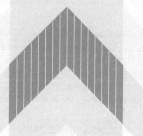

제4장

미래 금융 시스템의 비전

분권화된 디지털 금융 시스템

중앙집권화된 금융 시스템이 낳은 문제

글로벌 금융 시스템에서는 매일 몇조 달러가 오가며, 수십억 명의 사람들에게 서비스를 제공하고, 100조 달러가 넘는 글로벌 경제를 뒷받침한다. 하지만 그 이면에는 인터넷뱅킹과 핀테크 등 디지털화라는 신기술의 발전에도 불구하고 비효율성과 지역별로 불평등한 접근성이 공존하고 있다. 새로운 기술이 은행 내부의 서류작업들을 대체했고 반자동화·반전산화 작업으로 바꿔놓았지만 시스템이 운영되는 로직은 여전히 과거의 서류작업에 바탕을 두고 있다. 소비자가 신용카드로 결제한 커피 한 잔 값이 실제 판매자의 통장에 입금되기까지는 신용카드사 외에도 VAN 사업자, PG 사업자 등 다수의 중개자를 거쳐야 한다. 다시 말해 거래는 즉시 이뤄지나 가맹점(판매자)에 최종 정산되기까지는 일주일 또는 그 이상의 시간이 소요되고, 중개자의 수수료 부담은 고스란히 가맹점에 전가된다. 카드사가 가맹점 수수료율을 낮춰주고 싶어도 다양한 이해관계자들이 있어 독자적으로 결정하기 힘들다. 또한 수십억 명에 달하는 제3세계 국가의 사람들 대부분은 아직도 자기 이름으로 은

행계좌를 만들어 돈을 보관하고 송금하고 지급수단으로 활용하고 신용을 평가받아 대출을 받는 등 기초적 금융서비스에 접근하는 데 많은 어려움이 존재한다.

기존의 금융은 독과점적인 비즈니스이기 때문에 중앙집권화된 거대 중개자들은 거래비용을 줄이기 위한 어떠한 노력도 기울일 필요가 없었다. 비단 전통적인 은행뿐 아니라 카드회사, 투자은행, 증권거래소, 원자재 트레이더, 보험사, 글로벌 회계법인 모두가 금융이 가지는 높은 진입장벽의 수혜자들이다. 이들의 암묵적인 결탁으로 인해 눈부신 디지털 기술 발전에도 불구하고 유독 금융 시스템만은 타 분야에 비해 개선속도와 비용절감 효과가 미미하다. 독점적 지위가 결국 경쟁의 부재를 불러 서비스를 개선하고 효율성을 높여 더욱 많은 소비자를 만족시키겠다는 동인보다는, 여러 명목으로 기존 시장의 수수료를 높여 단기적 이익의 극대화만을 추구하는 풍조를 낳은 것이다. 2008년 금융위기 때도 기존 금융 시스템의 과도한 레버리지, 투명성 결여, 적절한 감독 및 견제수단의 부재로 인해 사전 대처가 불가능했다는 점은 중앙집중화된 기존 금융 시스템에 변화가 필요하다는 반증이며, 블록체인은 이러한 문제를 해결할 수 있는 분권화된 대안을 제시한다.

블록체인이 가져온 패러다임 전환

블록체인 기술의 의의

이더리움 Ethereum의 창시자인 비탈릭 부테린 Vitalik Buterin은 블록체인에 대하여, 거래·계약 등의 정보가 분산원장에 기술적으로 암호화 및 연결되어 저장된 데이터 체인을 뜻하나, 좀 더 폭넓게는 중앙서버 없이 프로그램의 자기실행 self-execution이 가능한 분산원장 네트워크 및 그에 수반되는 기술을 의미한다고 정의한 바 있다. 『블록체인 혁명 Blockchain Revolution』의 저자인 돈 탭스콧 Don Tapscott은 블록체인을 '가치의 인터넷 Internet of Value'으로 규정했는데, 이는 가치가 아닌 단순히 정보를 한 당사자로부터 다른 당사자에게 전송하는 방식으로 고안되었던 과거 인터넷의 한계를 넘어선 일대 대전환으로서의 의미를 블록체인에 부여했다고 볼 수 있다. 즉 기존 인터넷 거래에서는 중앙관리 시스템이 필요하지만, 블록체인 네트워크에서는 중앙관리 시스템의 도움 없이도 당사자 간 P2P의 직접적 거래가 가능해져 기존 경제 시스템의 거래구조를 근본적으로 변혁할 수 있다는 것이다.

중앙집중화된 서비스는 중앙기관(서버 등)의 장애 발생 시 전체 시스템이 정지해야 하지만, 블록체인은 모든 네트워크 참여자가 정지하지 않는 이상 영구적으로 지속 가능하다. 블록체인의 네트워크는 다수의 컴퓨터가 중앙 신뢰기관 없이 미리 합의된 규칙에 따라 공동의 작업을 수행하며(인증효과·거래비용 감소), 데이터가 중앙 서버에 집중되지 않고 모든 노드에 공유되는 탈중앙 비즈니스(투명성·분산성·안전성)의 구조를 가지고 있다. 블록체인의 근간은 오픈소스 코드(개방성)다. 누구나 공짜로 내려받아 실행할 수 있고, 이를 활용해 온라인 거래를 관장하는 새로운 틀을 개발할 수 있다. 이 과정에서 무수히 많은 새로운 애플리케이션이 등장하는 동시에 기존 거래구조의 많은 부분을 변화시킬 수 있다.

암호화폐의 가치에 대한 경제학적 이해: 네트워크 효과

퍼블릭 블록체인에서 구현되는 암호화폐의 가치는 네트워크 효과network effect로 설명할 수 있다. 네트워크 효과란 네트워크의 규모가 커질수록 그 가치가 기하급수적으로 증가하는 현상을 의미한다. 다른 소비자의 소비행위나 구매행위가 개별 소비자의 효용에 영향을 끼치는 이러한 소비자 상호간의 의존성을 네트워크 효과 또는 '소비자 외부성membership externalities'이라 한다. 비트코인의 내재가치는 (디지털시그널에 불과한) 개별 비트코인BTC이 갖는 가치에서 나오는 것이 아니다. 정부가 만든 돈이 아님에도 전 세계의 많은 사람들이 실제로 암호화폐에 투자하고 또 어떻게 이를 활용할 수 있을지 생각하는 사람들의 기대와 신뢰, 그 네트워크 자체에서 나오는 것이다. 중요한 점은 한 네트워크가 네트워크 효과에 의해 점점 더 크고 견고해지면 이 네트워크의 가치에 관심을 가지는 또 다른 보완재 네트워크와 플랫폼 형성이 가능해진다는 점이다. 이를 '교차 네트워크 효과Cross-side Network Effect'라고 한다. 네트워크가 플랫폼으로 발전하여 여러 다른 네트워크와 끊임없는 교차가 일어나면 견고한 생태계eco-system가 조성되며, 그 네트워크의 가치는 지속가능성sustainability를 확보하게 된다.

2009년에 탄생한 비트코인이 어느 정도 자신만의 네트워크가 공고해질 무렵인 2014년 이더리움이 나와 블록체인에서 구현한 스마트계약smart contract 기능을 통해 각종 분산형 애플리케이션 dApps 개발이 가능해졌다. 이더리움의 완전히 개방된 ERC20 표준을 통해 여러 다른 암호화폐 탄생의 플랫폼으로 작용하게 된 것은 암호화폐가 자신만의 개방적이고 분산화되어 있는 독특하고 견고한 생태계를 조성해나가고 있다는 판단근거가 될 수 있다. 비트코인의 단위인 BTC는 이더리움ETH, 리플XRP, 이오스EOS 등 다른 코인들, 이른바 알트코인alt-coin들의 교환가치의 척도가 된다. 희소성을 띠며 교환가치의 척도, 즉 코인 간의 결제수단이 된다는 점에서 비트코인은 달러 같은 화폐보다는 금으로 비유하는 것이 적절할 것이다. 비트코인이 마치 금처럼 코인 간의 가치척도와 결제수단으로 작용하고, 이더리움이 마치 은처럼 여러 동전銅錢, token들의 플랫폼으로 작용한다면, 동전들이 늘어나면 늘어날수록 가상의 금과 은의 가치는 더욱 커질 수 있다.

이더리움을 플랫폼으로 하여 탄생하는 여러 동전은 끊임없이 실물경제와의 접합을 시도하는데, 이를 '토큰 이코노미Token Economy'라고 한다. 토큰은 특정 상품 또는 서비스를 구입할 때 지급 결제수단 또는 송금에 활용할 수 있으며, 특정 자산에 대한 권리 표식으로도 활용할 수 있다. 다시 말해 설계자의 상상력에 따라 실물경제에서 적용할 수 있는 범위가 엄청나게 늘어날 수 있는데, 바로 이 점이 암호화폐가 가지는 파괴적 성격, 즉 '파괴적 혁신 Disruptive Innovation'이라 볼 수 있다.

4차 산업혁명 시대 IoT 디바이스와의 융합

블록체인은 IoT 디바이스와의 융합을 통해 산업 분야 및 가정에서 사물 디바이스에 연결된 인트라넷 또는 인터넷망에 활용 가능하다. 특히 IoT 디바이스의 수가 증가하면서 이를 효율적이고 안전하게 관리하는 수단으로 블록체인을 고려해볼 수 있다. M2M에서 사물 간 결제 및 거래에도 활용할 수 있을 것으로 예측된다. 최근 학계와 산업계에서는 블록체인이 기존의 서플라이 체인을 탈중앙화하여 이를 인공지능 AI, 적층가공 3D Printing, 확장 중인 사물인터넷과 결합해 새로운 가치 네트워크를 형성하는 방향이 논의되고 있다.

암호화폐와 블록체인의 분리적 시각

2016년 다보스포럼에서 블록체인이 향후 세계를 이끌어갈 10대 기술로 선정되면서 금융시장에도 새로운 패러다임으로 부각하기 시작했다. 2027년까지 전 세계 GDP의 10% 이상이 블록체인 기반 플랫폼에서 발생할 것이라는 다보스포럼에 참가한 전문가와 고위 경영진을 대상으로 진행한 설문조사 결과가 발표되기도 했다. 이에 맞추어 글로벌 대형 은행을 중심으로 블록체인 기반 표준 플랫폼을 개발 및 구축하는 컨소시엄이 구성되어 활동 중에 있다. R3CEV는 금융거래에 특화된 플랫폼으로 금융회사 간 불필요한 데이터 공유를 막는 코다Corda 시스템을 개발 중에 있다. 씨티그룹, JP모건, 모건스탠리, BoA, HSBC, UBS, 도이치뱅크 등 50여 개 글로벌 금융회사가 R3CEV 컨소시엄에 참여했으며, 국내에서는 KEB하나은행, 신한은행, KB국민은행, 우리은행, 기업은행 등 5개 은행이 참여했다.

암호화폐는 은행과 중앙 규제기관을 우회할 목적으로 고안되었지만, 역설적으로 전 세계 은행은 그 기반기술인 블록체인을 매력적인 기술로 받아들이고 있다. 실제로 금융업계는 2017년에 블록체인이나 분산원장 기술에 미화 17억 달러를 투자한 것으로 집계됐다. 스위스 은행인 UBS는 블록체인을 기반으로 만든 새로운 지불 시스템인 '유틸리티 결제코인'을 출시할 계획이라고 밝혔다. 이 토큰은 중앙은행에서 현금으로 전환될 것이다. 이 프로젝트에는 바클레이와 HSBC도 참여했다. 세계은행은 오스트레일리아연방은행과 함께 개발기금을 위한 이더리움 블록체인 채권을 출시한다고 발표했다. 인프라는 마이크로소프트 애저 크라우드 플랫폼에서 실행된다. 마스터카드는 블록체인 송금 서비스에 대한 특허를 신청했다. '블록체인으로 지불카드 검증을 위한 방법과 시스템'이라는 이 특허 출원은 마스터카드가 분산원장 기술을 도입해 기록된 보증을 사용 즉시 지불을 위한 방법 및 시스템을 개발하려는 의도라고 설명했다. 금융 서비스 회사인 노던 트러스트는 고객과 규제

당국의 투명성 제고를 위한 최초의 사모펀드 블록체인을 구축했다고 발표했다. BNP파리바는 글로벌 내부 유동성 재무운영에 프라이빗 블록체인 기술을 적용한 프로젝트에서 EY와 제휴했다고 밝혔다.

이렇듯 글로벌 금융기관들은 블록체인을 통한 비용절감, 효율성 제고를 목표로 자체 프라이빗 블록체인을 개발하거나 컨소시엄 블록체인 참여를 통해 생태계 구축과 서비스 표준화를 시도하고 있다. 2015년 12월, 리눅스 재단은 하이퍼레저hyperledger 프로젝트를 발표했다. IBM, 후지츠, DTCC, 엑센추어 등 30개 기업이 창립멤버로 참여한 이 프로젝트는 기술적이고도 조직적인 거버넌스 구조를 구비하고 있다. 하이퍼레저는 '컨소시엄' 모델을 표방하고 있는데, 별도의 고유 토큰을 발행하지 않는 승인형 블록체인이라는 더욱 간소화된 합의절차로 기존의 작업 증명 블록체인보다 훨씬 많은 거래량을 소화하는 데 초점이 맞추어져 있다.

프라이빗 또는 컨소시엄 블록체인의 역설

블록체인 기술은 여러 산업 분야에서 신뢰 모델과 비즈니스 프로세스를 혁신적으로 바꾸어놓을 수 있는 잠재력을 인정받고 있다. 그러나 이 기술은 아직까지 초기 단계에 있으며, 블록체인 기술에 사용되는 분산원장 기술 역시 적절한 모니터링이나 점검이 필요한 상황이다. 사실 퍼블릭 블록체인으로 대변되는 암호화폐 이외의 분야에 블록체인을 효율적으로 활용할 가능성은 적어도 아직까지는 회의적으로 보인다. 블록체인 기술은 중앙집권화된 관계형 데이터베이스와 같은 기존의 거래기술에 비해 더 비싸고 도입시간도 오래 걸린다. 블록체인은 '효율성이 아니라 자율성을 얻는' 시스템이기 때문이다. 새로운 블록이 블록체인에 추가되기 위해서는 모든 블록의 암호화 확인 절차가 요구된다. 이 때문에 빠른 거래가 필수인 비즈니스 분야에 적용되기에는 효율적이지 못하다. 그리고 블록체인은 말 그대로 직렬적인 체인 형태이기 때문에 업데이트 속도가 병렬적인 전통 데이터베이스에 비해 느릴 수밖에 없는 구조다.

블록체인 기술은 거래원장 ledger을 중앙화된 소수의 누군가가 아니라 모든 사람이 가지고 있자는 철학에서 출발한다. 직거래에서 P2P 지불을 희망하나 이중지불 double spending 문제를 해결해야 하는 암호화폐나, 중앙화된 관리가 불가능하고 거래 당사자들이 서로를 믿지 못하는 특정 분야가 아니면, 일반 산업계에서는 중앙화된 관리가 훨씬 효율적이다. 모든 거래 당사자가 채굴 mining을 위한 많은 전기 에너지를 낭비해가며 수정도 불가능한 거래원장을 들고 있을 이유는 없는 것이다. 블록체인과 암호화폐를 나누어 따로 생각한다는 발상 자체가 난센스이겠으나, 엄밀히 따지면 블록체인은 암호화폐를 운용하기 위해 설계된 분산화 데이터베이스 기술일 뿐이며, 실생활과 결합되어 기존 산업계를 파괴하고 재편하는 것은 블록체인으로 구현된 암호화폐지 블록체인 기술 자체가 아니다.

국제은행 간 통신협정인 SWIFT Society for Worldwide Interbank Financial Telecommunication 네트워크는 하루에 1만 개의 글로벌 금융기관 사이에서 1500만 건의 지급명령을 수행하지만 이를 결제하고 정산하려면 며칠이 걸린다. 하지만 블록체인 네트워크는 결제와 정산을 동시에 분과 초 단위로 처리할 수 있다(즉시성). 리플 ripple 은 기업친화적인 대안으로서 SWIFT와 기타 글로벌 지불 네트워크의 대체를 촉진하는 데 최적화되어 있다. 그러나 아무리 리플이 효율적이라 하더라도 현재로선 전 세계 은행들이 SWIFT 체제를 버리고 최종적으로 리플을 선택할 것 같지는 않아 보인다. SWIFT 방식은 절차적인 문제(아마도 신뢰도를 높이기 위한 절차라는 명목으로 수수료를 받기 위해)로 시간이 걸리는 것이지 기존 기술적 시스템 자체가 느리거나 고비용 구조라고 보기는 힘들기 때문이다. 비용의 문제나 시간의 문제로 많은 원성을 의식해서인지 현재 SWIFT는 송금청산소를 운영하는 넷팅 netting, 다수의 소액송금을 하나로 모아 처리하여 수수료를 절감하는 풀링 pooling, 서로 역방향의 국가 간 송금을 짝을 지어 맞교환하는 페어링 pairing 등의 새로운 국제송금 방식의 보완적 채용을 포함하여 자체적으로 수수료 절감 및 속도 향상을 위해 노력 중인 것으로 알려지고 있다.

기업이 자금을 모으려면 IB 전문가·벤처투자자·로펌 등 다양한 중개자가 필요했으나, 블록체인은 ICO Initial Coin Offering 나 IEO Initial Exchange Offering 또는 STO Security Token Offering 를 통해 P2P의 직접적인 크라우드펀딩 수단을 제공한다. ICO와 관련하여, 한국은 중국,

러시아 등과 더불어 아직까지 세계에서 몇 안 되는 ICO 금지 국가 중 하나다. ICO 기업들의 정보 공시가 미흡하고 일부는 법 위반 소지가 있어 투자위험이 높다는 이유에서다.

블록체인은 전통적인 은행업무에 접근할 수 없는 제3세계 국가의 사람들을 포함해 전 세계 수십억 명의 사람에게 손안의 스마트폰을 통한 송금, 지불 등 자유로운 금융 서비스를 제공하는 데 이용될 수 있다.

그림 4-1 **블록체인의 금융산업 분야 적용**

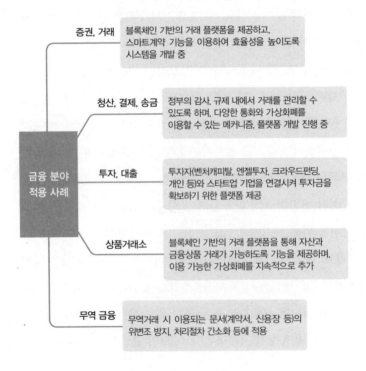

자본 조달이 가능한 블록체인 ICO

블록체인과 분산형 플랫폼 전쟁의 시작

4차 산업혁명이란 글로벌 플랫폼 경쟁 속에서 일어나는 기존 산업 체계 질서의 붕괴와 재편을 의미한다고 정의할 수 있다. 붕괴와 재편의 주역들인 플랫폼 사업자들은 글로벌 시장에서 자신들이 구축한 양측시장two-sided market의 네트워크 효과를 내재화하기 위해 산업 간의 경계를 넘어 각종 교차보조 cross-subsidy 수단을 끊임없이 확장시켜나간다. 스마트폰의 출현은 '시간과 공간에 구애받지 않는ubiquitous' 저비용의 교역 플랫폼을 제공했으며, 이러한 거래의 용이성 확보는 양방향interactivity으로 개인이 소비자도 되고 공급자도 되는 새로운 비즈니스 모델 확산의 배경이 되었다.

지식과 기술이 공유되고 보편화되는 세상에서의 혁신은 기존 일정 산업 밸류체인 안에서 이뤄지는 혁신이 아니라 전혀 다른 방향에서 밸류체인 밖으로부터 튀어들어와 빠른 속도로 기존 시장을 와해시켜나가는 파괴적 혁신disruptive innovation이다. 결국 중요한 것은 앞선 기술이 아니라 누가 더 빨리 기존 산업계가 가지고 있었던 '상대적인' 고비용 구조의 불합리성을 타파할 수 있느냐는 것이다. 모든 정보가 공유되는 사회에서 기업의 경쟁우위는 지속적일 수 없다. 자신이 속해 있는 산업영역에서의 경쟁환경 분석으로는 산업과 산업의 경계를 넘어 진격해오는 파괴적 혁신의 위협을 알아차리고 대비하기 힘들며, 위협을 예측했다 하더라도 이미 비대해

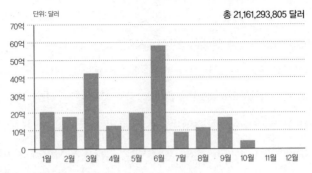

그림 4-2　2018년 10월 초 기준 ICO 모집 총액

단위: 달러　　　　　　　　　　　　　　　　총 21,161,293,805 달러

* https://www.coinschedule.com/stats.html.

진 조직은 기존 관성 때문에 자기부정을 통한 변화를 성공시키기
힘들다. 개별 기업의 지속적 경쟁우위 확보를 장담할 수 없는 상황
속에서 유일한 국가적 산업대책은 끊임없이 새로운 기업이 창출되
고 새로운 산업이 생겨나는 매커니즘을 확보하는 것이다.

　플랫폼 시장은 성격상 선두가 계속 앞서나가는 포지티브피드백
Positive Feedback 효과에 의해 승자독식Winner-take-all이 나타나는 시장
이다. 블록체인의 등장으로 글로벌 플랫폼 시장의 경쟁 양상이 중
앙화 플랫폼에서 블록체인이라는 분산화 플랫폼으로 옮겨가고 있
다. 한국 입장에서는 다시 시작해볼 수 있는 새로운 기회가 온 것
이다. 글로벌 시장조사 업체인 IHS마킷Markit의 분석보고서에 따르
면, 세계 블록체인 시장 규모는 2030년 2조 달러(한화 약 2200조 원)
에 달할 것으로 예상된다. 은행, 보험 등 각종 금융 서비스 분야뿐
아니라 국가 간의 통화지급 거래·주식·채권·파생상품의 거래, 각

종 무역거래 분쟁의 관리, 공공 및 민간 시장의 자산 보관 및 담보 관리 등 여러 분야에 암호화폐 블록체인이라는 분산형 플랫폼이 거래 비용 절감과 자율성 향상을 통해 기존 중앙집중화된 시스템을 대체해나가는 파괴적 혁신으로 작용할 것이다. ICO 데이터 업체인 코인스케줄Coin Schedule의 조사에 따르면, 2017년 ICO 총모집액은 40억 달러에 달하나, 이에 비해 벤처캐피털을 통해 조달한 자금은 13억 달러에 그쳤다. ICO가 기존 글로벌 투자계의 패턴을 변화시키고 있는 것이다. 심지어 2018년은 상반기에 모집된 ICO 금액만 100억 달러가 넘어 이미 2017년 ICO 총액의 2배를 가볍게 넘긴 것으로 집계된다.

분권화된 디지털 금융 시스템 속의 ICO

ICO Initial Coin Offering란 기업공개절차인 IPO Initial Public Offering와 비슷한 개념으로 가상화폐 개발을 위해 자금을 모집하는 행위를 의미한다. 투자자들은 미래 코인가치를 보고 투자에 참여하고, 투자금은 가상화폐(주로 ETH/BTC)로 납입한다. 국경을 넘어 전 세계 누구나 어디서나 언제든지 참여가 가능하다.

ICO는 angel sale, private sale, pre-sale, main sale의 단계로 토큰/코인 판매를 진행하는데, 일반적으로 Angel sale 단계에서 50%, private sale 단계에서 20%, pre-sale 단계에서 10%, main sale 단계에서 no-bonus 등 단계별 할인판매를 진행한다. 백서white paper에 토큰/코인 판매 이전 최소모집금액softcap, 최대모집금액hardcap을

표 4-1 ICO vs. IPO

항목	ICO	IPO
투자대상	토큰/코인	주식
심사(주관사)	없음 *smart contract의 audit process를 따름 (token audit과 ICO audit)	있음
진입장벽	낮음	높음
투자자	early adopter	전문 투자자
적용 법률		자본시장법 등
요건	백서white paper로 판단	업력 3년 이상 자기자본 및 당기순이익 규정

설정하여 공고하고, ICO를 위한 캠페인과 투자 모집 활동을 진행한다. ICO 성공 이후에도 코인거래소에 상장을 위한 활동 및 코인 가격 향상을 위한 노력을 기울인다. 주식과는 달리 투자자는 주주의 지분구조와 관계없이 코인만 소유하나, 최근 DAICODecentralized Autonomous ICO, DAO+ICO 등장으로 투자자의 경영 참여가 가능해지고 있는 추세다. 물론 투자의 리스크는 크지만 VC 입장에서는 현재까지 ICO 성공율이 높은 편이다.

블록체인 ICO가 꾸준히 관심을 끈다면 언젠가는 글로벌 금융 시스템에 자리잡은 기존 주식거래소, 브로커, 투자은행, 금융전문 로펌 등의 역할을 무너뜨릴 것이다. 기존 규제당국도 이러한 현상에 주목하여 뉴욕증권거래소는 코인베이스(가장 많은 투자를 받은 비트코인 교환 스타트업)에 투자했고, 나스닥은 자체적인 사설 시장에 블록체인 기술을 통합하고 있다.

블록체인 도입 성공을 위한 핵심 요소와 ICO 설계 시 주의사항

블록체인 기술은 탈중앙화 측면과 확장성의 균형trade-off을 고려하여 도입 여부를 결정해야 한다. 적용대상의 선별적 도입 및 검증 후 점진적 개선 및 확대 적용 방식으로 도입하는 것이 바람직하다. 해당 사업의 수익구조 확보에 대한 진지한 고민도 필요하다. 투기적 수요에 의한 가치 상승이 아닌 비즈니스 본연의 수익 원천이 존재해야 한다. 블록체인 도입을 고려하는 기업가라면 우선 하기의 사항을 스스로에게 자문하여 보기 바란다.

① 블록체인을 유지할 **충분한 가치**value를 가지는 데이터인가?

② 누구나 봐도 상관없는, 익명성이 중요치 않은 **투명한 정보** transparency인가?

③ 블록체인 노드 증가에 따른 확장성의 제한 및 처리속도를 고려할 때 너무 **크지 않은 거래량**transaction인가?

④ 기존 중앙관리기구의 **신뢰도**Trust가 낮아 보안성, 투명성이 중요한 경우인가?

⑤ 모든 노드에 **보안적으로 안전한 데이터베이스**가 정말로 필요한 경우인가, 즉 모든 사람이 거래원장ledger을 들고 있을 필요가 있는 경우인가?

그림 4-3　블록체인 ICO 성공을 위한 핵심요소

핵심요소	
충분한 가치 블록체인을 유지할 수 있는 충분한 유인 가치가 존재해야 함.	**수익구조 고민** •탈중앙화는 인프라 구축 비용 및 　거래수수료 절감 효과 •코인의 화폐 가격이 미래에 일정하다 　하더라도 참여자들에게 수익성을 보장 •투기적 수요에 의한 가치 상승이 아닌 　비즈니스 본연의 수익 원천이 존재해야 함.
투명성 참여자가 투명하게 노출되어 악용 방지, 개인정보 보호 필요	**탈중앙화(투명성/보안성/변경 불가)** •내용 수정이 불가능한 구조↔잊혀질 　권리 •탈중앙화↔약한 체인 　(보안 취약성의 확산) •투명성↔프라이버시 침해
거래량 블록체인 노드 증가에 따른 확장성의 제한 및 처리속도 고려	
신뢰 문제 보안성, 투명성이 중요한 사례의 경우 : 중간관리기구 신뢰도 낮음.	**확장성(처리속도/저장공간)** •시간당 거래 처리속도가 제한적 　(대량 거래 구현 어려움) •저장공간이 점점 증가 　(장기적으로 용량 이슈 발생) •허가형 블록체인 고려
데이터 모든 노드에 보안적으로 안전한 데이터베이스가 필요한지 여부	

이미 블록체인 도입을 결정하였다면 그 성공을 위해 하기의 5가지 사항들을 충분히 고려하여 설계하기 바란다.

• **블록체인은 데이터베이스가 아닌 네트워크다** 단순 B2B 시스템의 데이터베이스를 대체하기 위한 것이 아닌 새로운 패러다임을 적용하기 위한 프레임워크로 접근해야 한다.

- **단순 표방이 아닌 진정한 사용 시나리오를 명확히 정의하라** 사용 시나리오, 네트워크 참여자, 토큰의 가치 등을 명확히 정립할 필요가 있다. 인프라를 구축한 뒤에는 개인정보 보호, 컴플라이언스, 확장성, 성능 이슈 등의 제한으로 인해 모델을 바꾸는 데 실패할 확률이 크다. 블록체인을 유지하기 위한 인센티브를 수치화하는 작업이 필요하다.

- **블록체인 성능과 확장성의 문제를 충분히 고려하라** 블록체인은 합의 알고리즘, 구현 모델에 따라 수백~수천 TPS 성능 정도만을 실현할 수 있으므로, 사업 모델이 수백만 TPS 성능을 요구하는 경우 적용이 곤란할 수 있다. 개발 과정에서 보인 성능과 확장 후의 성능에 차이가 발생할 수 있음을 인지해야 한다.

- **작지만 충분한 범위를 충족할 데이터에 적용하라** 용량이 큰 데이터는 메인넷의 성능을 떨어뜨릴 수 있어 노드에 참조형으로 설계하거나, 개인 건강정보 등 민감한 데이터는 규제compliance를 준수하기 위한 최선의 방안을 설계 단계부터 고려해야 한다.

- **자주 변하지 않는 데이터에 적용하라** 블록에 담길 데이터는 장부에 한 번 기록되면 삭제가 불가하다. 사용 시나리오가 자주 변경되는 데이터를 다루는 경우 적합하지 않다. 새로운 블록을 생성하여 업데이트하는 회피방안을 설계할 수 있으나, 바람직하지는 않다.

암호화폐의 미래와
글로벌 통합 결제 플랫폼의 필요성

기술의 발전방향을 통해 본 암호화폐의 미래 예측

통신에서 과거 2G시대에 유럽식 표준인 GSM과 미국식 표준인 CDMA는 상호 호환성 없이 국가별로 따로따로 사일로silo화되어 존재했다. 그리고 3G시대 W-CDMA와 CDMA2000, 그리고 4G시대 LTE를 거치면서 하드웨어H/W적으로 중첩하여 포설된 개별 표준들의 네트워크 장비들이 관리의 편의를 위해 중앙화centralization되고, 이어 네트워크 간 호환성 확보를 위해 가상화virtualization, 즉 소프트웨어S/W화하는 형태로 발전해나갔다. 곧 도래할 5G시대에는 폭발적으로 늘어날 데이터 사용량data flow을 소화하기 위해 기존 네트워크 구조에 D2D 및 ad-hoc, Mesh 등 분산화된decentralized 네트워크 구조의 보완적 채용이 본격적으로 논의되고 있다.

인터넷 IDC의 경우도 개별 관리되던 서버와 스토리지가 크라우드 IDC를 통해 중앙화되고 가상화되었으며, 현재는 늘어나는 데이터량의 효율적 배분을 위해 각종 P2P와 분산컴퓨팅distributed computing 기술이 보완적으로 채용되고 있다.

즉 우리는 기술의 발전에서 '개별적인 것은 중앙화되고, 중앙화된 것은 가상화되고, 가상화된 것은 분산화된다'라는 일종의 방향성을 찾아볼 수 있다. 화폐의 발전에 이러한 방향성을 대입해보면,

그림 4-4 화폐 및 교환 메커니즘 분류체계

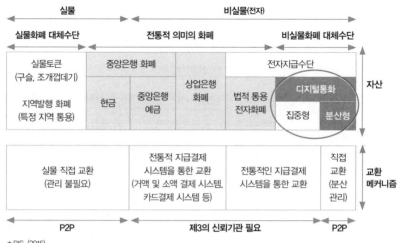

* BIS. (2015).

표 4-2 화폐의 진화과정

	현금(중앙화)	전자화폐(가상화)	암호화폐(분산화)
발행기관	중앙은행	금융기관, 전자금융업자	없음(DAO)
발행 규모	중앙은행 재량	법정통화와 1:1 교환	알고리즘에 의해 사전 결정
거래 기록 및 승인	불필요	발행기관 및 청산소	분산원장 이용 P2P네트워크
화폐단위	법정통화	법정통화와 동일	독자적인 화폐단위 (BTC, ETH 등)
법정통화와 교환 여부	–	발행기관이 교환을 보장	가능하나 보장되지 않음
법정통화와의 교환 가격	–	고정	수요-공급에 따라 변동
사용처	모든 거래	가맹점	참가자

* IBK기업은행경제연구소.(2017.07.) 도표를 인용 및 가공.

과거 조개껍데기·포목·쌀 등 각각 개별적이고 상호 연관성 없던 화폐들이 강력한 정부의 등장과 더불어 중앙은행이 발행하는 현금으로 중앙화되었으며, 이어 각종 신용카드 및 전자화폐의 발전으로 가상화되는 것을 목격한 바 있다.

이는 화폐의 중앙화·가상화 이후 분산화된 형태의 암호화폐가 기존 화폐의 대체재는 되지 못할지언정 보완재로서는 충분히 그 존재의의를 획득할 수 있을 것이라는 기대를 해볼 수 있는 근거가 된다.

블록체인 기반 글로벌 통합 결제 플랫폼 구축의 필요성

국내에서는 현재 가맹점에 전가되는 수수료 문제의 해결방안으로 결제단계 축소를 활용하여 결제수수료를 0%대로 낮춘 국가 주도의 간편결제 플랫폼인 이른바 '제로페이'가 시범 운영되고 있다. 동시에 정부는 결제시장 사업 참여자들에게 카드결제의 가맹점 수수료를 인하하라고 강력하게 압박하고 있다. 그러나 구조적 혁신 없는 강제적 수수료 인하나 정부의 무리한 간섭은 시장 참여자들의 낮은 참여율과 고객 혜택의 감소로 이어져 결국 실패할 공산이 크다. 가맹점 수수료를 낮추고도 고객 혜택을 유지하기 위해서는 결제 처리 비용을 혁신적으로 절감할 수 있는 새로운 결제 플랫폼의 구축이 필요하다.

해외 출국 인구의 꾸준한 증가와 해외 직구시장의 지속적 성장에 따라 국가 간 결제량도 증가하고 있다. 한국은행이 발표한 국내

거주자의 카드 해외 사용 실적을 보면 2017년 기준 171.1억 달러로 전년 대비 19.7%나 증가했다. 국가 간 결제시장은 국내시장 점유율이 56%에 달하는 VISA 카드의 독점으로 인해 국내 고객은 물론 카드사의 부담이 큰 실정이다. 긴 정산주기, 결제 시점과 정산 시점의 환율 차에 따른 환손실 발생 가능성과 함께 해외 송금으로 인한 추가 금융비용이 만만치 않게 증가하는 것이다. VISA 카드는 국내에서의 독점적 지위를 활용해 기존 1%였던 수수료를 2018년 1.1%로 인상하여 국내 카드사의 부담을 가중시킨 바 있다. 결국 낮은 수수료로 이용할 수 있으며, 환손실을 최소화할 수 있는 국가 간 결제 플랫폼이 절실한 상황이다.

그림 4-5 **블록체인 기반 글로벌 통합 결제 플랫폼 구축방안**

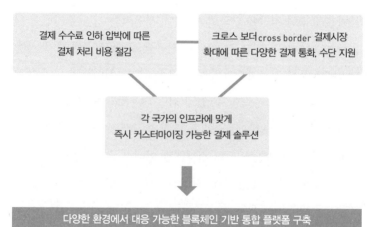

＊Danal PayProtocol IR 자료.(2019.).

모바일 기술의 발전에 따라 금융 인프라가 낙후된 동남아 국가나 일본처럼 폐쇄적 금융결제 시장을 가지고 있는 나라들에서는 디지털 콘텐츠, 온라인 게임을 비롯하여 모바일 결제시장이 급속도로 성장 중이다. 별도의 인프라를 구축할 필요 없이 결제를 처리할 수 있는 새로운 플랫폼을 구축할 수 있다면 국내 사업자들도 글로벌 핀테크 시장에 충분히 출사표를 던져볼 수 있다. 2014년 출시된 라인페이Line Pay는 4년 만인 2018년에 월 거래액 1000억 엔(한화 약 1조 원)을 넘어섰다. 이는 전년 대비 2배의 성장을 보인 수치다.

국내의 유명 핸드폰 PG사인 다날은 블록체인 기반의 글로벌 통합 결제 플랫폼 구축을 서두르고 있다. 기존 '사용자-VAN/PG-원천사(신용카드사 등)-가맹점'으로 이어지는 결제 단계에서 VAN/PG사의 역할을 블록체인이 대체할 경우, 결제처리 단계 간 소화를 통해 결제수수료를 획기적으로 낮출 수 있으며, 동시에 정산에 소요되던 시간을 단축할 수 있다. 사용자는 기존에 자신이 사용하던 동일한 결제수단을 그대로 활용할 수 있고, 블록 내에 사용자 인증정보를 저장함으로써 사용자의 결제를 처리하기 위한 추가 인증 등의 과정을 생략할 수 있게 되면 비용절감과 고객 편의성에 기여할 것이다. 다날이 글로벌 통합 결제 플랫폼 구축과 운영에 성공할 경우, 블록체인을 통해 결제뿐만 아니라 국내외 송금까지 가능해짐에 따라 다양한 사업의 확장이 가능할 것으로 예측된다.

블록체인 기술의 한계, 어떻게 넘어설 것인가?

탈중앙화 추구의 한계

블록체인의 탈중앙화decentralization 추구 이념이 채굴자의 수, 노드 수, 블록 전송에 필요한 대역폭 등의 확장성과 상충되는 문제점이 대두된다. 유통의 구조적 한계와 기하급수적으로 증가하는 거래장

그림 4-6 **블록체인 탈중앙화의 한계와 개선방안**

유통의 구조적 한계	새로운 알고리즘
• 발행만 고려한 구조적 설계(비트코인) • 노드 수의 기하급수적 증가 • 참여자 증가에 따른 장부의 크기가 기하급수적으로 증가(연간 280GB 증가)	• PoW 방식을 탈피 • 라이트코인, 이더리움, 이오스 등의 알트코인 등장 • 하드 포킹(UAHF), 소프트 포킹

개선방안

채굴 풀의 독점화	합의 방식 개선
• 해킹에 의한 위험성(공격 대상이 적어짐) • 소수 업자에 의해 집중(채굴장 대부분이 중국에 밀집. 전체 해시율의 81%를 차지) • 51% 공격 문제	• PoS 및 분산합의 알고리즘 도입 • 커뮤니티 차원에서 민주적인 합의 및 감시 • 이용자의 의사결정 참여 유도

보상 방식의 한계	서비스 본질 가치 창조
• 채굴 참여에 대한 보상이 줄어듦. • 작은 거래에 대한 메인넷 서버 부담 • 채굴 난이도 계속 증가함에 따라 소비되는 전력 및 자원 낭비	• 암호화폐 본질적 가치 보완(유통, 교환, 자산 등의 통화가치 창출) • 토큰의 서비스 가치 창출(서비스 유지 동인으로서의 역할 보완)

비트코인 탈중앙화 한계로부터 블록체인 비즈니스 적용에도 유사한 문제해결 방안 모색 가능

부를 모든 노드에 동기화시키는 과정에서 용량과 네트워크 부하가 증가하고, 채굴풀의 독점화 현상이 뚜렷이 나타난다. 특히 비트코인 채굴 풀의 경우 3%가 총 연산능력의 56%를 소유하고 있으며, 기존 채굴 방식인 PoWProof of Work 합의 알고리즘을 수행하는 과정에서 여러 문제가 파생되어 나오고 있다.

중앙집중 거래소 문제

블록체인의 탈중앙화 추구 이념에도 불구하고, 암호화폐 거래소는 중앙집중화되고 있다. 암호화폐가 통화 유동성을 확보하기 위한 방안으로 암호화폐 거래소가 등장하면서 블록체인이 표방하던 익명성이 유명무실해졌다. 거래소는 자전거래를 통해 암호화폐의 투기적 요소를 조장하고, 시스템을 중앙집중화시키면서 빈번한 해

그림 4-7 **중앙집중 거래소 문제와 개선방안**

중앙집중식 거래소		탈중앙화 거래소
· 해킹에 의한 위험성(보안취약성) · 거래소의 서버 다운 위험 · 법적 보상체계 미흡(지급보증 의무 부재) · 자산의 보관 역할을 대신함(위험도 증가). · 신뢰적 보안 인증 절차 미흡 · 규제 일관성 부재(신뢰 문제)	개선 방안	· 모든 자산을 개인이 보관(하드웨어 지갑 제공) 또는 신뢰할 수 있는 대리 보관 · 중개인 없는 개인 간 거래 · FIDO U2F1 지원(인증 강화) · 법정화폐의 교환을 위해서는 하이브리드 방식을 사용하기도 함 (중개 역할 분리). · 교환 역할에만 충실

중앙집중 암호화폐 거래소 → 탈중앙화 P2P 암호화폐 거래소 전환

처리속도 한계
- 처리 가능 거래 숫자는 초당 최대 7건
- 병목 현상에 의한 잦은 지연 발생
- 블록 사이즈의 제한(1MB)에 의한 거래 처리속도에 한계

높아진 거래비용
- 인증거래/채굴에 사용되는 컴퓨터들은 네트워크 비용 및 상당한 전기료까지 부담
- 지속적 채굴 난이도 상승에 의한 채굴자의 투입 비용이 증가하여 거래 처리비용이 상승하게 됨

블록당 평균 거래 건수

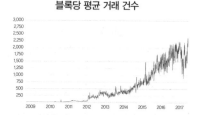

비트코인: 거래당 비용 및 가격

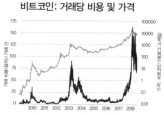

비트코인 설계의 태생적 한계성 → 합의 알고리즘 개선(채굴 방식 전환)

킹과 개인정보 유출 우려를 낳으며 블록체인의 탈중앙화의 본질적 가치와 오히려 상반된 결과를 빚고 있다.

제한된 확장성 문제

블록체인은 신규 거래가 발생할 때마다 추가되는 블록들이 모두 체인으로 엮이면서 시간이 갈수록 기하급수적으로 늘어나는 거래 장부를 모든 노드에 재전송하여 동기화시켜야 한다. 갈수록 용량과 네트워크 부하가 증가할 수밖에 없는 구조다. 결국 처리속도의 한계와 높아진 거래/채굴 비용이 블록체인 확장의 제한요소로 대두되고 있다.

그림 4-9　블록체인 채굴의 과도한 에너지 소비 문제

전력 소비량과
글로벌 비트코인 채굴 소비량
■ 비트코인 채굴보다 많음
■ 비트코인 채굴보다 적음

에너지 낭비
- 블록체인 방식은 다수 개인들의 거래인증 참여를 통해서만 유지가 가능한데, 거래인증/채굴에 사용되는 컴퓨터들은 네트워크 비용에다 상당한 전기료까지 부담해야 함.
- 비트코인 채굴은 159개 국가(옅은 색 표기)보다 더 많은 전기를 소비

막대한 채굴에너지 소비 문제

채굴의 난이도 상승에 의해 하드웨어가 계속해서 업그레이드되어야 새로운 토큰을 일정하게 보상받을 수 있으므로, 채굴 난이도가 증가하면 에너지 요구량도 그에 비례해 증가하고 있다.

　캐나다 경우 일부 온실 안의 물고기 양식장을 비트코인 채굴 시 발생한 열에너지를 이용해 운영하는 사례가 있다. 채굴 시 발생하는 열에너지를 이용해 히터기 제품을 개발하려는 시도도 있었는데, 결국 채굴에 소비되는 과도한 에너지를 생산적 에너지로 전용하는 방안이 마련되어야 한다.

스마트 계약의 한계로 지목되는 오라클 문제

블록체인 자체는 무결하다 하더라도, 블록체인이 실물경제와 연결되는 접점에서는 (이른바 오라클Oracle 문제라 불리는) 디지털의 경계 바깥에서 생성되는 정보를 누군가 정직하게 블록체인에 입력하고 보증할 수 있는가라는 난제가 도사리고 있다. 이는 비단 입력자의 도덕성 문제를 넘어 정보 정량화의 어려움이라는 극복하기 힘든 문제가 병존하고 있다는 뜻이다. 스마트 계약은 해당 데이터가 사실인지 아닌지를 자체적으로 판단하지 못한다. 그렇기에 잘못된 데이터가 입력된다 하더라도 계약은 그대로 이행되며, 블록체인의 비가역적인 특성으로 말미암아 한 번 이행된 스마트 계약은 되돌릴 수 없다. 현 시점의 블록체인은 아직 실험과 보완이 진행 중인 '발전하는 기술Evolving Technology'라 봐야 하겠다. 결국 블록체인이 현실에 접목되기 위해서는 일반표준 확립과 제도 마련이라는 생태계의 전반적인 구조변화가 뒤따라야 한다.

2017년 9월 한국의 금융위원회가 모든 ICO를 금지시키겠다고 발표한 이후 실제로 이를 강제할 수 있는 법률 개정은 아직 이뤄지지 않았다. 그럼에도 불구하고 국내에서 진행된 ICO는 단 한 건도 없다. 규제에 가장 민감한 암호화폐로서 ICO를 준비할 때 암호화폐 설계의 법적 위험성에 대비legal risk hedging하는 것이 가장 중요하므로 당연한 결과다. 이때문에 해외에서 블록체인 개발을 위해 한국에 들어오는 기업이 없는 것은 물론이고, 국내 ICO 창업자들조차 스위스, 싱가폴 등 ICO를 합법화한 국가를 찾아 한국을 떠나고 있다. 일자리와 세금원이 해외로 유출되고 있는 것이다. 우리나라에서는 창업자들이 비즈니스 플랜을 들고 이리저리 투자설명회를 찾아다니며 간신히 초기 투자자로부터 2~3억 원을 투자받아 창업하여 열심히 회사를 키워 실적을 보인 후, 또 간신히 벤처캐피털로부터 5억~10억 원을 투자받기 위해 동분서주하여 바늘구멍 같은 성공확률을 뚫고 코스닥 IPO까지 가는 데 못해도 최소 5년 이상은 걸린다. 그동안 외국의 창업자들은 마음이 잘 맞는 동업자들과 삼삼오오 모여 사업계획서인 백서를 잘 작성하고, 텔레그램을 통해 관심 있는 투자자를 모아 ICO를 하면, 사업을 시작하기도 전에 글로벌하게 수백억 원에서 수천억 원까지 펀딩받을 수 있다. 심지어 투자자들은 내가 구상하는 사업의 미래 서비스 사용자이자 열렬한 홍보자다. 애당초 출발선이 다르니 경쟁이 될 리 없다.

증권거래소가 2년간의 테스트 끝에 블록체인을 정식으로 도입한다고 발표한 오스트레일리아, 세계 최대 규모의 인큐베이터들을 보유하고 있으며 중앙은행 차원에서 블록체인 도입을 서두르고 있는 캐나다, ICO 금지를 표방하나 블록체인 기반 법정통화와 기타 혁신안을 개발 중인 중국, 효율적인 도시 건설을 위해 국가 차원에서 블록체인 도입 전략을 주도하는 두바이, 모든 공공서비스를 디지털화하고 이어 분산화를 추진하고 있는 에스토니아, 미국·스위스 다음으로 세계 3위의 ICO 아시아 최대 허브 싱가폴, 토지등록부에 블록체인 기술을 전격 채용한 스웨덴, 세계에서 가장 분권화된 정치체제를 바탕으로 크립토밸리를 조성한 스위스, 중앙은행 총재가 직접 나서서 금융 서비스의 블록체인 애플리케이션 개선을 우선순위로 두겠다는 의지를 표명한 영국, 블록체인 스타트업의 40%가 모여 있는 미국, 비트코인을 의회 차원에서 정식 결제수단으로 인정하고 소비세 면제/소득세 과세 지침을 발표하여 기업과 개인들의 예측 가능한 블록체인 투자환경을 조성하는데 앞장서고 있는 일본 등은 블록체인 이니셔티브를 끌어가는 아주 유리한 지위를 선점하고 있다.

우리가 투자자 보호라는 미명하에 암호화폐에 대한 정책방향조차 못 찾는 동안 세상은 매우 빠르게 변하고 있다. 한국은 세계 분산화 플랫폼 경쟁에서 우선 정부 차원의 규제환경을 개선해야 한다. 새로운 기술에 대해 샌드박스 제도를 도입하고 철저한 네거티브 규제로 기존의 지나치게 관료화된 관성을 깨야 한다. ICO를 새로운 자금조달 수단으로 인정하여 금지가 아닌 관리감독으로 나아가야 한다. 기업의 투자와 연구개발을 장려하기 위해 적절한 과세정책을 마련하고, 금융권의 투자를 독려해야 한다. 전문가 양성을 위한 대학 중심의 교육 프로그램을 확충하고 인큐베이터 역할을 맡겨야 한다.

2030년 한국 금융시장의 비전은 P2P 금융 기반의 개인이 중심이 되는 사회다. 이런 사회를 구체적으로 상상해보면 다음과 같다. 대학생들은 더 이상 공무원이 되려고 강남의 학원가를 기웃거리지 않는다. 금수저, 흙수저라는 자조 섞인 표현 또한 이미 사라진 지

오래다. 친구들과 나누는 이야기는 더 이상 취직에 대한 고충 토로가 아니다. 사업 아이디어가 생기면 언제든 학교 내 인큐베이팅 센터에서 마음과 생각이 맞는 친구들과 ICO를 통해 창업하여 기업가정신을 발휘해볼 수 있다. 친구들과 베트남으로 해외여행을 왔다. 맛집 탐방 후 음식값 결제를 위해 핸드폰을 꺼냈다. 핸드폰 속 디지털 지갑에는 원화 외에도 여러 종류의 암호화폐가 보인다. 오늘은 타고 온 대한항공의 마일리지 암호화폐로 식사비를 결제했다. 같이 간 친구들이 여행경비는 N분의 1이라며 10테더(USDT)씩 보내왔다. 호치민시의 야경을 즐긴 후 호텔로 돌아가기 위해 차량공유 DApp을 실행했다. 도착 후 차비가 자동결제되었다는 알림 문자를 받았다. 침대에 누워 여행 이야기와 맛집 정보를 사진과 함께 SNS에 올린다. 조회수가 올라가니 내 디지털 지갑에는 SNS 토큰이 쌓이기 시작한다. 내일 아침은 이 토큰으로 쌀국수를 사 먹어야겠다.

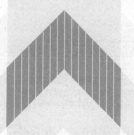

제5장

미래 한국 교육의 비전

평준화와 다양화를 넘어서
개별화로 가는 학습혁명

본고는 저자가 2018년 네 차례 중앙일보에 기고한 이주호의 퍼스펙티브의 내용을 기초로 하여 작성하였다.

전 세계에 닥친 학습 위기

　글로벌교육재정위원회는 2017년 「학습 세대」라는 보고서에서 지금의 추세대로 2030년이 되면 세계 차세대의 절반에 달하는 약 8억 2500만 명이 경제사회가 요구하는 기술을 배우지 못하고 성인이 될 것이라고 엄중히 경고했다(The International Commission on Financing Global Education Opportunity, 2017). 이러한 경고를 이어받아서 세계은행의 2018년도 세계개발보고서World Develpment Report는 세계적으로 교육에 대한 투자의 지속적 증가에도 불구하고 많은 아이들이 제대로 학습하지 못하는 상황을 학습 위기로 규정했다(World Bank, 2018). 이어서 '변화하는 직업세계Changing Nature of Work'를 주제로 한 2019년 세계개발보고서에서는 모든 나라가 심각한 위기의식을 가지고 교육과 보건 분야에서 급격히 변화하는 기술을 적극적으로 활용하는 동시에 이러한 기술 변화가 사회에 가져오는 와해적인 부작용을 최소화하는 노력을 경주해야 한다고 강조하고 있다(World Bank, 2019).

　학습 위기에 관한 글로벌 논의가 촉발된 것은 4차 산업혁명이라는 화두를 던졌던 2016년 다보스포럼이었다(Schwab, 2016). 지금 초등학교에 입학하는 학생들의 약 65%가 현재에는 존재하지 않는 직업을 가지게 될 것이라는 다보스포럼의 예측은 많은 교육 전문가와 정책 담당자들에게 큰 충격을 안겨주었다(UBS, 2016). 인공지능AI이 인간만이 할 수 있었던 고차원적 일까지 척척 해내는 4차 산업혁명 시대에 우리의 차세대가 곧 사라질 직업을 위한 교육을 여전히 받고 있는 것은 세계적 문제이며, 인류의 미래와 직결된 문제라고 인식하기 시작한 것이다.

글로벌 학습 위기의 본질을 이해하려면 200년 이상을 거슬러 올라가야 한다. 한 명의 교사가 20~30명, 때로는 60명 이상도 수용하는 교실에서 각각 다른 역량과 수요를 가진 학생들에게 정형화된 똑같은 학습내용을 획일적으로 전달하는 학교 교실의 모습은 1차와 2차 산업혁명 시대에 세계로 확산된 공장의 대량생산 체제와 매우 유사하다(Wagner, 2014; Winthrop, 2018). 문제는 대량생산 체제와 유사한 학교 모델이 지금까지 큰 변화 없이 유지되면서 1차에서 4차 산업혁명까지 눈부시게 탈바꿈한 경제사회의 변화에 크게 뒤처지게 되었기 때문이다.

인공지능과 기계학습machine learning의 기술이 기하급수적으로 발전하면서 경제와 사회를 근본적으로 바꾸는 4차 산업혁명은 머지않아 교육을 정조준하게 될 것이다. 4차 산업혁명 시대는 사이버 공간에서 AI와 기계학습으로 개개인의 특성과 기호에 맞는 최적의 상품과 서비스를 디자인한 후 모바일과 3D 프린터 등을 통하여 누구에게나 저렴하게 제공하는 '대량맞춤mass customization'이 가능하다. 이러한 대량맞춤 체제가 교육에서도 학생들 개개인의 역량과 수요에 맞춘 전인적이고 개별화된 교육을 누구에게나 제공하는 것이 가능하도록 할 것이다. 이렇게 되면 18세기 중반 1차 산업혁명 이후 크게 변하지 않았던 교실의 모습은 완전히 바뀔 것이다.

최근 많은 나라가 4차 산업혁명의 혁신생태계를 조성하여 새로운 산업과 일자리를 만들어내려 한다(Jackson, 2011; Barclay, 2013). 그러나 아무리 생태계가 좋아도 여기에서 혁신을 일으킬 인재가 없다면 무용지물이다. 그래서 세계는 학습혁명에 주목한다. 드디어 교육을 혁명적으로 바꿀 때가 왔다. 어떻게 바꾸어야 할지 큰 방향도 서 있다. 어느 나라가, 누가 먼저 하느냐가 남아 있다. 여기서 4차 산업혁명의 승자와 패자가 극명하게 갈리고, 우리 차세대의 미래도 판가름날 것이다. 세계적으로 교육에서 향후 10년의 변화는 과거 100년의 변화보다 클 것이며, 학습에서 향후 50년의 변화는 과거 5천 년의 변화보다 더 많을 것이다. 4차 산업혁명 시대를 학습혁명의 시대로 만들지 못하는 나라는 경제성장 둔화와 소득 불균등 확대를 해결하기 어려울 것이다.

서민의 허리를 휘게 만드는 사교육비 부담과 학생들이 더 높은 점수를 받기 위해 암기와 정답 맞히기 같은 무한 입시경쟁은 한국의 특수한 문제다. 그러나 이러한 한국의 교육문제들은 대량생산 방식의 교육모델을 정점까지 밀어붙인 낡은 모델이 가지는 한계점을 가장 극명하게 드러내는 현상이다. 이렇게 한국이 글로벌 학습

위기의 정점에 위치하고 있다는 사실을 직시하고, 난제 중의 난제인 교육문제를 이제는 글로벌 학습 위기의 차원에서 미래지향적으로 다시 정의하고 풀어나가야 한다.

이 장은 학습혁명 선도국가를 미래 한국 교육의 비전으로 제시한다. 먼저, 미래 교육의 가장 중요한 방향으로 하이터치 하이테크 학습을 제시하고, 한국이 학습혁명 선도국가로 가기 위한 주요 방향과 전략을 자세히 논의하고자 한다.

에듀테크의 발전이 이끄는 개별화 교육

세계 곳곳에서 시대의 변화에 부응하지 못하는 대량생산 체제의 낡은 교육모델을 혁신하려는 노력이 꾸준히 이루어져왔다. 가장 중요한 방향은 학생 개개인의 능력과 수요에 맞추어 학습 기회를 제공하는 '개별화 교육personalized learning'이라고 할 수 있다. 그러나 개별화 교육은 인공지능과 기계학습이 등장하기 이전까지는 많은 재원을 투입할 수 있는 사립학교, 아니면 교사가 엄청난 열정과 정성을 쏟는 학교에서나 가능했다. 높은 비용을 기꺼이 지불할 수 있는 학부모들은 개인교사와 같은 사교육을 통하여 자녀의 개별화 교육에 대한 수요를 충족하려 했다. 즉 하이터치를 통한 개별화 교육은 엘리트 교육기관이나 소수의 혁신적 학교의 테두리를 벗어나서 대량으로 모든 아이에게 제공될 수 없었다. 그러나 인공지능과 기계학습의 4차 산업혁명이 우리 경제사회의 많은 분야에서 대량맞춤이 가능하도록 한 것처럼 교육에서도 하이터치와 하이테크의 결합을 통해 모든 아이에게 개별화 교육이 가능한 대량맞춤 체제로의 길을 열었다.

  교육심리학자 벤저민 블룸Benjamin Bloom의 잘 알려진 학습이론에 따르면, 인간의 학습은 단순히 암기하고 이해하는 데 그치는 것이 아니라, 이해한 것을 적용하고 분석하고 평가하고, 더 나아가 새로운 것을 창조하는 역량까지 키워야 한다. 앞으로 암기하고 이해하는 학습은 이제 훨씬 더 효과적으로 학생 개개인에 맞추어 지원하는 컴퓨터와 인공지능의 하이테크에 맡기고, 교사는 적용·분석·평가·창조의 역량을 키우는 좀 더 높은 차원의 교육에 집중하고,

그림 5-1   **하이터치와 하이테크 결합 교육**

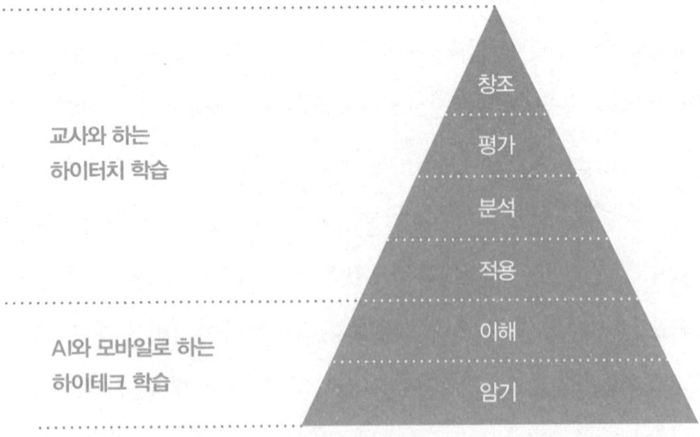

교사와 하는
하이터치 학습

AI와 모바일로 하는
하이테크 학습

창조
평가
분석
적용
이해
암기

* Johnson, (2018).

더 나아가 학생의 사회적·정서적 역량을 키워주는 하이터치로 가야 한다.

카르틱 무라리다란Karthik Muralidharan 교수 등은 인도 델리에서 600여 명의 중학생에게 컴퓨터 지원 학습computer-assisted learning 소프트웨어인 마인드스파크Mindspark를 방과후 매일 90분씩 넉 달 반 동안 시행한 결과 수학과 힌디어에서 각각 표준편차의 37%와 23%의 성적 향상이 있었다고 보고했다(Muralidharan-Singh-Ganimian, 2018). 통상 표준편차의 25~33%의 차이는 한 학년 동안의 교육 결과에 해당된다는 사실에 비추어보면, 이 연구에서 보여준 컴퓨터 지원 학습의 효과는 엄청난 것이었다. 마인드스파크는 많은 문제와 학생의 오답 유형에 대한 방대한 데이터를 활용하여 학생 한 명 한 명이 각자의 수준과 학습속도에 맞추어 각각 다른 문제를 풀면서 학습하도록 개별화된 맞춤학습adaptive learning을 제공하기 때문에 교사가 교실에서 모든 학생에게 똑같은 문제를 풀게 하는 것보다 훨씬 효과적이었다.

사실 컴퓨터를 이용하여 학생의 학습에 도움을 주기 위한 노력은 오래전부터 있어왔다. 하지만 단순히 모든 학생에게 태블릿 PC를 제공하거나 모든 교실에 와이파이를 설치하는 것만으로는 큰 효과가 없었다. 그러나 인공지능과 기계학습과 같은 새로운 기술을 활용한 소프트웨어를 통하여 맞춤학습의 기회를 제공하면서 무궁무진한 가능성이 열리고 있다(Escueta-Quan-Nickow-Oreopoulos, 2017). 미국의 교육기업인 카네기러닝Carnegie Learning은 인지적 개인교사Cognitive Tutor라는 프로그램을 통해 학생에게 40%의 시간을 컴퓨터 소프트웨어와 학습하도록 하고, 60%의 교실수업도 이와 연계하여 맞춤학습이 가능하도록 교과서는 물론 교사에게 학습계획서·교수법 가이드라인·교사 연수 등을 지원하고 있다.

미국 애리조나주립대Arizona State University, ASU에서는 이미 6만 5천 명의 대학생이 인공지능과 기계학습 기술을 활용한 맞춤학습을 통해 수학·생물학·물리·경제학 등 기초과목을 학습했다. 2016년 이 시스템이 도입된 기초수학의 경우 고교 때 수학을 포기한 학생들이 수학을 이수하는 비율이 28% 포인트 향상됐다. 생물학의 경우 2015년 교육기업인 코그북스CogBooks가 개발한 알고리즘을 도입한 결과 봄 학기 20%였던 탈락률이 1.5%로 줄었고, C학점 미만의 비율이 28%에서 6%로 감소했다. 미시경제학도 2017년 맞춤학습을 도입한 결과 첫 시험에서 C학점 미만 학생 비율이 38%에서 11%로 낮아졌다(Johnson, 2018).

이러한 놀랄 만한 성과는 학생 개개인에게 맞춤학습이 가능했기 때문이다. 수학 과목의 경우 ALEKS 알고리즘은 개개인에게 최적화된 학습경로를 제공한다. 수학에 소질이 있고 기초가 되어 있는 학생에게는 난이도를 빠르게 높여가며 어려운 문제를 풀 수 있도록 한다. 반면 수학이 약한 학생에게는 난이도를 완만하게 높이면서도 흥미를 잃지 않도록 전혀 다른 유형의 문제를 학습하게 한다. 교수가 교실의 모든 학생에게 똑같은 내용을 전달하는 강의는 수학을 잘하는 학생에게는 재미가 없다. 반대로 수학을 못하는 학생들은 너무 어려워서 흥미를 잃는다. 그러나 ALEKS는 이러한 강의의 근본적 한계를 기술적으로 극복한다.

그렇다고 교수의 역할이 줄어드는 것도 아니다. 애리조나주립대의 수학수업에서 교수는 강의 중심의 역할에서 벗어나 학생끼리 프로젝트 팀을 만들어 현실과 관련된 문제들을 수학적 원리를 적용하여 학습하도록 지원하는 등 새로운 역할을 한다. AI의 적응학습 체제가 교수의 강의 부담을 줄이면서 교수는 프로젝트 학습과 같은 '하이터치 학습'에 집중할 수 있게 되었다.

『메가트렌드The Megatrends』의 저자인 미래학자 존 나이스빗 John Naisbitt은 일찍이 기술이 발전할수록 인간을 건강하고, 창의적이며, 열정적으로 유지시킬 하이터치와 조화를 이루어야 한다고 간파했다(Naisbitt-Naisbitt-Philips, 1999). 4차 산업혁명이 가져올 교육의 변화는 하이터치와 하이테크를 결합하는 방향으로 나아갈 것이다. 엄청난 교육효과를 보일 것으로 예견되는 컴퓨터와 인공지능이 지원하는 하이테크 학습도 교사에 의한 하이터치 학습과 조화를 이루지 않으면 성공할 수 없다.

우리나라에서도 역대 정부마다 창의성과 인성을 키우겠다고 했지만, 막상 학교 현장에서 교사들은 꽉 짜인 교육과정에 따라 진도를 나가야 하는 현실에서 추가적으로 부담이 늘어나는 것에 대하여 불만을 제기해왔다. 다른 한편으로는 교실에 인공지능이 들어오면 교사의 일자리가 없어지는 것이 아니냐는 두려움이 하이테크 학습을 포용하지 못하게 작용했다. 따라서 교사에게 더 이상 이미

짜놓은 교육과정을 강의를 통하여 단순히 전달하도록 요구할 것이 아니라, 교과목의 암기 및 이해와 관련된 교육은 인공지능에게 과감히 맡기고, 교사는 학생의 창의성과 인성을 함양하는 하이터치에 집중할 수 있도록 해주어야 한다. 미래에는 교실이 없어지는 것이 아니라 교사와 인공지능이 각각 하이터치와 하이테크로 역할을 분담하여 학생 한 명 한 명에게 최적화된 학습을 디자인하고 실행하는 공간으로 탈바꿈할 것이다.

이것은 교사 역할을 완전히 새롭게 정의하는 것을 의미한다. 교직의 과감한 변화를 위하여 교대와 사대를 포함한 우리 교육계가 치열하게 토론하고 실험하면서 비전을 제시해나가야 한다. 우리나라의 에듀테크edu-tech 스타트업들도 가능성을 보이고 있다(홍정민, 2017). 학생과 교사는 물론 학부모까지 450만 명 이상이 사용하는 디지털 학습 플랫폼을 구축한 스타트업, 미국의 200개가 넘는 중고등학교에 기계학습 알고리즘을 적용한 수학의 개별화 학습 콘텐츠를 판매한 스타트업도 나오고 있다. 이러한 에듀테크의 발전을 학교 안으로 끌어들여서 하이터치 하이테크의 개별화 학습이 모든 아이에게 가능하도록 하는 것이야말로 학습혁명의 핵심이라고 할 수 있다.

하이터치 하이테크 학습혁명, 무엇이 우선인가?

이 글에서는 모두가 하이터치 하이테크 학습을 통하여 전인적이고 개별화된 평생학습을 할 수 있는 학생 중심의 대량맞춤 학습체제를 실현하는 것을 학습혁명으로 정의한다. 물론 모든 나라가 동시에 학습혁명에 성공하기는 어려울 것이다. 그러나 학습혁명에 먼저 성공하는 나라는 당연히 4차 산업혁명의 승자가 될 것이다. 우리나라가 가장 앞서 학습혁명에 성공하는 학습혁명 선도국가가 되기 위해서는 아래의 네 가지 주요 분야에서 과감한 변화를 이루어내야 할 것이다.

첫째, 4차 산업혁명 시대에 어떠한 인재를 양성해야 하는가에 대한 국가적 공감대를 형성해야 한다(박세일·이주호·김태완 편, 2016). 향후 10년에서 20년 사이에 모든 직업의 절반 이상이 자동화의 위협에 놓이게 되는 4차 산업혁명 시기(Frey and Osborne, 2017)에 학생들은 훨씬 폭넓고 깊이 있는 역량을 갖추어야 한다. 블룸이 제시한 바와 같이 암기와 이해에 그치지 않고 적용·분석·평가·창조의 고차원적인 역량을 키우는 것은 물론이고. 이에 더하여 앞으로는 급격한 기술 변화에 끊임없이 적응하기 위하여 평생 배워야 하므로(The Economist, 2017), 지식을 단순히 암기하는 역량보다는 '어떻게 배우는지를 배우는learn to learn' 자기주도 학습역량이 중요하다. 여러 사람과 팀을 이루어 새로운 것을 만들어낼 줄

알아야 하므로 창조적 문제해결 역량과 디자인의 역량, 소통을 기반으로 한 협력 역량이 요구된다.

미국 노스이스턴대학 조지프 아운Joseph Aoun 총장은 과거 교육에서는 읽기·쓰기·계산의 문해력literacy이 기본이었다면, 이제 누구도 기계에 대체되지 않기 위해 모두가 좀 더 고차원의 다음 세 가지 디지털 문해력을 갖추어야 한다고 주장한다. 첫째, 엄청나게 증가하는 다양한 정보를 분석하고 활용할 수 있는 데이터 문해력, 둘째, 코딩과 공학의 기본 원리를 이해하는 공학적 문해력, 셋째, 인문학·소통 역량·디자인 역량을 갖춘 인간적 문해력(Aoun, 2017)이다.

4차 산업혁명이 요구하는 이러한 역량들을 하이터치 하이테크 학습을 통하여 길러내는 학습혁명에 대한 국민 공감대의 형성이야말로 학습혁명이 지속적으로 일어나게 하는 토양을 조성하는 것이다. 한국을 포함한 동아시아 국가들은 학생들이 대학 입시에 모든 학습의 초점을 맞춰 대학에 진학하면 안주해버리는 경향이 있다. 과거에는 이러한 대입 중심 체제가 학생들을 열심히 공부하도록 만드는 이점이 있었을지 몰라도 빠른 기술의 변화와 평균수명의 연장으로 대학 졸업 이후에도 평생학습을 지속해야 하는 시대에는 큰 걸림돌이 되고 있다. 이러한 대입 중심의 교육체제를 탈피하기 위해서는 지금의 대입 중심 체제에서는 4차 산업혁명 시대에 필요한 인재를 결코 양성할 수 없다는 국민 공감대가 형성되어야 한다.

수능에서 정답을 하나라도 더 맞히려고 엄청난 노력을 기울여야 하는 현재의 우리 대입제도로는 결코 미래가 요구하는 인재를 길러낼 수 없다. 학생에게 정답을 찾도록 할 것이 아니라 스스로 문제를 제기하고 새로운 것을 만드는 역량을 키워야 한다. 그런데도 왜 2018년 입시제도 공론조사에서 수능 확대에 손을 든 참여자들이 많았을까? 만약 우리 교실에서 학생에게 미래사회가 요구하는 역량을 키울 수 있도록 학습이 이루어지고, 이에 근거하여 교사들이 학생을 평가하는 것에 학생과 학부모가 충분히 신뢰할 수 있었다면, 수능 확대를 요구하는 목소리는 높지 않았을 것이다.

수시와 정시 간의 비중을 두고 일어나는 대결은 미래와 현실 간의 갈등이다. 미래의 방향만 보면 수시로 가야 하지만 당장 수시의 현실적 문제점을 보면 정시로 가야 한다는 갈등이다. 이러한 갈등에 대하여 국민들에게 어느 한쪽을 선택하도록 강요하거나 단순히 수시의 공정성을 강화하겠다는 접근법으로는 결코 미래를 열어갈 수 없다. 무엇보다 먼저 4차 산업혁명이 요구하는 역량에 대한 국민 공감대를 형성해야 한다. 그런 다음 교사가 학생 개개인에게 맞추어 개별화 맞춤교육을 할 수 있도록 하이터치 하이테크 학습혁명의 과감한 비전을 제시하고, 학생 평가를 어떻게 미래지향적으로 바꾸어나갈지 유연하고도 실천적인 방안들을 지속적으로 디자인하고 실행해야 한다.

둘째, 교사의 역할과 기능을 완전히 바꾸어야 한다. 교사는 더 이상 이미 만들어진 교육내용을 학생에게 획일적으로 전달하는 것이 아니라(Pasi, 2010), 학생 모두가 하이터치 하이테크 학습을 할 수 있도록 디자인하는 전문가로 탈바꿈해야 한다. 경제협력개발기구OECD의 「학습환경을 디자인하는 교사」라는 보고서에서는 교사들이 강의와 같은 대량생산 방식이 아니라 교실의 모든 아이에게 맞춤학습을 디자인해주는 세계의 사례들을 제시하고 있다(Paniaqua and Istance, 2018). 세계의 앞서가는 교사들은 이미 거꾸로 학습과 같은 블렌디드 러닝blended learning 게임을 통하여 학생을 학습에 몰입하게 하는 게미피케이션Gamification 프로젝트 학습과 같은 경험학습experiential learning, 다언어와 토론 학습, 메이커 학습 등 다양한 교수·학습 방식을 동원하여 학생에게 최적의 학습 경험을 디자인하고 있다.

더 나아가서 병원에서 다양한 전문가가 의사를 지원하는 것과 마찬가지로 학교에서도 교사의 부담을 줄여주기 위하여 다양한 전문가에게 학교를 개방해 교사가 전인교육을 할 수 있도록 지원해야 한다. 이러한 비전을 실현하기 위하여 국제사회가 공동으로 노력하자는 취지로 시작된 EWIEducation Workforce Initiative에는 우리나라의 교총과 전교조를 포함하여 각국의 교원노조들이 가입한 국제교원노조Education International의 수장인 수전 햅굿Susan Hapgood 여사가 부의장으로 참여하고 있다(The International Commission on Financing Global Education Opportunity, 2018). 그동안 많은 나라에서 교원노조가 교육의 변화에 저항한 중요한 이유는 개별 국가의 정부가 교직을 학습혁명의 디자이너로 전문화시키기 위한 과감한 변혁을 시도하지 못한 탓도 있다. 4차 산업혁명의 큰 물결은 그동안 변화를 막아왔던 교육 갈등을 해소하고 교육을 혁명적으로 변화시킬 기회의 창을 열어줄 것이다.

한국은 가장 우수한 학생이 교사가 되는 등 교사가 디자이너로 전문화될 수 있는 충분한 잠재력을 가지고 있다. 우리 교육계의 오래된 논쟁이지만 이제 교육계가 나서서 본격적으로 교육전문대학원의 설립을 제안해야 한다. 2년 석사과정의 교육전문대학원을 점진적으로 확대 설치하여 학부 전공과 관계없이 학생을 선발해 교수·학습 방법을 중심으로 현장교육을 실시하고, 졸업생에게는 임용시험 없이 2년의 수습교사 기간을 거쳐 정규 교원으로 임용하도록 해야 한다. 새로운 교원양성 체제를 구축하여 모든 교사가 프로젝트 학습과 수행평가를 책임지고 하는 것은 물론이고 모든 아이에게 최적의 하이터치 하이테크 학습을 디자인할 수 있도록 교사의 역량을 획기적으로 높여야 한다(이주호, 2016). 각 교육청에서도 교사가 모든 학생에게 하이터치 하이테크 학습을 디자인해줄 수 있도록 역량을 키워주고 지원하는 데 초점을 맞추어야 한다.

셋째, 최첨단 에듀테크를 학습현장에 적극적으로 도입해 이를 활용한 하이터치 하이테크 학습이 모두에게 가능하도록 발전시켜 나가야 한다. 4차 산업혁명은 학습혁명이 일어나야만 하는 원인을 제공하는 동시에 학습혁명을 가능하게 하는 수단도 함께 제공하고 있다. 인공지능과 기계학습을 활용하는 맞춤학습 이외에도 게미피케이션·증강현실AR·가상현실VR 등을 활용하여 학생들을 학습에 몰입하게 하는 기술, 세계의 아이들이 접속하여 함께 학습할 수 있는 디지털 플랫폼 기술 등 최근 에듀테크의 발전은 눈부시다.

우리나라에서도 최근에는 에듀테크를 바이오산업과 같이 정부가 적극적으로 지원해야 한다는 목소리가 나오고 있다. 그러나 에듀테크 스타트업들은 교육부가 에듀테크를 무료로 서비스하고 이 서비스를 사용하는 학교에 가산점을 주어 스타트업들의 생존을 어렵게 한다고 불만을 제기한다. 에듀테크에서 앞서가는 영국은 교사에게 새로운 코스웨어나 에듀테크 디바이스를 살 수 있는 바우처를 지급하여 에듀테크 시장을 키우고 있다. 이렇게 에듀테크 시장을 형성하는 데 도움이 되는 정책을 도입하기는커녕 정부가 직접 개발하고 현장에 이를 사도록 유인하는 정책은 에듀테크 시장을 말살하는 것이다. 우리는 20조 원이 넘는 사교육 시장을 학습혁명을 뒷받침하는 에듀테크 시장으로 전환해야 한다. 한국은 세계 최초로 5G를 상용화할 예정인 IT 인프라 강국인 만큼 어느 나라보다 빨리 에듀테크를 학습현장에 도입할 수 있는 잠재력을 지니고 있다.

우리나라 인터넷 인프라는 지하철에서도 무료 와이파이가 제공될 만큼 세계적으로 우수하다. 그러나 2016년 와이파이가 가능한 학교 교실을 조사해보니 18.9%뿐이라는 충격적인 사실이 밝혀졌다(교육부, 2017). 어느 지역에서는 시장이 직접 나서서 교실에 무선인터넷을 설치하겠다고 제안했지만 교육청에서 반대했다고 한다. 학부모들도 아이들의 인터넷 중독을 우려하고 교사들도 학생들이 수업에 주목하지 않는 것을 걱정할 수 있다. 그러나 실증적인 연구는 디지털 교과서를 활용한 교실의 학생들에게 디지털 중독이 더 적게 나타나고 학업성과도 높다는 것을 보여주고 있다(김정랑·정영식·임현정·임정훈, 2016). 학생들이 디지털 교과서를 통하여 배움의 즐거움을 느끼면 오히려 디지털 중독을 완화할 수 있다는 것이다. 따라서 교육부와 교육청만 탓할 것이 아니라 학부모와 교사의 우려를 충분히 해소하면서 무선인터넷을 교실에 설치하고 디지털 교과서와 같은 에듀테크를 활용한 학습을 과감히 도입하는 변화의 리더십을 발휘할 수 있는 교장들이 많이 나와야 할 것이다.

마지막으로, 학습의 혁명적 변화를 위하여 교육부가 주도하던 그동안의 교육의 변화 방식에서 탈피하여 교사·학교·대학·창업가·사회적 기업가·민간재단·미디어·비정부기구NGO·정부출연 연구원 등이 주도적으로 혁신하고 협력하는 혁신 생태계를 조성해야 한다.

이제 학계의 지도자들이 나서야 한다. 더는 교육부의 통제와 규제에 대해 뒤에서 불만을 토로하는 소극적 자세에서 벗어나 적극적으로 미래 학교와 대학을 스스로 디자인해야 한다. 교육청의 전체 예산 중 학습혁명과 관련한 지출은 과연 얼마나 될까? 가장 모범적으로 알려진 교육청의 자료를 분석해보니 교실수업을 위한 역량 강화, 사례 발표회, 협력 수업, 스마트 수업, 학내 전산망 구축, 학교 정보실 기기 보전 및 관리 등을 모두 합해도 전체 예산의 0.34%에 불과한 것으로 나타났다. 현재 교육부와 교육청은 변화하는 시대에 전혀 발맞추지 못하고 조직의 보전과 지시, 통제에만 의존하는 교육관료주의에 깊이 매몰되어 있다.

국민과 학생들에게 엄청난 고통이 되는 입시제도를 바꾸는 것을 선진국 대학처럼 대학 자율에 맡겨달라고 요구해야 한다. 대학 총장들이 머리를 맞대고 학습혁명에 적합한 대학입시를 디자인하고, 이러한 노력에 대해 국민이 신뢰를 보낼 때 대입 자율은 확보될 것이다. 대학이 학습의 혁명적인 변화를 위하여 주도적인 역할을 하고 있는 사례를 ASU에서 찾아볼 수 있다. ASU는 2002년 재정의 38%를 의존했던 주정부 지원이 9%까지 감소했는데도 발전을 거듭하고 있다. 등록 학생은 2002년 5만 5천 명에서 지난해 10만 4천 명으로 두 배 가까이 늘었다. 이 기간에 대학 연구비는 1억 2천만 달러에서 5억 4천만 달러로 네 배 이상 증가했다. 또 최근 4년 연속 미국에서 가장 혁신적인 대학으로 평가받았다.

마이클 크로Michael Crow 총장은 "ASU가 주정부 재정지원 감축에도 발전할 수 있었던 것은 조직의 생존만이 최대 목표이고 정부가 지시하는 대로 잘 따라만 하면 된다는 교육관료주의에서 벗어나 '지식기업knowledge enterprise'으로 탈바꿈했기 때문"이라고 강조한다(Crow and Dabars, 2015). 지식은 19세기까지만 해도 두 배가 되는 데 100년이 걸렸지만, 지금은 사물인터넷을 통하여 12시간 만에 두 배가 되는 세상이 되었다. 이러한 세상에서 대학은 사회변혁과 경제발전에 목적을 두고 학생들을 지식 생산에 연결해 학습하게 하는 동시에 대학 연구는 전공 간의 벽을 과감히 허물고 사회의 주요 문제를 해결하는 데 초점을 맞추어야 한다는 것이다. ASU가 주정부 재정지원 축소에도 학생 수가 지난 15년 동안 5만 명이나 늘어날 수 있었던 것은 해외 학생과 온라인 학생이 3만 명 이상 늘어났기 때문이다. 인공지능을 활용한 맞춤학습과 같은 첨단 에듀테크를 과감하게 도입해 좀 더 많은 학생에게 교육의 기회를 제공하는 지식기업으로 전환한 것이다. 대학이 지식기업으로 전환하는 것처럼 교육계의 주요한 기관들이 자율적으로 과감한 혁신을 해나가면서 학습혁명이 이루어지는 것이지, 정부의 주도 아래서 학습혁명이 일어나는 것이 아니라는 것을 인식할 필요가 있다.

대한민국이 학습혁명 선도국가가 되려면

한국 교육은 대량생산 체제에는 잘 부합했지만 4차 산업혁명 시대의 요구에는 전혀 부응하지 못하는 낡은 교육모델의 정점에 위치하고 있다. 엄청난 사교육비 부담과 학생들에게 지나친 고통을 주는 입시 부담은 낡은 교육모델의 문제들을 극명하게 드러낸다고 볼 수 있다. 이러한 현실에서 과연 10년 후 우리 교육 모습을 어떻게 전망할 수 있을까? 이 글에서는 우리나라가 학습혁명의 선도국가로 부상하는 낙관적인 시나리오와 과거의 성공신화에 사로잡혀 10년 후에도 학습혁명이 일어나지 못하는 비관적인 시나리오의 두 가지 가능성이 상존한다고 본다. 비관적인 시나리오에서는 극단적으로 학교가 소멸되는 길로 들어설 가능성도 배제할 수 없다.

그러나 이 글에서는 비전의 제시라는 차원에서 10년 후 낙관적인 시나리오인 학습혁명 선도국가로 가기 위하여 우리가 가지고 있는 강점과 반드시 극복해야 할 문제점에 대하여 지적하면서 결론을 맺고자 한다.

우리나라는 많은 세계 지도자들과 전문가들이 부러워하는, 학습 혁명을 선도하는 데 유리한 세 가지 큰 장점을 가지고 있다.

첫째, 모든 국민이 교육의 힘을 믿고 있다. 우리나라는 현재 중국에 가장 많은 유학생을 보내는 나라이고, 미국·캐나다·일본에 각각 세 번째로 많은 유학생을 보내는 나라다. 국민이 교육에 대한 투자를 아끼지 않는다.

둘째, 가장 우수한 학생이 교사가 되는 나라다. 중학교 3학년을 대상으로 한 국제학업성취도평가PISA 조사에서 상위 5% 학생 중 교사가 되기를 원하는 비중이 가장 높은 나라가 대한민국이다(Kim and Lee, 2018). 미국을 포함한 많은 나라에서 교직은 성적이 중위권 이하인 학생들이 다른 직업을 갖지 못해서 갖는 직업이다.

셋째, 우리 사회는 이미 하이터치 하이테크로 세계에 널리 알려지고 있다. 우리는 5G를 세계 최초로 상용화할 만큼 하이테크 국가이고, BTS 등이 한류를 세계에 전파하는 하이터치 국가다. 다른 어느 나라보다도 단기간에 하이터치 하이테크 사회를 구현하고 있는 것이다.

이러한 장점에도 불구하고 우리가 학습혁명 선도국가가 되기 위해서는 다음의 세 가지 문제를 반드시 극복해야 한다.

첫째, 교육을 이념과 정쟁으로부터 분리해야 한다. 많은 나라가 교육과 같이 장기적인 투자와 전략이 요구되는 분야를 소홀히 하거나 뒤로 미루고 있다. 하지만 우리는 역대 정부마다 교육에 대한 투자와 교육의 변화에 우선순위를 두어왔다(Lee-Jeong-Hong, 2018). 이렇게 교육을 중시해온 우리 교육의 좋은 전통과 강점을 긍정적으로 인식해야 한다. 그러나 최근 교육의 변화가 이념과 정쟁에 발목 잡히는 경우가 빈번해지면서 우리 교육에 심각한 경고음이 울리고 있다.

이제 미래로 나아가기 위해서는 우리나라가 이루어낸 모든 나라가 부러워하는 교육성과에 대한 공감에서부터 변화의 기반을 구축해야 한다. 최근 글로벌 교육재정위원회의 보고서에서는 건국 초기에 어느 개도국보다 빠르게 초등교육을 보편화시킨 이승만 정부와 실업계 고등학교에 고등교육 총예산에 버금가는 투자를 아끼지 않았던 박정희 정부의 교육정책에 대하여 '진보적 보편교육progressive universalism'의 대표적인 사례로 소개하고 있다(The International Commission on Financing Global Education Opportunity, 2017). 우리가 해방 후 한 세대 만에 모든 학생이 적어도 9년의 기초교육을 받을 수 있도록 한 것이나 저소득층 자녀를 위한 실업계 고교에 대폭 투자한 것이야말로 교육의 형평성을 제고한 가장 우수한 사례로 세계가 인정한 것이다.

2018년 대학입시 혼란 중에서도 수시와 정시 중 어느 비중을 더 높일지에 대한 첨예한 갈등이 좌우 또는 보수와 진보 진영 간 다툼

이 아니었다는 점에서 희망을 찾아볼 수 있다. 마찬가지로, 최근 우리나라에서 가장 주요한 정책 대안으로 등장했고 세계적으로도 미래의 학생평가제도로 주목받는 국제 바칼로레아IB도 이른바 보수 교육감과 진보교육감의 지역인 대구와 제주도에서 나란히 추진되고 있다. 우리 교육에서 이렇게 이념 또는 정치진영 간의 첨예하였던 전선이 흐려지는 것은 교육의 본질은 이념이나 정치진영으로 구분될 수 없다는 것을 방증하는 동시에 학습혁명이 더 이상 이념과 정쟁에 구애받지 않고 진전될 수 있다는 희망을 보여준다.

4차 산업혁명은 대량맞춤의 개별화 학습을 통하여 수월성 교육과 평등교육을 동시에 달성할 기회의 창을 활짝 열어주고 있다. 이제 수월성 교육과 평등교육 중에서 하나만 선택하지 않아도 된다. 하이터치 하이테크 학습을 통하여 평준화와 다양화의 취지를 모두 살리는 시대를 열어가야 한다. 자사고 또는 특목고를 없애기보다 모든 학교에서, 그리고 모든 교실에서 학습혁명이 일어날 수 있도록 '평준화와 다양화를 넘어서 개별화'로 교육계가 힘을 합쳐야 한다.

둘째, 교육관료주의의 거품을 과감히 걷어내야 한다. 세계적으로 낡은 학습모델로부터 탈피하는 교실의 변화가 본격적으로 시작된 학습혁명의 시대에 우리나라 학교들은 교육관료주의에 발목이 잡혀 있다. 교육부가 교육청에 많은 권한을 이양했더니, 이제는 교육청이 학교를 더욱 옥죄고 있다. 우리나라에서 교육관료주의는 비단 교육부와 교육청만의 문제가 아니라 대학과 학교를 포함한 교육계 전체에 팽배해 있다. 총장과 교장 등 교육 지도자들은 위에서 정해 내려온 규칙에 맞추어 모든 일을 수행하는 관료적 행정에만 매달린다.

무엇보다 대학을 옥죄는 교육부의 규제와 통제를 걷어내야 한다. 한 예를 들어보자. 우리나라 일반 대학은 온라인 강의가 전체 강좌의 20%를 넘지 못한다는 규제가 있다. 그러나 ASU에서는 학생들의 교수학습 영역을 크게 다섯 개로 분류해 어떤 학생에게는 캠퍼스에 상주하도록 하여 교육하지만, 다른 학생에게는 주로 온라인을 통하여 교육한다. 이렇게 학생 맞춤형으로 하다 보니 온라인 학생의 평균 연령이 캠퍼스에 상주하는 학생들에 비하여 10세 정도 높다고 한다. 이렇게 학생에 따라 온라인 학습에 대한 수요가 다 다른데 모든 일반 대학에 일률적으로 20% 이상 온라인 강좌를 금지하는 것은 교육관료주의로 비난받아 마땅하다. 이러다 보니 사이버대학에는 오히려 오프라인 수업을 20% 넘지 못하게 제한하고 있다. 교육부가 사이버대학에 내린 가이드라인 중에는 심지어 교수가 직접 제작에 참여한 콘텐츠를 사용해야 한다는 원칙도 있다. ASU는 100명이 넘는 전문가들이 교수의 온라인 강의를 지원하고 있고 일부 과목은 온라인 공개강좌Massive Open Online Course, MOOC도 학점으로 인정하고 있다. 이러한 추세에 비추어보면 교육부의 온라인 강의에 대한 각종 규제와 통제는 시대착오적이다. 이렇게 대학이 알아서 판단해야 할 것을 정부가 묶어놓다 보니 한국에서는 지식기업으로 전환하는 대학이 나오기를 기대하기 힘들다.

ASU의 사례는 우리 대학에 큰 시사점을 준다. 한국 대학들은 학령인구가 급격히 줄면서 생존을 위하여 정부 지원만 바라보고 있다. 왜 우리나라에는 지식기업으로 전환하는 대학이 나오지 못할까? 왜 우리나라 대학들은 과감하게 맞춤학습과 온라인 학습을 도입하여 해외 학생과 평생학습의 무궁무진한 시장을 개척하지 못할까? 최근 ASU는 한 걸음 더 나아가 GFA Global Freshmen Academy 과정을 도입하여 국내외 학생들이 대학 1학년 전 과정을 온라인으로 수강할 수 있게 하고, 해외 학생들을 선발하고 있다. 우리나라에서도 이러한 과정을 도입하려 한 대학이 있었으나, 만약 1학년 과정을 모두 온라인으로 하게 되면 온라인 강좌 20% 제한에 저촉되는 문제로 고심하고 있다고 한다.

우리 대학에서는 정부의 재정지원을 따기 위한 지원서와 보고서를 작성하는 데 보직 교수뿐 아니라 관계된 모든 교수가 총동원되는 경우가 빈번하다. 안타깝게도 우리 대학은 점점 더 교육관료주의의 늪에 빠져 헤어나지 못하고 있다. 교육관료주의에서 과감히 탈피하는 리더십을 발휘하려면 대학총장 임기부터 늘려야 한다. 하버드대가 세계적 대학의 모델로 발돋움하는 기간에 임기 30년 이상의 총장이 여러 명 있었다는 것은 잘 알려진 이야기다. 마이클 크로 총장도 2002년부터 16년 넘게 ASU를 이끌며 대학문화 자체를 바꾸었다는 평가를 받는다. ASU에서 지식기업을 표방하고 나오는 데에는 지식이 힘이자 경쟁력이므로 지식과 관련해 가장 중요한 분야인 교육계가 적극적인 변화를 추구해야 한다는 인식이 확산되고 있기 때문이다. 4차 산업혁명 시대에 기술발전과 사회 변화가 야기하는 문제들을 극복하고 이를 도약의 기회로 만들어내려면 교육부와 교육계 전체에 퍼져 있는 교육관료주의의 거품부터 걷어내야 한다.

셋째, 그동안 점점 폐쇄화되고 있는 우리 학교와 대학을 사회와 세계에 활짝 개방해야 한다. 영국에서 대학과 과학을 관장하는 부서의 장관을 지낸 데이비드 윌렛David Willett 경은 영국 대학의 미래는 글로벌화와 에듀테크에 있다고 주장하면서, 영국 대학이 유학생 유치 규모를 현재 50만 명에서 미국 수준인 100만 명으로 높여야 한다고 주장한다(Willetts, 2017). 오스트레일리아의 경우 전체 인구는 우리의 절반이지만 유학생은 26만 명으로 세계 3위를 차지하고 있다. 사실 글로벌하게 폭발하는 고등교육 수요와 한류 인기에 힘입어, 그리고 하이터치 하이테크 학습혁명을 통하여 현재 12만 명 수준의 유학생을 두 배로 유치하는 전략은 학령인구의 급격한 감소로 위기를 맞은 우리 대학에게 좋은 해결책이 될 수 있다. 학습혁명을 시작한 대학에는 무한한 시장이 열려 있다, 전 세계 대학생 수는 앞으로 15년 동안 1억 6천만 명에서 4억 1천만 명으로 늘어날 전망이다. 엄청나게 팽창하는 대학교육 수요에 맞추려면 8만 명 규모의 대학을 매주 4개씩 15년 동안 만들어야 한다는 계산이 나온다고 한다.

미국의 '뉴테크하이스쿨New-Tech High School'은 모든 수업을 두 개 이상의 교과목을 융합한 프로젝트 학습으로 전환했다. 예를 들어

역사과목과 영어과목을 융합하여 문학에서 묘사된 역사적 사실에 관하여 학생들이 팀별로 주제를 정하고, 주제에 따라 다양한 정보를 활용하여 에세이를 작성해 발표하는 프로젝트다. 이러한 하이터치 학습혁명의 모델이 되고 있는 뉴테크하이스쿨은 1995년 캘리포니아주 나파밸리에서 게이츠재단Gates Foundation과 버크재단(Buck과 같은 민간재단의 지원에 힘입어 개교했다) 이후 계속 수가 늘어나 현재 170개가 넘는 학교들이 네트워크를 구성했다. 프로젝트 학습 경험을 축적한 교사가 후배 교사를 교육하는 한편, 새로운 프로젝트 학습방식을 지속해서 디자인하고 있다. 뉴테크하이스쿨의 성공에는 민간재단의 아낌 없는 지원과 교사들이 다른 학교 교사들과 함께 네트워크를 구축하여 지속적으로 혁신하는 개방성이 중요하게 작용했다고 할 수 있다(이주호, 2016).

최근 게이츠재단은 '학교 향상 네트워크Network for Scool Improvement, NSI' 사업을 통하여 학교와 학교를 지원하는 다양한 조직들 간의 19개 네트워크를 지원하고 있다. 페이스북의 마크 저커버그Mark Zuckerberg가 설립한 CZIChan Zuckerberg Initiative의 지원을 받은 서밋 공립학교Summit Public School는 모든 학생에게 개별화 학습, 멘토링, 프로젝트 학습 등 하이터치 하이테크 학습의 기회를 제공하고 있다. 특히 개별화 학습 시간에는 모든 학생이 CZI가 지원하는 컴퓨터 소프트웨어인 서밋 러닝 플랫폼Summit Learning Platform을 활용하여 모두 다른 내용의 학습을 각각의 학습 속도와 능력에 맞추어 하이테크 학습을 한다. 서밋 러닝 플랫폼은 이미 330개 학교에 무료로 지원되고 있다. 교사는 모든 학생이 일주일에 60~90분간 동료 학생 20여 명과 함께 멘토링을 하는 시간을 가지고 또한 많은 수업을 프로젝트 학습으로 진행하는 등 하이터치 학습에 중점을 두고 있다. 우리도 이제 학교의 변화를 이렇게 민간재단의 지원이나 학교 간의 네트워크를 통하여 개방적으로 추진하는 방식을 적극적으로 도입해야 한다.

세계적인 교육 대변혁의 시기에 우리의 교육정책은 우왕좌왕하고 있다. 과연 우리가 학습혁명을 선도할 수 있을까? 무엇보다 교육 대변혁의 세계적 추세를 정확히 이해하고 한국 교육의 미래 비전부터 정립해야 한다. 이 글에서는 한국이 학습혁명의 선도국가가 되는 비전을 제시하고, 이를 위하여 첫째, 4차 산업혁명 시대에 어떠한 인재를 양성해야 하는가에 대한 국가적 공감대 형성, 둘째, 교사의 역할과 기능을 학생 중심의 하이터치 하이테크 학습을 지원하는 것으로 완전히 전환, 셋째, 최첨단 에듀테크를 학습현장에 적극적으로 도입, 넷째, 교육부가 주도하던 그동안의 교육 변화 방식에서 탈피하여 다양한 주체가 혁신하고 협력하는 혁신 생태계의 조성 등 네 가지 주요 방향을 제시했다. 그리고 이를 달성하기 위하여 교육을 이념과 정쟁으로부터 분리, 교육관료주의의 거품을 과감히 걷어내기, 학교와 대학을 사회와 세계에 적극적으로 개방 등 세 가지 주요 전략을 제시했다.

우리가 다시 한번 교육에 국력을 집중하여 학습혁명을 선도한다면 대한민국은 과거 2차 산업혁명 시기에 제국주의 국가들이 무력으로 세계를 지배하려던 것과는 달리 4차 산업혁명 시기에 세계 인재들을 유치하고 세계 교육기관들에 하이터치 하이테크 학습을 전파함으로써 세계에 기여하는 학습혁명 선도국가가 될 수 있다. 대한민국이 학습혁명의 선도국가가 된다면 전 세계 많은 아이에게 희망을 줄 것이고, 동시에 학습혁명과 관련한 엄청난 산업과 일자리 창출의 기회를 잡을 수 있을 것이다. 대한민국이 4차 산업혁명의 거대한 파고 속에서 표류하지 않고 분명한 지향점을 가지고 전진하기 위한 백년대계는 바로 대한민국을 학습혁명 선도국가로 만드는 것이다.

제6장

미래 헬스케어의 비전

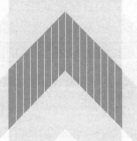

환자의, 환자에 의한, 환자를 위한
맞춤형 헬스케어

의료기관에서 환자에게로
치료 주권이 이동하다

소비재 산업은 1950년대 말부터 고객의 중요성을 인식하고 기업(생산자) 중심에서 고객(수요자) 중심으로 활동을 변경해왔다. 최근 디지털 기술의 급속한 발전은 이 같은 활동을 더욱 가속화시키고 있다. 가격비교 사이트, 제품 및 서비스 사용후기, 크라우드소싱, 크라우드펀딩, SNS를 통한 고객소통 등은 소비자의 정보력과 선택의 폭을 높여주면서 소비자가 생산자에게 압력을 가할 뿐만 아니라 소비자도 생산자가 될 수 있는 일명 '소비민주화'를 일으켰다. 이 같은 현상에서 헬스케어 산업만 비껴나갈 이유는 없으며, 헬스케어 산업에서도 조금씩 그와 유사한 현상들이 일어나고 있다.

요즘은 제품(서비스)을 구매하기 전에 인터넷에 올라온 사용후기를 읽고 결정하는 것이 보편화되었다. 이러한 이유로 개인이나 기업의 디지털 평판에 의해 성공과 실패가 좌우된다는 일명 '평판경제reputation economy'라는 개념도 등장했다. 이 같은 평판경제는 헬스케어에도 동일하게 적용된다. 가령 병원 방문 후기를 제공하는 앱들이 등장함으로써 의료기관(생산자)에 대한 환자(수요자)의 영향력을 키워주고 있다. 또한 자신의 헬스케어 데이터를 통합 관리할 뿐만 아니라 판매까지도 가능한 앱이 제공되고 있는데, 이는 헬스케어 데이터에 대한 주권을 의료기관으로부터 환자가 확보하려는 노력이다. 두 가지 예시 모두 헬스케어 산업의 파워가 점차 의료진에서 환자로 넘어가고 있으며, '환자가 주인인 환자의' 헬스케어 산업으로 변화하고 있다는 사실을 보여준다.

한편 헬스케어는 일반인이 쉽게 이해할 수 없는 어려운 전문용어로 가득 찬 의료지식 때문에 의료진과 환자 간에 높은 정보의 비대칭성이 존재해왔고, 이 탓에 환자는 전적으로 의료진의 의사결정에 의존하는 수동적인 태도를 취할 수밖에 없었다. 그러나 디지털 기술의 발전 덕택에 환자와 의료진 간의 정보 비대칭성은 속도의 문제이지 결국은 좁혀질 수밖에 없어 보인다. 지금만 보더라도 환자들은 인터넷을 통해 질병뿐만 아니라 병원, 의료진 등에 대한 정보를 검색하고, 검색결과에 따라 병원과 의료진을 선택한다. 스스로 자신의 질병을 이해하려 하고, 최적의 의료기관과 의료진을 선택하려는 '환자에 의한 의사결정'이 치료과정에 조금씩 일어나고 있다.

이 같이 치료과정에서 환자에 의한 의사결정만이 아니라 치료 및 건강개선을 위해 환자 스스로 헬스케어 제품에 대한 아이디어를 내고 크라우드펀딩을 받아 사업화하는 현상도 일어나고 있다. 이는 3D 프린터 등 손쉬워진 기술을 응용해 폭넓은 만들기 활동을

하는 '메이커maker 운동' 또는 '프로슈머prosumer(소비자 겸 생산자)'
개념과도 일맥상통한다. 헬스케어 산업도 조금씩 생산자 중심에서
벗어나 환자의 아이디어와 니즈를 헬스케어 제품 설계부터 진지하
게 고려하는 '환자를 위한' 산업으로 변화하고 있는 것이다.

　향후 헬스케어 산업으로 디지털 기술의 급속한 흡수는 위와 같
은 현상을 더욱 가속화시킬 것이다. 따라서 한국 스마트 헬스케어
의 미래는 다른 소비재 산업과 마찬가지로 환자의, 환자에 의한, 환
자를 위한 비전을 구현하는 것을 목표로 해야 한다. 이유는 앞에서
살펴보았듯이 이미 일어나고 있는 거스를 수 없는 현상 때문이고,
규범적으로도 환자가 주인인 헬스케어 산업을 구현하는 것이 타당
하다. 미래 헬스케어의 비전에 대해 항목별로 자세히 살펴보자.

환자가 참여하는 헬스케어 솔루션 및 도구의 설계

1990년대 말 장애인을 위한 정책을 수립할 때 등장한 '우리 없이
는 결코 우리에 대해서 알 수 없다nothing about us without us'라는 개념
이 21세기 디지털화된 헬스케어 시스템을 설계하는 과정에서 환자
들 사이에 다시 등장하고 있다(Paul, 2016). 장애인 정책의 궁극적
수혜자는 장애인 자신이기 때문에 그들의 직접 참여 없이 수립된
정책은 진정으로 장애인을 위한 것이 아닐 수 있다. 마찬가지로 헬
스케어의 최종 소비자는 환자이기 때문에 설계과정부터 환자의 참
여가 필수적으로 보이지만 디지털 기술이 발달되기 전까지 헬스케
어 시스템의 참여자는 환자가 아니라 제공자인 의료진이었다.

추L. Chu 외(2018)에 따르면, 새롭고 혁신적인 솔루션 및 도구를 개발하기 위해서는 아이디어 생성ideation·아이디어 구현 implementation·유효성 검사validation라는 반복적 설계과정이 필요하며, 스마트 헬스케어의 설계과정에 환자가 참여하는 방식은 세 가지가 있을 수 있다(그림 6-1 참조). 첫 번째 방식은 3단계 설계과정에서 환자의 참여가 배제된 채 생성된 솔루션 및 도구를 시장에 출시한 이후 구매한 환자로부터 경험지식을 제공받는 형태다(그림 6-1에서 a). 두 번째 방식은 아이디어 생성과정에서만 목표시장(환자)의 포커스 그룹을 통해 그들의 생각, 의견, 니즈를 조사하여 반영하는 것이다(그림 6-1에서 b). 세 번째 방식은 모든 단계의 설계과정에 환자가 참여하는 것으로, 환자는 개발팀의 한 구성원(또는 파트너)으로 간주되고 다른 이해관계자들과 함께 개발한다(그림 6-1에서 c). 세 번째 방식을 활용했을 때 환자 고유의 니즈를 둘러

그림 6-1   환자 중심의 스마트 헬스케어 솔루션 및 도구 설계를 위한 세 가지 방식

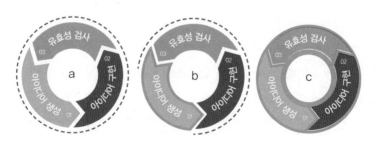

*Chu et al. (2018).

싼 지식과 경험이 설계 전 과정에 완벽하게 유입·구현·증명될 수 있고, 그 결과 훨씬 혁신적이고 창조적인 헬스케어 솔루션이 만들어진다. 따라서 우리가 목표로 하는 미래의 스마트 헬스케어 시스템은 모든 설계과정에서 환자가 직접 참여하는 환자 중심의 형태가 되어야 할 것이다.

치료과정에 적극 개입하는 ePatient, 참여의료, 공동 의료결정

ePatientempowered Patient라는 용어는 의사 톰 퍼거슨Tom Ferguson이 최초로 사용했다. 그는 건강관리 내용을 잘 숙지하고 있고, 건강관리 서비스를 잘 활용하며, 그에 대한 권한을 갖고 관여할 수 있는 사람을 묘사하기 위해 이 용어를 사용했다(Ferguson, 2007). ePatient들의 최초 여정은 그들 자신의 건강상태를 이해하기 위한 탐색 과정에서 시작된다. 그들은 의사가 전해주는 건강 상태를 수동적으로 받아들이는 대신에 자신의 건강 상태를 향상시키기 위해 직접 참여하고, 관련 정보를 학습하고, 건강 개선에 필요한 도구를 스스로 제작하기도 한다. ePatient와 유사한 개념으로 '참여의료participatory medicine'와 '공동 의료결정shared decision making, SDA'이 있다. 이 개념은 의료결정 시 환자의 생각·의견·전문지식이 고려되는 것을 의미하며, 이 개념의 중심에는 환자와 의료진(제공자) 간에 열린 대화가 존재한다는 것이다. 심장학자이자 유전학자, 디지털 헬스케어 연구자인 에릭 토폴Eric Topol은 이 같은 현상을 '의료민주화democritization of medicine'라고 칭했다. 왜냐하면 과거 헬스케어 시스템에서는 대부분의 의사결정 권한(권력)이 의료진에게만 주어져 환자의 역할은 미미했으나, 이 같은 권력이 환자에게로 대폭 이동되고 있기 때문이다. 물론 이 같은 현상은 앞으로 더욱 확대되고 보편화될 것이다.

환자별 맞춤화된 정밀의료

미국 국립보건원의 정의에 따르면, '정밀의료precision medicine'란 환자별 유전자, 환경, 생활양식의 다양성을 고려한 질병 예방 및 치료를 위해 새롭게 등장한 방법이다. 구다P. Gouda와 스타인허블 S. Steinhubl(2018)은 정밀의료에서 고려하는 내용을 좀 더 자세히 언급했는데, 환자별 유전학적 조합, 분자·생리·세포적 특성, 사회-인구통계학적 특성, 기타 히스토리 등을 포함한다. 이같이 다양한 내용을 고려하여 의료 경험을 환자별로 맞춤화하는 과정이 정밀의료다. 정밀의료가 제대로 구현된다면 지금보다 훨씬 정확한 진단이 가능해지고, 치료방법과 투여약물(제)의 선택이 더욱 정교해지면서 치료 효과가 현저히 높아질 것이다. 이는 환자가 더 이상 오진 또는 보편적 치료나 약물로 인한 낮은 치료 효과에 장기간 육체적·경제적 고통을 받지 않아도 됨을 의미한다.

의료 및 건강 데이터에 대한 보안성과 소비자 주권 확보

소비자의 의료 및 건강 데이터를 보유한 의료기관과 그 데이터를 활용하여 유용한 정보를 환자 및 소비자에게 제공하는 서비스 기관은 데이터의 보안성을 가장 중요한 목표로 두어야 할 것이다. 소비자와 의료 및 건강 서비스 기관 간에 데이터의 안전성에 대한 신뢰가 확보되지 않는 한 헬스케어의 성장은 이루어지지 않을 것이다. 왜냐하면 모든 형태의 미래 헬스케어를 탄생시키는 핵심 연료가 데이터이기 때문이다. 그런데 포털사이트, 쇼핑사이트, 심지어 금융기관까지 개인정보가 유출된 과거 전적을 상고해보면 의료 및 건강 데이터의 유출 가능성은 높아 보인다. 따라서 의료 및 건강 서비스 제공기관에게 데이터의 철저한 보안성 확보는 핵심 경쟁력을 가늠하는 잣대가 될 것이다.

또한 미래 헬스케어 서비스를 누리려면 기본적으로 언제 어디서나 자신의 의료 및 건강 데이터에 접근할 수 있어야 한다. 또한 자신뿐만 아니라 타 의료진, 건강 서비스 관리자, 기타 자신의 질병과 건강을 개선시켜줄 참여자들에게 데이터의 접근을 허락할 수 있어야 한다. 이 과정에서 데이터의 주권은 반드시 환자 또는 소비자에게 있어야 하며, 여기서 한 걸음 나아가 본인이 원한다면 중개업자 없이 자신의 유전정보·건강정보·라이프 로그 정보를 판매함으로써 경제적 이득까지 획득할 수 있어야 한다.

늙어가는 한국, 고령자 1인가구의 자주적 삶을 보장하는 의료
한국은 지난해 2017년 65세 인구가 전체 인구의 14.02%를 차지함으로써 UN이 정한 고령사회에 진입했다. 2000년 고령화사회(65세 인구가 전체 인구의 7% 이상 차지)로 진입한 지 단 17년 만에 고령사

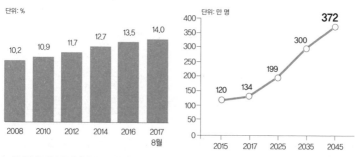

그림 6-2　**65세 이상 인구비율**(좌)**과 65세 이상 1인가구 수**(우)

단위: %

10.2　10.9　11.7　12.7　13.5　14.0

2008　2010　2012　2014　2016　2017 8월

단위: 만 명

400
350
300
250
200
150
100
50
0

120　134　199　300　372

2015　2017　2025　2035　2045

＊통계청. 〈고령자 통계〉. 〈장래 가구 추계〉.

회가 되었다. 이 같은 속도는 세계 최고 수준이다. '노인대국'으로 일컫는 일본도 고령화사회에서 고령사회에 도달하는 데 24년이 걸렸으나 우리는 7년을 앞당겨버린 것이다. 게다가 통계청은 '초고령사회(65세 인구가 전체 인구의 20% 이상을 차지)'가 2026년에 올 것으로 예상하고 있으나, 더 빨라질 수도 있다고 한다. 통계청은 또한 65살 이상인 고령자 1인가구가 2015년에는 전체 가구(1901만 가구)의 약 6.3%(120만 가구)에 불과했으나 2045년이 되면 2배를 넘어서는 약 16.6%(372만 가구)에 이를 것으로 예측하고 있다.

　고령인구가 많아지고 고령자 1인가구가 급속히 증가하는 것이 미래 헬스케어에 어떤 의미를 가져다줄까? 우선 생애 절반의 의료비를 65세 이상에서 지불하게 되는데, 이 같은 비용을 감당해줄 젊은 세대가 전보다 줄어들어 국가의료 부담이 더욱 커질 수밖에 없다. 또한 고령자 1인가구의 증가는 고령자들이 가족의 도움 없이 독립적으로 만성질환이나 질병을 감당해야 함을 의미한다. 즉 미래 헬스케어는 지금보다 고령인구의 만성질환 및 질병을 줄일 수 있는 예방 및 관리 중심의 의료여야 하고, 고령자 혼자서도 건강과 질병을 관리하면서 삶의 자주성을 확보할 수 있는 의료가 준비되어야 한다.

헬스케어 민주화 구현을 위한 기술적 특성

우리는 위에서 미래의 스마트 헬스케어가 나아가야 할 방향에 대해 논의했다. 이 논의 과정에서 자연스럽게 필요한 기술의 특성을 파악할 수 있는데, 이는 기술의 스펙이라기보다 반드시 담아내어야 할 개념concept 또는 특성features을 의미하며, 그 내용은 다음과 같이 요약할 수 있다.

첫째, 환자(소비자)의 참여 및 의견이 실시간으로 반영된 헬스케어 서비스를 제공하기 위해서는 환자와 헬스케어 서비스 제공자가 언제나 연결되어 환자의 헬스케어 데이터가 실시간으로 수집되고 의견이 수평적으로 소통될 수 있어야 한다. 그러기 위해서는 다양한 형태의 웨어러블 장치가 실시간으로 헬스케어 정보를 체크할 수 있어야 하며, 환자와 서비스 제공자 간에 데이터와 의견의 공유가 실시간으로 가능해야 한다. 이때 IoT, 헬스케어 앱, 통신 네트워크 기술이 주된 역할을 할 것이다.

둘째, 환자(소비자)별 맞춤 서비스, 치료보다는 예방 중심의 헬스케어 서비스를 제공하기 위해서는 데이터(또는 증거) 기반의 정밀 의료가 구현되어야 한다. 이를 위해서는 개인의 유전학적 조합, 분자·생리·세포적 특성, 사회-인구통계학적 특성, 한의학의 사상체질 분류, 기타 히스토리 등 관련 데이터를 구축해야 한다. 이렇게 구축된 빅데이터의 분석 기술, 분석 결과의 해석 및 통찰력을 제공하는 데 AI기술이 핵심 역할을 할 것이다.

셋째, 고령자, 장애가 있는 환자, 지리적으로 의료기관 접근이 어려운 환자들이 소외되지 않는 헬스케어 서비스를 제공하기 위해서는 환자의 상태를 실시간으로 모니터링하고 가까운 의료기관(또는 주치의)에 전송하여 진료와 처방을 할 수 있어야 하고, 응급 시 즉각적으로 대응할 수 있는 시스템을 갖추어야 한다. 또한 거동이 불편한 환자가 질 좋고 저렴한 간병 서비스를 받을 수 있는 기술이 구현되어야 한다. 이를 위해서 IoT, 헬스케어 앱, 통신 네트워크, 원격 모니터링, 원격진료, 119 구조대와의 연동 시스템, 간병로봇 기술 등이 핵심 역할을 할 것이다.

넷째, 환자(소비자)의 데이터 주권이 확보된 헬스케어 서비스를 제공하기 위해서는 데이터 소유·공유·거래에 대한 결정이 환자(소비자)에게 있으면서 동시에 데이터의 공유 및 거래의 활성화를 방해하는 보안에 대한 기술적 문제를 해결해야 한다. 이를 위해서는 블록체인 기술이 중요한 역할을 할 것이다.

다섯째, 의료진이 환자와의 거리를 좁혀 좀 더 환자친화적인 헬스케어 서비스를 제공하기 위해서는 환자의 질병 상태 또는 환자가 받게 되는 수술을 의료진이 간접 체험할 수 있는 다양한 시뮬레이션이 구현되어야 한다. 이를 위해서는 AR Augmented Reality, VR Virtual Reality, XR Extended Reality[1] 기술이 주요 역할을 할 것이다.

부상하는 헬스케어 비즈니스

IoHT / IoMT

IoT 기술을 헬스케어 비즈니스에 적용한 것을 IoHT Internet of Health Things 또는 IoMT Internet of Medical Things라고 부른다. 둘 다 헬스케어 관련 사물들을 인터넷에 연결시켜 물리세계와 디지털 세계를 통합시켜준다. 또한 비가공 데이터를 단순하고 활용 가능한 정보로 바꿔주며, 의료기계 및 관련 사물, 환자, 의료인 간에 지속적인 소통이 가능할 수 있게 해준다. 2017년 엑센추어 컨설팅이 헬스케어 산업에 종사하고 있는 임원을 대상으로 한 설문조사에 따르면 설문 대상의 73%가 3년 안에 IoHT가 기존 헬스케어 산업에 혁신적 효과를 가져올 것이라고 예측했다(Accenture Consulting, 2017a). 또한 딜로이트 컨설팅에서 예측한 IoMT 시장 규모를 보면 2017년 총 410억 달러이던 것이 5년 후인 2022년에 4배 가까이 되는 1580억 달러까지 성장함을 알 수 있다. IoMT 비즈니스를 구성하는 여러 영역 중에서도 의료기기와 시스템 및 소프트웨어에서의 성장이 두드러진다(그림 6-3 참조).

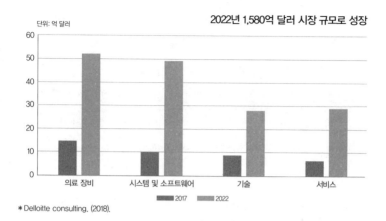

그림 6-3 IoMT 비즈니스 성장 예측

단위: 억 달러

2022년 1,580억 달러 시장 규모로 성장

■ 2017 ■ 2022

＊Delloitte consulting. (2018).

　이 비즈니스는 웰니스 및 예방, 환자 원격 모니터링(원격진료로 확장), 오퍼레이션의 세 영역으로 구분될 수 있다. 이 사업들은 운영 및 행정 비용과 의료비용의 절감, 소비자 경험의 향상, 소비자 유지 및 유인을 통해 수익 증대라는 가치를 제공해준다. 다음은 세 비즈니스 영역에 대한 설명이다.

· **웰니스 및 예방**Wellness and Prevention 스마트 시계·반지·팔찌·셔츠·바지·양말·벨트·신발·안경 등 신체에 착용하는 웨어러블 장치를 통해, 다이어트·운동·영양·수면·복약·신체 상태 등을 관리하는 사업이다. 세 영역 중에서 현재 가장 활발히 투자되는 분야로 2016년에서 2017년 한 해에 관련 애플리케이션이 iOS기반 20%, 안드로이드 기반 50%의 성장률을

보였고, 2017년 한 해에만 7만 8천 개의 새로운 앱이 등장했다 (Delloitte Consulting, 2018). 현재 이 사업의 주요 고객은 건강관리에 관심이 높은 개인 사용자가 많으나, 향후에는 보험사와 직원 건강관리에 관심이 높은 기업이 주요 고객이 될 것으로 예측된다. 2018년 4월부터 한국의 생명보험 2개 사, 손해보험 2개 사가 '건강증진형 보험상품'을 판매하기 시작한 것을 보더라도 보험사의 높은 관심을 예측할 수 있다(금융위원회와 금융감독원, 2018년 6월 8일 보도자료). 이 상품은 보험계약자에게 웨어러블 장치를 제공하고 약속한 수준의 건강을 유지한 경우 보험료를 할인 및 환급해주는 상품이다.

- **환자 원격 모니터링**Remote Patient Monitoring, RPM 심장질환·만성호흡질환·암·정신질환·당뇨·비만·정형외과 환자 등을 대상으로 인터넷에 연결된 의료 및 건강관리 장치를 이용해 원거리에서 환자의 상태를 모니터링하는 사업이다. 엑센추어 컨설팅의 IoHT 설문조사(2017)에 따르면 울혈성 심부전을 포함한 심장질환을 대상으로 RPM서비스를 하겠다는 경우가 가장 높았으며, 그다음이 만성호흡질환·암·정신질환의 순서다. 그러나 현재 세 비즈니스 영역 중에 가장 투자가 저조한 편이다. 특히 한국은 미국과 달리 RPM을 원격진료에 포함시킴으로써 현재 국내에서 시행하는 것이 불가능하다. 반면 미국은 RPM을 원격진료와 별도로 분리하여 보험 적용까지 하고 있다. 향후 원격진료에서 두 지점 간의 통신시간 차, 실사

를 따라오지 못하는 스크린 해상도 등과 같은 기술적 문제와 관련 집단의 이해충돌만 해결된다면 RPM은 환자의 상태를 모니터링하는 선에서 그치는 것이 아니라 진단과 처방까지 가능해질 것이다. 여기에 AI와 로봇 기술까지 더해지면 직접 방문하지 않고도 세계적으로 저명한 의사에게 수술을 받는 세상이 열리게 될 것이다. 디로이트가 2016년 미국 헬스케어 소비자를 대상으로 원격진료 활용 선호 영역을 설문조사한 결과 응답자 중 49%가 '수술 후 경과'를 지목했으며, 다음으로는 만성질환(48%)·가벼운 상해(32%)·여행 중 케어(36%)의 순으로 응답했다.

- **오퍼레이션**Operations 모바일 애플리케이션·의료기기·비품 및 관련 사물의 센서 부착과 이들의 인터넷 연결을 통해 환자와 의료기관 운영자 양측 모두에게 편의성 및 효율성을 제공하는 사업이다. 구체적으로 모바일 앱을 통해 환자에게 병원 찾기, 예약, 가는 길 안내, 병원 내 시설 및 설비 안내, 줄서는 시간 줄이기 등의 서비스를 제공한다. 이 서비스는 환자에게 편리하고 유쾌한 의료경험을 제공하여 의료기관에 대한 만족도를 향상시킬 수 있다. 한편 운영자에게는 약품 및 각종 병원 비품 재고 관리, 휠체어 및 정맥주사기 스탠드와 같은 병원 자산의 실시간 추적, MRI, CAT 스캐너와 같은 의료기기 유지·보수의 자동화, 의료기관 직원들 간의 지속적인 연결 등의 서비스를 제공한다. 이를 통해 운영비용의 절감과 직원

들 간의 의사소통 및 협력 향상의 효과를 얻을 수 있다.

AI - 로봇 헬스케어

인공지능과 로봇기술을 헬스케어 비즈니스에 적용한 것을 모두 AI-로봇 헬스케어라 부르는데, 기계가 스스로 감지하고sense, 이해하고comprehend, 행동하고act, 학습learn할 수 있는 다양한 기술의 집합이 요구된다. 액센추어 컨설팅의 시장 예측에 따르면 2014년 6억 달러에 불과했던 AI-로봇 헬스케어 시장이 2021년에는 11배 성장한 66억 달러에 이를 것이라고 한다. 그리고 2026년 압도적으로 큰 가치를 창출할 AI-로봇 헬스케어 서비스는 로봇 보조수술(400억 달러)이 될 것이다(그림 6-4 참조). 또한 헬스케어 종사 임원의 약 80%가 2020년 안에 AI-로봇이 조직 내에서 동료, 조력자, 조언자로서 인간과 같이 일할 것이라는 데 동의했다고 한다(Accenture consulting, 2017a).

분명 AI기술과 로봇기술은 주요 기능이 다르다. AI는 인간으로 치면 뇌의 기능을, 로봇은 육체(손·발·눈·입·귀 등)의 기능을 한다. 그런데 이 둘을 붙여서 AI-로봇 헬스케어라고 분류한 이유는 초기에는 이 두 기술이 분리되어 발전하겠지만, 궁극적으로 AI와 로봇은 함께할 것이기 때문이다. IBM의 왓슨 헬스 온콜로지Watson Health Oncology처럼 지금은 육체 없이 소프트웨어로 존재하며 암의 진단과 치료에 대해 텍스트적 의견을 제시하겠지만, 미래에는 가운을 입은 로봇이 인간 의사와 함께 진단과 치료에 대해 구두로 논의할 것

그림 6-4　AI-로봇 헬스케어 시장 규모(좌) 및 추정 가치 Top10(우)

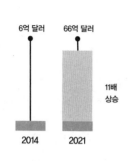

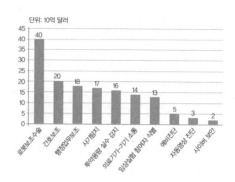

단위: 10억 달러

＊Accenture consulting, (2017a).

이다. AI-로봇 헬스케어는 IoHT 또는 IoMT, 데이터 분석 기술 등과 결합하면 아래와 같이 헬스케어 생태계 전 영역에 걸쳐 비즈니스를 형성할 수 있다.

- **수술**surgery AI-로봇이 비침습적(개복이 없는) 수술에서 의사를 도와주는 역할을 할 뿐만 아니라 복잡한 해부가 필요한 수술에도 도움을 주는 서비스다.
  예) 수술 로봇
- **건강유지**keeping well AI가 IoMT 또는 IoHT와 결합하여 개인이 소지한 웨어러블 앱을 통해 건강관리 방법을 조언해줌으로써 사람들을 건강하게 만들어 의사의 필요성을 최소화시키는 서비스다.
  예) 웨어러블 장치를 통해 자세를 모니터링하고 자세 교정이

필요할 때마다 신호를 보내는 서비스, Lumo Lift

- **조기발견**early detection AI가 웨어러블 장치 및 다른 의료장치와 결합하여 암, 심장병과 같은 질병을 좀 더 일찍, 더 정확히 감지할 수 있게 하는 서비스다.

  예) 웨어러블 조끼를 통해 조기에 유방암을 발견할 수 있는 서비스, Cyrcadia's iTBra™

- **진단**diagnosis AI가 수많은 의료 데이터를 읽고 의미를 찾아 질병을 진단하는 서비스다. 인간과 다른 점은 철저히 증거-기반evidence-based에 입각하고, 인지적 편견과 과신이 없고, 빠른 분석과 오진을 줄일 수 있다는 장점이 있다.

  예) 종양 진단, IBM 왓슨

- **의사결정**decision-making AI가 예측 분석 기술과 결합하여 개인의 현재 라이프스타일, 환경, 유전 및 기타 영향을 주는 데이터를 기반으로 미래 만성질병의 발생 가능성을 예측함으로써 개인, 의사, 보험사 등이 가장 효과적인 의사결정을 내릴수 있도록 하는 서비스다.

  예) 개인 맞춤형 건강보험 추천 서비스

- **재택건강관리**home health care AI가 휴머노이드 로봇과 결합하여 장애인, 만성질환 노인환자, 시한부 환자들이 가정에서 좀 더 편하고, 독립적이고, 건강하게 살 수 있도록 간병해주는 서비스다.

  예) 휴머노이드 케어로봇

- **훈련**training AI가 XR과 결합하여 의대생·인턴·레지던트·간호사 등 의료 교육생들에게 다양한 의료 시뮬레이션을 체험하게 하고, 명망 있는 전문의의 새로운 수술기법을 가르치고, 다양한 형태의 환자(노인·정신병·외상후스트레스 장애·어린이들이 치료과정에서 겪는 고통)들의 의료 경험을 체험하게 하는 서비스다. 또한 환자 및 가족들에게 환자가 받게 될 수술을 미리 경험하는 서비스를 제공한다. 이 서비스는 AI와 XR이 연결된 장치만 있다면 장소와 시간에 상관없이 제공받을 수 있고, AI는 사람과 달리 감정이 없기 때문에 반복되고 말도 안 되는 질문과 의사결정에 대해 교육생들에게 더 효과적으로 답변과 조언을 해줄 수 있다.

  예) 의대생을 대상으로 한 해부학 시뮬레이션

- **연구**research 하나의 신약이 연구실에서 환자에게 도달하는 데 걸리는 시간은 평균 12년이고, 소요되는 비용은 약 3.5억 달러다(Accenture consulting, 2017a). 신약 개발은 매우 길고 고비용의 과정이라 할 수 있는데, AI를 활용함으로써 신약 개발 과정을 상당히 단축시킬 수 있다. 뿐만 아니라 AI는 출판된 의학논문들을 빠른 시간에 읽고 이해하여 의학 연구자들에게 통찰력을 제공함으로써 연구 결과의 효율성 및 효과성을 높이도록 지원하는 역할을 한다.

  예) 암·파킨슨병·알츠하이머 등 노화 관련 질병을 치료할 핵심 약제 발견 프로그램, 존슨홉킨슨대학의 Pharma. AI.

헬스케어 데이터

헬스케어 데이터는 아래 그림에서 보듯이 2017년부터 2020년까지 약 300% 성장할 것으로 예측되고 있는데, 그 이유는 의료기관에서 발생시키는 전통적인 임상데이터clinical data뿐만 아니라 자가기록 데이터self-reported data, 개인 웰니스 데이터personal wellness data, 프록시 데이터proxy data 등 헬스케어 관련 데이터들이 다양한 형태로 발생되고 있기 때문이다. 자가기록 데이터는 스스로 혈압·심장박동·포도당 수치·체중 등을 기록하는 것이고, 개인 웰니스 데이터는 각종 웨어러블 기기·피트니스 기기·다이어트 및 운동과 같은 각종 목적의 애플리케이션에서 생산해내는 데이터다. 마지막으로 프록시 데이터는 페이스북 또는 인스타그램의 장소, 환경에 대한 댓글, 거주지 우편주소, 심지어는 IoT 기술로 연결된 냉장고 및 욕실에서 발생시키는 데이터를 포함한다.

그림 6-5 **헬스케어 데이터의 성장**

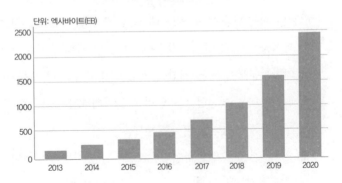

＊Accenture consulting. (2018a).

헬스케어 데이터가 비즈니스 측면에서 중요한 이유는 미래 헬스케어가 지향하는 정밀의료와 예방의료를 실현하는 데 초석이 되기 때문이다. 따라서 헬스케어 데이터는 다음과 같은 다양한 사업 기회를 마련해준다.

- **유전자 분석을 기반으로 한 개인맞춤형 의료 서비스** 각종 질병을 유전학적으로 정의하여 특정 유전학적 성질을 가진 사람의 질병 가능성을 계산하고, 그 결과에 따라 서로 다른 진단·검사·치료를 제공하는 서비스다. 이처럼 유전자 분석을 기반으로 한 맞춤화된 의료 서비스는 오진, 불필요한 검사, 적합하지 않은 약제의 오용을 줄여 의료비용을 대폭 절감할 수 있다. 200달러 이하의 비용으로 개인의 특정 질병에 대한 유전학적 가능성 또는 조상의 유전적 특성에 대한 결과를 제공하는 23andme와 Ancestry.com이 있다. 중국 회사인 iCarbonX와 구글 알파벳의 Verily는 개인의 유전정보를 심리 데이터, 행동 데이터 등과 결합하여 개인의 건강 전반을 분석해주고 바람직한 생활양식까지 추천해주는 서비스를 제공한다. Nebula Gemonics는 다른 기업과 다른 사업방식을 취하고 있다. 의뢰인의 유전자 정보는 대부분 기업이 철저히 통제하고 의뢰인은 정보에 대한 소유권이 없다. 그러나 Nebula는 정보에 대한 통제권을 의뢰인에게 주고, 유전정보를 필요로 하는 제약회사와 의뢰인이 거래할 수 있는 장을 마련해줌으로써

새로운 수익(수수료)을 창출하고 있다.

- **분비물에 포함된 미생물 분석 기반의 개인맞춤형 의료 서비스**
  사람이 분비하는 물질(오줌같은) 속에 있는 미생물 분석 결
  과를 주치의에게 전송하여 좀 더 정밀한 진단과 치료를 제공
  하는 서비스다. 중국의 iCarbonX와 일본의 변기 제조업체인
  Toto가 이 분야의 선도자다.

- **개인 헬스케어 데이터의 저장 및 관리 서비스** 다양한 경로(의료기
  관·앱·웨어러블 기기 등)를 통해 생성된 개인 헬스케어 데이터
  를 한곳에 저장하고 개인이 통합 관리할 수 있는 기능을 제공
  하는 서비스다. UK 기반의 digi.me는 사용자가 여기저기 흩
  어져 있는 헬스케어와 재무에 관한 정보에 접속하여 데이터
  를 한곳에 저장 및 관리할 수 있는 개인 데이터 플랫폼을 제
  공하고 있다.

- **헬스케어 데이터 거래 서비스** 헬스케어 데이터를 거래할 수 있
  는 시장(플랫폼)을 제공하는 서비스로 현재 두 가지 형태로
  제공되고 있다. 첫째는 구매자와 데이터 제공업체 간에 비식
  별화된 헬스케어 데이터를 거래하는 것으로 기존 핵심 업체
  들인 TCS, IBM, 구글 알파벳의 Verily와 DeepMind 등이 중
  심 역할을 한다. 이들이 거래하는 데이터는 의료청구 데이
  터, 처방전, 연구실 결과, 전자 의료기록 등으로 이 거래를 통
  해 연구자들이 질병의 경과 또는 약물효과에 대해 더 잘 알게
  됨으로써 전반적으로 의료의 질이 향상될 것을 전제한다. 반

면 또 다른 형태는 헬스케어 데이터가 개인의 자산으로 경제
적 이득을 발생시킨다면 그 이득의 소유는 그 데이터 당사자
가 되어야 한다는 것을 전제로 한다. 이 같은 서비스를 제공
하는 CoverUS는 스마트폰으로 접근 가능한 디지털 지갑을
사용자에게 제공하고, 전자 헬스기록·웨어러블 장치 및 기타
장치에서 발생되는 개인 헬스케어 데이터를 구매업체와 공
유할 수 있도록 한다. 그리고 공유의 대가로 데이터 제공자는
암호화 화폐를 받는다.

헬스케어 3D 프린팅

헬스케어 3D 프린팅은 생물학적 원료를 사용했든 아니든, 치료의
목적이 있든 없든 간에 3D 프린팅 기술을 신체에 적용한 것으로,
각종 신체적 기능을 재활·지원·강화시켜주는 혜택을 제공하는 것
으로 정의할 수 있다(European Parliament Research Service, 2018). 헬
스케어 3D 프린팅은 2020년까지 12억 달러 규모의 산업으로 커
질 것으로 전망되고 있으며(Accenture consulting, 2018b), 2018년에
서 2024년까지 연평균 성장률이 21.2%가 될 것이라고 한다(Global
Market Insight, 2018). 또한 세계적인 리서치 회사 가트너에 따르면
2019년에 임플란트와 보철의 35%가 3D 프린팅을 통해 생산될 것
이라고 했다. 헬스케어 3D 프린팅은 다음과 같은 사업의 기회를
제공하는데, 기존 헬스케어 산업에 이미 깊숙이 침투해 있는 영역
이 있는가 하면 기술 개발이 충분하지 않아 사업화 실현이 낮은 영

역도 있다. 가장 활발한 활동을 보이고 있는 영역은 보청기, 치과용 임플란트, 정형 및 보철 분야다. 반면 가장 덜 발달된 영역은 약의 프린팅과 신체 조직 및 장기의 재생산이다.

- **환자 맞춤형 보청기 제조** 3D 프린팅 기술은 현재 환자 맞춤형 보청기를 제조하는 데 지배적인 방법으로 활용되고 있다. 환자의 귀 모양에 딱 맞춰주기 때문에 이물감이 적고 청력을 높여준다.
- **환자 맞춤형 치과용 임플란트 서비스** 인체의 다른 기관보다 치아는 제작하기가 좀 더 쉽기 때문에 현재 및 미래에 잠재적 성장력이 매우 높은 분야다.
- **환자 맞춤형 정형(깁스) 및 보철 서비스** 이 분야 역시 높은 성장 잠재력을 보유하고 있으며, 환자 맞춤형으로 제공하기 때문에 전통적인 방법보다 환자에게 편안한 착용감을 준다. 보철의 경우 정상적인 신체 부위처럼 보이게 하거나 정상적으로 작용하도록 하는 기능을 제공할 뿐만 아니라 특정 목적(예를 들어 무거운 물건을 들어올리는 일)을 지닌 신체장치의 제조도 가능하다.
- **수술도구 및 의료기구 제조** 특수한 상황과 목적에 부합하는 수술도구 및 의료기구를 제조할 수 있고, 그 덕택에 수술 및 치료의 정확성을 높일 뿐만 아니라 시간도 절약해준다.
- **해부학을 위한 환자 모델 제공** 의사들에게 복잡하고 어려운 수

술을 사전에 생생하게 연습할 수 있는 기회를 제공할 뿐만 아니라 의대생들을 위한 대규모 교육도 가능하다. 대량으로 생산된 해부학 인형이나 사체를 활용하여 교육받는 것보다 훨씬 생생하고 효과적이다. 또한 환자에게 수술과정을 쉽게 설명하고 환자와 의견을 나눌 수 있다.

- **환자 맞춤형 약 제조·배달 서비스** 환자에게 필요한 여러 가지 약을 하나의 캡슐에 담아 프린팅 제조한 후 배달하는 서비스다. 약효를 증대시키고, 환자가 여러 약을 제대로 챙겨 먹지 못하는 실수를 줄이는 등 편의성을 제고할 수 있다. 그러나 아직 사업화가 덜 된 분야다.

- **신약 개발 및 화장품 등 각종 임상실험에 필요한 신체조직 제공** 동물이나 자발적인 인간 참여자 대신 실험에 최적화된 프린팅-인체조직을 대상으로 임상실험을 할 수 있다. 이로써 임상실험의 비용을 줄일 수 있고, 실험 성공률을 향상시킬 수 있으며, 환경보호단체와 생명윤리 및 안전에 관한 법률의 감시와 제재에서 자유로워질 수 있다.

- **신체조직 및 신체기관 제조** 궁극적으로 신체기능을 회복하고, 유지하고, 개선할 수 있도록 개인의 조직 및 장기를 재생산해내는 것이다. 현재는 매우 단순한 신체기관인 피부·심장혈관·선천적 기형을 가진 어린아이의 귀 정도를 프린팅하는 데 성공했으며, 좀 더 복잡한 장기를 프린팅하기에는 아직 기술이 충분히 개발되지 않은 상태다.

한국 특화 분야: 서양의학과 한의학 지식이 융합된 헬스케어

한국은 1900년대 초 문호를 개방한 이후 받아들인 서양의학(西方) 뿐만 아니라 삼국시대(약 7세기)부터 천 년을 넘게 발전시켜온 한의학(韓方)이 공존한다. 한의학 분야에서는 통일신라시대부터 '의학醫學'이라는 교육기관을 설립했고, 고려시대는 중국이 아닌 국내 한약재(鄕藥) 이용을 전제로 한 치료를 발전시켜 자주적 의학을 확립하고자 했으며, 조선 후기에는 『동의보감』을 통해 임상의학의 비약적 발전을 이루어왔다.

일제강점기를 지나고 서양의학이 들어오면서 잠시 주춤하던 한의학의 발전은 1962년부터 한의학 전공자가 서양의학 전공자와 마찬가지로 의료인으로 인정되면서 현재 12개 대학에서 3500명의 한의학도를 교육시키고 있으며, 1만 명의 한의사가 활동하고 있다(김남일, 2016). 또한 한방치료를 받기 위해 내한하는 해외 환자 증가율이 연평균 70.3%로 전체 해외 환자 연평균 증가율인 46.6%를 크게 상회하고 있을 정도로(『경제정책해설』, 2013) 한의학은 외국 환자 유치에 경쟁력이 높다. 게다가 한의학은 만성질환에 강점을 가지고 있어 최근 증가하는 노인인구와 만성질환 환자를 고려한다면 한의학의 디지털화와 서양의학과 한의학 지식이 융합된 형태의 헬스케어 시장은 무한한 성장 잠재력이 있다. 특히 한국 고유의 특성과 경쟁력을 살릴 수 있다는 점에서 주목할 분야다. 그러나 현재 한의학의 디지털화 과정은 완전 초보 단계이고 서양의학과의 융합은 먼 이야기인 것이 현실이다. 그럼에도 불구하고 최근 들어 한의학의 디지털화 잠재력을 입증해주는 다음과 같은 사례들이 나타나고 있다.

- **임산부의 입덧 억제를 위한 손목 착용 헬스기기** 이 기기는 수궐음심포경手厥陰心包經의 경혈인 내관內關(PC-6)을 자극하면 입덧을 포함한 소화기 증상이 완화된다는 원리에서 착안한 것으로 릴리프밴드RelifBand가 그 예다.
- **건강상태와 질병을 진단하는 설진기** 한방에서는 혀를 통해 건강상태와 질병을 진단하는 설진이 많이 이루어지는데, 이를 3D 영상기술과 접목하여 '설 영상측정 장치(설진기)'를 만든 것이다.
- **한의 임상자료에 기반한 진단 시스템** IBM의 의료용 왓슨처럼 인공지능을 활용한 한의 진단 전문가 시스템Oriental medicine Diagnosis System, ODS을 제공하는 것이다.

미래 헬스케어의 고용과 업무는 어떻게 변화할 것인가

역할 중심에서 과업 중심으로, 폐쇄적 고용에서 개방적 고용으로

디지털 기술이 '일work' 환경에 깊이 적용될수록 자동화가 가능한 직업들이 사라지는 것은 물론이고, 고용형태가 변화된다(그림 6-6

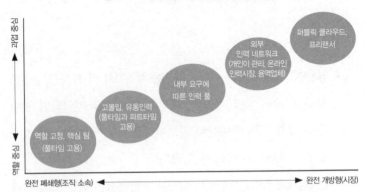

그림 6-6   미래 헬스케어의 고용형태 변화

역할 고정, 핵심 팀
(풀타임 고용)

고몰입, 유동인력
(풀타임과 파트타임
고용)

내부 요구에
따른 인력 풀

외부
인력 네트워크
(개인이 관리, 온라인
인력시장, 용역업체)

퍼블릭 클라우드,
프리랜서

완전 폐쇄형(조직 소속)   ◀   ▶   완전 개방형(시장)

* Accenture consulting (2017b).

참조). 디지털 기술을 '과업' 환경에 적용할 때 얻고자 하는 바는 '과업 생산성 및 과업 효율성'을 향상시키는 것이다. 이를 달성하기 위해서는 필수적으로 모든 과업을 최소 단위로 분석하고, 이를 바탕으로 과업의 통합·삭제·자동화·아웃소싱을 결정한다. 이 과정에서 소요되는 시간, 요구되는 기술 및 지식 등(과업 명세서)을 정교하게 정의할 수 있기 때문에 과거처럼 역할role(간호사같은)에 기반하기보다 과업task(의료검사 안내 등)에 기반하여 고용이 이루어진다.

또한 디지털 기술은 일하는 장소에 대한 물리적 제약을 제거해줄 뿐만 아니라 다양한 기술과 지식을 가진 인력 플랫폼에 대한 접근성을 높여줘 인력 수요자와 공급자 간의 미스매치mismatch를 대폭 줄여준다. 이러한 현상은 결국 고용의 형태를 파괴시켰다. 기존에는 한 조직에 소속되어 공식적인 근무시간을 다 채우는 풀타임의 폐쇄적 고용이 대부분이었으나, 요즘은 본인이 원한다면 어디에도 소속되지 않은 채 기업들과 필요에 따라 계약을 맺는 장소·시간·소속감 등으로부터 벗어난 형태의 고용이 이루어지고 있다. 이 같은 현상을 '긱이코노미'라고 부르며 최근 점차 늘어나는 추세다.

2017년 엑센추어 컨설팅이 헬스케어 산업에 종사하는 임원을 대상으로 한 설문조사에 따르면 임원의 71%가 '주문형on-demand 인력 플랫폼'을 이미 사용하고 있다고 응답했다. 또한 의료진을 직접 만나지 않고 앱을 통해 자문을 받는 가상 진료 서비스에 대한 소비자의 관심을 묻는 설문에 응답자의 70% 이상이 16종의 가상 진료 서비스 중 절반 이상에 대해 관심을 표명했고, 응답자의 50% 이상이 전 종목 서비스에 관심을 가졌다. 이처럼 디지털 기술에 따른 헬스케어 고용형태 변화는 이미 진행 중에 있고, 소비자 역시 그 변화를 받아들일 준비가 되어 있다.

개방형 고용은 후선업무부터 출발, 점차 전방업무로 이동

외부 시장을 통해 인력 고용의 유연성을 증대하는 개방형 고용의 시작은 후선업무back-office를 중심으로 일어나고 있다. 후선업무란 환자를 직접 상대하지 않지만 의료기관의 원활한 운영을 위한 지원업무를 말한다. 이 업무의 예로는 회계 및 재무관리, 법률 관련 업무, IT 및 의료기기 유지·보수 관리, 인력관리, 연구개발 등이 있다. 개방형 고용이 전방업무front-office가 아닌 후선업무에 먼저 도입되는 이유는 전방업무의 주체인 간호사와 의사의 고용에 대한 규제가 훨씬 엄격하기 때문이다. 의사를 개방형으로 고용하려면 의료기관의 필요에 따라 자유롭게 온라인 인력 플랫폼에서 의사를 조달·계약할 수 있어야 한다. 하지만 자신이 소속된 의료기관에서만 의료행위를 하도록 현행법으로 규정되어 있어 규제의 변화 없이는 의료진의 개방형 고용은 쉽지 않아 보인다.

그럼에도 고용 변화의 중심에 있는 의료업무는 '방사선 전문의radiologist'다. 이 업무는 다른 업무와 달리 환자를 직접 대면하지 않아도 되기 때문에 고용 변화가 상대적으로 쉽다. 또한 반복적으로 영상을 읽어 비정상적인 것을 찾아내는 이 업무는 디지털 기술을 통한 자동화의 가능성도 높다. 이러한 이유로 기계학습 기술을 통한 컴퓨터 지원 탐지computer-aided detection, CAD 기능은 현재 방사선 전문의를 도와 더욱 빠른 속도로 더욱 정확하게 영상을 해독하고 있다. 또한 상대적으로 전문 지식이나 기술을 덜 필요로 하는 간호 보조원nursing triage assistance과 콜센터 도우미들을 좀 더 쉽게 온라인 인력 플랫폼을 통해 고용하려는 경향이 늘 것으로 기대된다. 한국 대형 병원들은 이미 환자를 병에 따라 분류하고 검사가 필요한 경우 환자를 안내하는 등 간호 보조 업무를 전담하는 간호사를 외부 용역업체를 통해 고용하고 있다.

미래 헬스케어 산업에서 축소될 가능성이 높은 업무들
디지털 기술은 반복적 업무, 규칙 기반rule-based 업무를 좀 더 쉽게 자동화하는 경향이 있기 때문에 이 같은 업무에서는 기계의 역할이 커질 가능성이 있다. 당분간은 기계들이 행정직원·간호사·의사·약사 등 의료 관계자를 도와 보조역할을 하고 사람은 주요 업무에 집중하여 일의 생산성과 효율성을 높이겠지만, 미래에는 아래와 같은 반복 및 규칙기반 업무는 사람보다 기계에 의존하는 경향이 높아질 것이다.

- **병원 예약, 접수, 수납 등과 같은 행정 업무** 키오스크kiosk에 의존
- **의료 물품, 비품, 의료기자재 등의 조달과 요구 부서에 배달하는 내부 물류관리 업무** inbound logistics 물류 로봇과 공급망 관리 솔루션에 의존
- **다양한 형태의 영상을 해독하고 진단하는 영상진단 업무** AI솔루션에 의존
- **질병의 진단 및 치료계획 결정 업무** AI솔루션에 의존
- **약국의 약 제조 및 전달 업무** 약사 로봇에 의존
- **규칙적인 환자 상태 체크 업무** 케어-로봇에 의존

또한 수술로봇, XR 기반의 교육 및 훈련 프로그램, 3D 프린팅 기술의 발전으로 아래와 같은 업무들이 축소될 경향이 예상된다.

- **수술로봇의 등장** 외과의 수술업무 축소
- **XR 기반의 교육 및 훈련 프로그램의 등장** 의대와 대학병원에 소

속된 교수들의 교육업무 축소

- **3D 프린팅 기술의 발전**
  - 보철 및 치과 임플란트를 과거 방식으로 제조하는 업체 업무 축소
  - 약의 프린팅과 온라인 배달의 등장은 오프라인 약국의 업무를 축소시키고 온라인 약국을 활성화
  - 장기 프린팅은 병원의 장기이식센터와 질병관리본부의 장기이식센터의 업무를 축소

해결해야 할 기술적·제도적·윤리적 과제

기술적 과제

대역폭, 저장용량, 계산능력의 물리적 한계

미래 헬스케어 세상은 웨어러블 기기와 의료기기들이 24시간 인터넷에 연결되어 있고, 실시간으로 원격 모니터링 및 진료가 가능하고, 빅데이터를 순식간에 분석해내며, 대용량의 의료정보를 수초에 업로드 및 다운로드할 수 있는 곳이다. 이런 세상이 구현되려면 대역폭bandwidth, 저장공간storage, 계산능력compute의 '무제한성'이 요구되지만 현실은 셋 모두 물리적 제한을 가지고 있다. 실시간 의사소통과 정보교환의 필수 요소인 대역폭은 여전히 4G에 머물러 있고, 5G는 이제 겨우 상용화하는 단계다. 저장공간의 경우는 자

율주행자동차만 놓고 보았을 때 1초에 1G바이트의 데이터를 생성하는 상황인데, 이를 저장할 수 있는 공간의 확보가 언제까지 가능할지 의문이다. 마지막으로 계산속도의 핵심인 트랜지스터의 성능 역시 예전만큼 빠른 속도로 향상되지 않고 있고, 양자컴퓨터 기술의 상용화는 아직도 요원한 상태다.

이 같은 문제를 극복하는 대안으로 헬스케어 관련 기관들이 제시하는 전략은 아래와 같이 '말단의 스마트화 edge architecture'라 할 수 있다(Accenture consulting, 2018c).

첫째, 사방에 스마트한 단말기기를 심어놓는 것이다. 환자의 생체신호, 라이프로그 등을 알아서 수집 및 모니터링하고 그 결과에 응급 대응할 수 있는 기기를 주변에 가능한 많이 심어놓는 것이다.

둘째, 클라우드에 정보를 업로드하여 분석한 후 그 결정을 단말기에 전달하는 과정과 단말기에서 자체적으로 분석 후 결정하는 두 과정의 밸런스를 유지하는 것이다. 즉 단말기 정보를 클라우드에 올려 분석한 후 다시 단말기에 명령하는 과정을 줄임으로써 빠른 시간 안에 의료적 대응을 할 수 있게 된다.

셋째, 환자의 하드웨어를 활용하는 것이다. 이것은 첫 번째와 맥락을 같이하는 것으로 환자가 가지고 있는 스마트기기가 있다면 이를 충분히 활용하라는 것이다.

만약 말단에 있는 기기들이 스마트하지 않고 데이터 수집과 서버로의 전달만 가능하다면 모든 의사결정은 의료기관의 클라우드에 올려 분석한 후 다시 기기들에 명령하는 과정으로 진행해야 한다. 그러려면 엄청난 대역폭, 저장공간, 컴퓨팅 능력이 요구될 것이다. 이는 결국 시간을 지연시켜 즉각적인 응급처치를 어렵게 만들고, 심지어 환자를 사망에 이르게 할 수 있다. 결국 '말단의 스마트화'는 빠른 의사결정과 즉각적인 처치를 가능하게 해준다는 장점이 있다(Box1 참조).

Box1: 말단의 스마트화 사례

NeuroPace(미국)는 신경자극 기기neurostimulation device를 발작질환을 가진 환자의 뇌에 외과적으로 삽입하여 기기가 자체적으로 모니터링하여 발작을 예방하도록 함.

Autonomous Healthcare(미국)는 중환자 의료기기에 달린 소형기기(기계 학습된)로 중환자의 활력 징후를 모니터링하여 알아서 자동적으로 약물을 주입하고 조절하도록 함.

＊Accenture consulting. (2018c).

AI에 투입되는 의료 데이터의 편향성 문제

AI는 질병의 진단, 적합한 치료, 약물의 선택과 같은 중대한 의료 의사결정에 큰 도움을 줄 수 있는데, 이 서비스를 성공적으로 제공하기 위해서는 광범위한 데이터를 기반으로 한 학습이 필요하다. 이 과정은 엄청난 속도로 아이에서 어른으로 성장하는 것과 유사하다. 즉 많은 데이터가 빠른 속도로 AI에 투입되면 될수록 어린아이 수준의 학습능력은 급속히 어른의 학습능력으로 진화하고, 그에 따라 질병의 진단 및 치료와 약물 선택의 적중률이 높아진다. 존재만 한다면 대량의 데이터를 AI에 투입하는 것은 그리 어렵지 않다. 그러나 투입하는 데이터의 편향성을 줄이는 것은 쉽지 않다. 왜냐하면 아카데믹 저널의 발행용 논문, 학회 발표용 논문, 정부 및 민간연구소의 보고서 등 문서화된 의료 데이터들은 후진국이나 신흥국보다 경제 수준이 높은 선진국에서 발행·발표·확산될 가능성이 상대적으로 높기 때문이다. 이뿐만 아니라 어떤 질병이 중년 남성에게서 더 많이 발생되기 때문에 대부분의 실험이 중년 남성을 대상으로 했다면, 연구 결과 자체가 편향성을 갖게 된다. 이같이 편향된 데이터로 학습한 AI가 신흥국가인 베트남의 중년 여성에 대해 제대로 진단을 내리고 올바른 치료법과 약물을 추천할 수 있을지 의문이다. 따라서 AI를 활용해 의료 서비스를 제공하는 기관들은 어떤 데이터로 훈련을 받고 있는지를 주의 깊게 살펴볼 필요가 있으며, AI 데이터의 편향성으로 말미암아 발생될 위험·실수·유해성을 줄여주기 위한 노력을 지속적으로 기울여야 한다. Box2는 이 같은 노력의 예를 설명한 것이다.

Box2: 해독 AI

'해독 AI Decoding AI'란 AI가 학습하는 데이터의 편향성 문제를 해결하기 위해 제시되는 대안으로 아래 두 가지 개념을 제시하고 있다.

• **설명 가능한 AI** Explainable AI 의료적 의사결정에 도달한 전 과정이 모두 설명될 수 있어야 한다는 개념으로, 의료기관이 사용하는 AI 시스템은 사람이 이해할 수 있는 형태(언어 또는 그림같은)로 의사결정 과정 및 결과에 대해 쉽게 설명할 수 있어야 한다. 의료 관계자들이 이러한 AI의 설명을 듣고 최종 결정을 내림으로써 실수나 유해한 결과를 줄일 수 있다.

• **책임질 수 있는 AI** Responsible AI AI를 활용하는 의료기관은 AI 시스템이 취하는 모든 의사결정에 대한 책임을 신중하게 생각해야 한다. 그래서 AI 시스템이 책임감 있게 행동할 수 있도록 훈련시켜야 한다.

위와 같은 개념을 실현시키기 위해서는 불투명한 프로세스(일명 블랙박스 문제)를 통해 결론을 내리는 AI 행동을 비전문가에게 설명할 수 있는 '설명담당자explainer'와 AI 시스템에게 '책임감 있는 행동'을 훈련시킬 수 있는 'AI 전문 훈련가trainer'가 필요하다.

＊Accenture consulting, (2018c)와 도허티와 윌슨 (2018)을 참고하여 작성.

데이터의 신뢰성과 보안성을 완벽히 확보해줄 기술의 부재

미래 헬스케어는 AI의 도움을 받아 광범위한 데이터를 기반으로 한 의사결정이 보편화될 것이다. 이 같은 상황에서는 데이터를 읽고 분석하는 작업의 상당한 역할을 AI가 맡아서 하게 될 텐데 AI에 투입되는 데이터가 편향된 것을 넘어 거짓이거나 불완전하다면 의사결정에 크나큰 오류를 발생시킬 것이고, 이는 환자와 소비자에게 엄청난 두려움으로 다가올 것이다. 또한 환자와 소비자가 의료진과 의료기관을 믿고 맡긴 정보가 누군가의 실수로 또는 누군가의 의도에 의해 변경되거나, 해킹으로 정보가 유출되어 불법 시장에서 거래되는 상황이 발생할 수 있다.

액센추어가 미국 전역 의사를 대상으로 진행한 설문조사에 따르면 응답자의 83%가 사이버 공격을 당한 경험이 있다고 한다 (Accenture consulting, 2018c). 이 같은 사이버 공격의 위험은 미국만이 아니라 한국에도 있는데, 과거 대형 포털사이트·전자상거래 사이트·백화점, 심지어 금융기관까지 개인정보가 유출된 사건이 있었다. 더욱이 의료 데이터는 사람의 목숨과 직결되기 때문에 환자 및 소비자들이 데이터의 신뢰성과 보안성이 뚫릴 가능성이 있다고 믿는 순간 헬스케어 산업의 미래는 어두워진다. 따라서 의료기관 및 의료 서비스 제공업체는 반드시 데이터의 수명주기 전체에 걸쳐 어떤 배경하에 탄생했고, 누가 어떤 목적으로 사용했으며, 현재 어디에 저장되어 있는지 등의 히스토리를 완벽하게 증명할 수 있어야 한다. 또한 데이터의 기록, 사용, 저장, 유지와 관련하여 비정

상적인 행위를 신속하게 적발하여 대응할 수 있어야 한다.

최근 의료 분야뿐만 아니라 전 분야에서 데이터를 효과적으로 기록·관리할 수 있으며, 위·변조가 불가능하고 개인정보 유출 가능성을 낮출 수 있는 최고의 대안으로 블록체인 기술이 제시되고 있다. Box 3에서 보듯이 이 기술은 헬스케어의 다양한 분야에 이미 적용되고 있지만, 이제 막 걸음마를 뗀 수준이라 기술 자체가 갖는 한계가 있다.

블록체인 기술을 헬스케어에 적용했을 때 발생 가능한 대표적인 문제점으로 다음 세 가지를 들 수 있다(한현욱, 2018). 첫째, 유통되는 의료 데이터의 형태와 구조는 영상정보를 포함한 임상데이터·유전체 데이터·생체로그 데이터 등 복잡하기도 하지만, 그 양이 상상을 초월할 정도로 방대하다. 따라서 하나의 블록에 저장한다는 것은 현실적으로 거의 불가능하고, 거래속도 또한 빠르지 못할 것이다. 둘째, 데이터의 유통을 위해서는 데이터의 표준화가 선결되어야 하는데, 앞서 언급했듯이 의료 데이터의 구조와 형태가 매우 복잡하여 표준화가 쉽지 않다는 점이다. 셋째, 데이터의 소유자가 원한다면 데이터의 변경 및 폐기와 다른 서비스 플랫폼으로의 이동이 가능해야 하는데, 현재의 기술로는 블록체인에 한번 올라가면 변경·폐기뿐만 아니라 이동도 어렵다는 문제가 있다. 사실 변경 및 폐기의 불가능성은 보안성을 높이는 장점이라고 할 수 있지만, 개인정보 보호 차원에서는 데이터 소유자가 원하는 대로 데이터를 통제할 수 있어야 한다. 이 같은 문제들이 해결된다면 블록체인 기술은 의료 데이터의 보안성과 신뢰성을 높이는 데 큰 공헌을 할 것으로 기대된다(Box3 참조).

Box3: 헬스케어 블록체인 국내외 대표 사례

MedRec(미국): 환자 치료에 대한 정보의 공유와 상호운영 가능한 전자 건강기록 구현을 목적으로 한다.

Gem Health(캐나다): 약물 공급망, 자동차보험, 사회기반 서비스 등 다양한 분야에서 활용 가능한 공유 ID체계 구축을 목표로 블록체인을 구성한다.

Mediledger(미국): 의약품 운반과 공급 관리를 위해 개발된 플랫폼으로 모든 처방 의약품을 상호운영 가능하게 하여 공급된 의약품의 식별 및 추적관찰을 제공한다.

HealthCoin(미국): 만성질환 합병증 예방을 위해 웨어러블 기술로 환자를 추적관찰한 내용을 실시간으로 보험사나 의료기관에 보내 의료 서비스의 효율을 제고하고 참여한 환자들에게 재정적 보상을 제공한다.

Certon(한국): 여러 의료기관을 연계한 의료 제증명 문서의 발급과 사용이력 관리를 제공한다.

Medibloc(한국): 환자가 직접 여러 의료기관에 분산된 자신의 의료정보를 통합, 관리 및 유통하는 서비스를 제공한다.

Mygenomebox(한국): 개인에게 유전체 분석 결과에 대한 서비스를 제공하고, 이 데이터를 제약사 및 연구기관에 제공한다.

＊한현욱. (2018).

법 · 제도적 과제

자유경쟁주의보다 보호주의를 강조하는 법 · 제도

스마트 헬스케어는 전통적으로 규제가 상당히 적은 디지털 및 모바일 산업과 가장 규제가 심한 헬스케어 산업이 융합된 형태라 할 수 있다. 이처럼 전혀 다른 강도의 규제를 받던 두 산업이 결합된 스마트 헬스케어를 어느 정도로 규제하는 것이 바람직한지에 대한 결정은 정책 입안자에게 큰 고민이 아닐 수 없다. 게다가 한쪽에서는 빠른 기술혁신을 위해 강한 규제보다 시장에 맡겨놓는 자유경쟁주의가 바람직하다고 하고, 다른 쪽에서는 신기술의 안전성과 효과성이 확실치 않고 제품 및 서비스에 대해 판매자의 설명에 지나치게 의존하는 정보 비대칭information asymmetries의 심각성 때문에 정부가 나서서 강하게 구매자를 보호할 필요성이 있다고 한다. 헬스케어 산업을 규제하는 법·제도는 똑같이 설득력 있는 두 주장을 균형 있게 적용할 필요가 있다.

그럼에도 디지털을 기반으로 한 헬스케어의 신제품 및 신서비스는 과거 헬스케어 산업에서 했던 대로 강한 보호주의를 적용하려는 경향이 있다. 그 이유는 이전 헬스케어 제품들은 대부분 의료기기로 간주되었고, 소비자에 대한 위해 가능성이 높아서 엄격한 규제를 적용하는 것이 당연했기 때문이다. 게다가 의료기기 심사를 담당하는 식품의약품안전처와 소비자를 보호하는 공정거래위원회 같은 규제기관과 산업계의 스마트 헬스케어의 사용목적, 특성, 위해도에 대한 이해의 격차가 크기 때문이기도 하다. 새롭게 등장하는 스마트 헬스케어 중 상당 부분은 의료기기[2]로 간주되지 않고 소비자에 대한 위해 가능성도 낮은데 '의료기기법'이라는 동일한 규제를 적용한다면 지나친 보호주의로 산업 경쟁력을 잃어버리는 결과를 가져온다. 따라서 스마트 헬스케어 중 무엇이 의료기기이고 비의료기기인지, 위해의 강도는 어떤지 정확히 판단할 수 있는 지침이 필요하고, 그에 따라 규제 강도를 차별화해야 할 것이다. 이 같은 필요성에 따라 한국정부는 디지털 기술을 바탕으로 개발된 다양한 헬스케어 기기의 의료기기 판단지침과 허가·심사지침을 제공하는 가이드라인을 최근 꾸준히 소개해왔다(Box 4 참조).

이와 같은 국내 가이드라인은 의료기기와 비의료기기를 구분하여 정부의 간섭과 시장의 역할을 균형 있게 적용하려는 노력으로 여겨진다. 이 덕택에 비의료기기 품목을 공급하는 업체들은 규제에서 벗어남으로써 사업의 불확실성을 대폭 줄일 수 있게 되었다. 그러나 '스마트 헬스케어'라는 유망산업의 국내 법·제도는 여전히 자유경쟁과 보호를 균형 있게 적용하기보다 '보호'를 강조하는 경향이 짙다. 이 같은 실례로 한국의 식품의약품안전처는 모바일 앱을 의료기기에 해당하는 것과 의료기기에 해당하지 않는 것으로만 구분하고 의료기기에 해당하는 것은 모두 규제하겠다는 태도를 취하고 있다. 반면 미국 FDA는 재량에 따른 규제 대상enforcement discretion을 별도로 정해서 의료기기라 하더라도 환자에게 영향을 적게 끼치는 경우 규제를 행사하지 않겠다는 유연한 태도를 취하고 있다.

Box4: 의료기기와 비의료기기 판단 및 허가·심사 지침 제정 국내 사례

'모바일 의료용 앱 안전관리 지침' 최초 제정(2013. 12): 의료기기 관리 대상 범위, 허가 심사 및 품질관리 방안, 유통판매 및 사후관리 방안 등의 내용을 포함함.

'의료기기와 개인용 건강관리(웰니스) 제품 판단기준' 최초 제정(2015. 7): 의료기기의 판단 기준, 개인용 건강관리 제품 종류 및 예시, 의료기기 해당여부 검토 및 이의 신청, 지도·점검 등의 내용을 포함함.

'의료기기 소프트웨어 허가·심사 가이드라인' 마련(2007. 8 최초 제정, 2015. 7 개정): 의료기기 소프트웨어의 특성(독립형 SW·내장형 SW·모바일 의료용 앱을 포함), 의료기기 소프트웨어 안정성 등급, 의료기기 소프트웨어 기술문서 작성법, 의료기기 소프트웨어 첨부자료 등의 내용을 포함함.

'빅데이터 및 인공지능 기술이 적용된 의료기기의 허가·심사 가이드라인' 최초 제정(2017. 11): 의료기기 구분 기준 및 품목 분류, 허가·심사 방안의 내용을 포함함.

＊ 보건복지부 법령 및 국가법령정보센터 참고하여 저자 작성.

또 다른 예로는 기존 헬스케어 제도의 규제지향성을 줄이고 시장지향성을 높인 '첨단의료기기 개발 촉진 및 기술지원 등에 관한 특별법'과 '체외진단의료기기법'에 대한 입법화가 2018년에도 실패했다는 것이다. '첨단의료기기 개발 촉진 및 기술지원 등에 관한 특별법'은 현행 법과 제도로는 첨단의료기기의 개발속도와 기술적 특성을 반영하지 못하기 때문에 새로운 규제 시스템이 필요하다는 배경하에 등장한 것이다. 이 특별법은 첨단의료기기의 신속 허가 및 심사와 첨단의료기기 개발 촉진 및 기술 지원을 목표로 한다. 한편 '체외진단의료기기법'은 질병의 조기진단 및 예방의 중요성으로 체외진단 의료기기의 시장 잠재력이 커지고, 이에 대한 대응으로 미국·EU·중국 등 주요 국가는 산업의 활성화를 위해 체외진단 의료기기를 위한 별도의 법률을 마련했는데, 한국은 그렇지 못함을 배경으로 하고 있다. 이 법률은 의료기기와 별도로 체외진단 의료기기의 특성에 맞는 임상시험, 허가·심사, 품목 분류 관련 제도를 개선하고 체외진단 의료기기 기술 개발을 지원하는 것을 내용으로 한다. 그리고 체외진단 의료기기는 디지털 기술의 적용 및 상용화가 매우 활발한 영역이기도 하다. 두 법 모두 과도한 '보호'를 줄이고 '경쟁'의 역할을 높여 균형을 맞추려는 시도였으나 아직 입법화되지 못했다. '규제'와 '자유' 어느 한쪽에 치우친 헬스케어의 법과 제도는 산업발전과 국민건강 양쪽에 도움이 되지 않는다. 향후 관련 법제의 수정, 개선, 수립이 있을 때마다 이 과제는 반드시 해결되어야 할 것이다.

개인정보 보호의 실효성이 약한 현행 법·제도

미래 헬스케어는 환자별로 맞춤화된 정밀의료와 치료보다는 예방 중심의 의료를 제공하는 것이 목적이다. 이를 위해서는 사람들의 민감정보에 해당하는 건강 및 의료 정보의 수집·저장·분석 과정은 필수 불가결하며, 수집되는 정보의 양이 많아야 우리가 꿈꾸는 헬스케어 서비스를 제공할 수 있다. 그런데 이 과정에서 개인정보가 유출될 수 있고, 그 결과 경제적·심리적 불이익, 차별, 테러 및 방해공작 등과 같은 사생활 침해가 일어날 수 있으며, 그 가능성은 기하급수적으로 늘어나는 데이터 수집 양과 비례할 것이다. 이 같은 위험성을 제거하기 위해서 가장 보편적으로 실시하는 제도가 개인별 사전동의informed consent다. 그러나 이 제도는 다음과 같은 이유들로 개인정보를 제대로 보호할 수 없다.

- 사전동의를 하는 사람들이 무엇을 동의하고 있고, 동의했을 때와 동의하지 않았을 때 어떤 차이가 발생하는지 등 **사전동의 내용을 정확히 이해하는 사람이 드물다. 또한 학력 수준에 상관없이 누구나 이해하는 것이 쉽지 않고, 핵심만 간략하게 기술되어 있지도 않다.** 매우 작은 글씨의 길고 긴 법률 언어로 기술되어 있거나 여러 번 클릭해야 구체적인 내용을 확인할 수 있다.
- **완전한 사전동의 이외에 다른 선택권이 주어지지 않는다.** 대부분의 스마트 헬스케어 서비스를 이용하기 위해서는 개인정보 수집, 저장, 활용에 전적으로 동의해야 한다. 그러지 않은 경우 서비스를 제공받지 못하거나, 제공 내용에 큰 제약이 따른다.
- 스마트 헬스케어 서비스 제공업체, (빅)데이터 분석 전문업체

와 같은 제3업체는 데이터의 예측력과 정밀성을 높이기 위해 무차별적으로 데이터를 수집하여 활용하려 할 것이다. 그러나 이 경우 **모든 사람들에게 사전동의를 받는 것은 시간과 비용 측면에서 현실적으로 불가능하다.**

스마트 헬스케어의 질을 높이기 위해 산업계에서는 빅데이터 활용의 요구가 높지만 앞서 말했듯이 개인별 사전동의 확보가 어렵다는 게 큰 걸림돌이다. 이 같은 문제를 해결하기 위해 개인정보에서 개인을 식별할 수 있는 정보를 제거하여 특정 개인을 알아볼 수 없게 하는 비식별화de-identification 또는 익명화anonymization라는 제도를 채택하고 있으나, 이 제도 역시 다음과 같은 이유로 실효성이 낮아질 수 있다. 참고로, 한국의 현행 개인정보 보호를 위한 제도는 비식별화된 정보라도 다른 정보와 결합하여 특정 개인을 알아볼 수 있으면 식별정보로 간주되어 불법으로 처리된다. 또한 비식별화 조치가 법률이 아니라 '비식별화 조치 가이드라인'을 통한 권고사항이다.

• 스마트 헬스케어 사용자에게 유용한 서비스를 제공하기 위해서 제3자인 정보처리자들은 사전동의를 받은 데이터뿐만 아니라 내·외부 원천으로부터 비식별화된 데이터를 통해 의미 있는 정보를 추출할 수 있어야 한다. 그러나 한국의 경우 비식별화 조치에 관한 사항을 법률상 구체적으로 정하지 않

고 있어 **정보처리자들은 혹시 법에 저촉되지 않을까 하는 두**
려움 때문에 데이터의 비식별화뿐만 아니라 비식별화된 데
이터 사용을 주저한다.

- 부가가치가 높은 스마트 헬스케어 정보를 산출하기 위해서
  는 비식별화된 데이터 간의 결합 분석이 요구된다. 문제는 **데**
  이터를 결합을 하다 보면 의도하지 않게 개인을 식별할 수
  있는 경우가 종종 발생하고, 이는 개인정보보호법에 위반된
  다. 왜냐하면 국내 개인정보보호법에 따르면 '해당 정보만으
  로는 특정 개인을 알아볼 수 없더라도 다른 정보와 쉽게 결
  합하여 알아볼 수 있는 것'을 개인정보로 간주하기 때문이다.
  정보처리자의 의도와 관계없이 데이터 결합을 통해 처리된
  결과물의 유통은 불법이기 때문에 현실적으로 데이터의 비
  식별화는 큰 의미가 없어 보인다.

- 스마트 헬스케어의 궁극적 목적은 완벽히 개인에 맞춤화된
  서비스를 제공하는 것이다. 즉 제3자인 정보처리 업체가 비
  식별화된 정보를 가지고 분석하더라도 **최종적으로 서비스 제**
  공업체 손에 쥐여지는 정보는 식별화가 되어야 맞춤화된 서비스
  를 제공할 수 있다. 현행 제도하에서 이것이 가능하려면 최
  종 서비스 제공업체가 서비스 수혜자에게 사전동의를 받거
  나, 정보처리 업체와 활용된 개인정보에 대한 기밀보장계약
  confidentiality contract을 맺어야 가능하다. 그러나 둘 다 현실적
  으로 쉬운 일이 아니다. 활용된 모든 데이터를 사전동의받는

것도 어렵고, 정보처리 업체의 기밀보장계약을 영원히 할 수
도 없는 노릇이다.

　　마지막으로 다른 상품과 마찬가지로 스마트 헬스케어 서비스는
글로벌 시장 확보를 위해 국경을 넘어 제공되고 있다. 그러나 지
역마다 개인정보 보호에 대한 제도가 달라 기업 입장에서 대응하
기가 쉽지 않다. 스마트 헬스케어가 가장 발달된 미국은 공공부문
과 민간부문을 포괄하여 개인정보 보호에 관한 사항을 정하는 일
반법이 없다. 대신 미국 연방정부가 보유·관리하는 개인정보 보호
를 목적으로 하는 '연방 프라이버시법Feberal Privacy Act'이 있으며,
나머지는 산업 또는 기술에 따라 별도의 법을 정해 개인정보를 보
호하고 있다(개인정보보호위원회, 2017). 즉 미국은 개인정보 보호에
관하여 시장의 자율규제를 원칙으로 삼아 규제범위를 최소화함으
로써 개인정보의 처리 및 활용에 개방적인 태도를 취하고 있다(임
창균, 2012). 반면 유럽연합은 2016년 5월 24일 공공과 민간을 포
괄하고 법률적 제재가 가능한 개인정보 보호에 대한 일반법인 '일
반 개인정보 보호 규칙General Data Protection Regulation, GDPR'을 제정했
다. 과거에는 민간과 공공 부문을 위한 가이드라인으로 'EU개인
정보보호지침'이 있었으나 이는 법적 효력이 없었다. 그러나 EU
GDPR은 2018년 5월 25일부터 EU회원뿐만 아니라 EU 역내에
서 활동하는 기업은 모두 따라야 하고 그러지 않을 때는 법적 효력
이 발생된다. 만약 일반사항 위반 시는 전 세계 매출액의 2% 또는

1천만 유로(약 125억 원) 중 높은 금액이, 주요 사항 위반 시는 전세계 매출액의 4% 또는 2천만 유로(약 250억 원) 중 높은 금액이 과징된다. EU시장을 포기하지 않는 한 전 세계 기업은 EU GDPR이 제시하는 수준을 맞춰야 한다. 그런데 EU GDPR은 미국이나 한국의 개인정보 보호에 비해 정보주체의 권한이 한층 강화되었고, IT 기술 발전의 현실을 고려하여 다양한 사항을 디테일하게 요구하고 있어 미국을 제외한 주요 선진국들은 자국의 개인정보 보호를 EU GDPR 수준에 맞추려는 노력을 진행하고 있다. EU회원국에서 탈퇴한 영국조차도 EU GDPR의 원칙을 수용한 것으로 알려졌다.

장기적으로는 OECD국가를 중심으로 개인정보 보호에 대한 일반원칙을 공유하는 노력이 있어야 할 것이다. 그래야 글로벌하게 활동하는 기업들이 서로 다른 제도 때문에 치르는 비용을 최소화할 수 있고, 관련 산업도 더욱 발전할 수 있기 때문이다. 그러나 단기적으로는 한국도 EU GDPR 수준에 맞춰 국내 개인정보보호법을 변경할 필요가 있다. EU의 요구 수준과 비교했을 때 국내 제도는 없는 것들이 상당 부분 있어서 EU에 진출하는 기업은 한마디로 '맨땅에 헤딩하는' 식의 어려움을 겪을 수 있기 때문이다.

Box5는 최근 EU시장에서 활동하고 있는, 또는 EU시장 진출을 계획하는 국내 기업이 준수해야 할 EU의 GDPR을 한국의 '개인정보보호법'과 비교하여 설명한 것이다. 이 설명은 공통점과 차이점을 발견하여 차이점에 대한 대비에 도움을 줄 뿐만 아니라 EU GDPR의 몇몇 조항은 앞에서 언급한 제도적 문제를 해결하는 데 중요한 가이드가 될 수 있다. 두 제도의 공통점은 다음과 같다.

- 공공과 민간 영역을 모두 포괄하고, 법적 구속력이 있으며, 건강정보를 '민감정보'로 간주하여 정보주체자의 동의하에서만 정보처리가 가능하다.

한편 차이점은 아래와 같다.

- EU법은 개인정보의 범위를 광범위하게 정하고 있고, 정보주체에 반대할 권리, 개인정보 이동권, 자동화된 결정 및 프로파일링 관련 권리를 추가하여 한국보다 정보주체자의 권익을 좀 더 강하게 보호한다.
- 그러나 EU법은 '가명화'를 통한 비식별화 조치를 명확히 규정함으로써 익명 처리된 정보는 더 이상 식별할 수 없는 비가역적인 정보로 간주되어 GDPR의 제재를 벗어날 수 있다. 즉 기업에게 규제의 회색지대를 줄여줌으로써 사업의 기회를 높이고, 법적 비용을 줄여준다는 장점이 있다.
- 한국의 법은 '개인정보 처리자'를 동일 집단으로 간주하여 의무를 부과하는데, 사실 현실에서는 다양한 형태의 정보처리자 유형이 존재할 수 있다. 즉 정보처리자도 원청(GDPR에서 콘트롤러), 하청(GDPR에서 프로세서) 등으로 구분할 수 있고 의사결정 권한이 많을수록 책임도 많이 져야 하기에 정보처

리자 유형별로 의무규정도 달라져야 할 것이다. EU의 법은 이 같은 현실을 잘 반영한 것으로 평가된다.

• 기술발전 현실을 반영한 또 다른 예로는 정보주체의 권한 중 '개인정보 이동권'과 '자동화된 결정 및 프로파일링 관련 권리'의 추가다. 즉 개인정보 이동권이 보장됨으로써 한 정보처리자가 개인정보를 모두 가지고 있다는 이유로 다른 정보처리자로 서비스를 변경하지 못하는 상황에서 벗어날 수 있고, 정보처리자 역시 더 많은 정보에 접근할 수 있다는 장점이 있다. 후자는 사람의 개입이 배제된 상태에서 오직 기계적으로만 개인정보가 처리되는 것을 방지하기 위한 것으로 디지털 기술에 기반한 각종 상업적 마케팅 기법의 발달 추세를 반영한 것으로 여겨진다(김태엽, 2018).

• EU는 '설계에 의한 정보보호 data protection by design'를 규정함으로써 개인정보 처리 기업이 디지털 헬스케어 상품 개발 초기 단계부터 정보주체의 개인정보 보호를 반드시 사전적·선제적으로 고려하도록 하고 있어 '사후적 규제'보다 '예방적 권고'라는 의미가 크다. 즉 기업 입장에서 개인정보 보호에 의해 발생되는 위험을 사전에 줄일 수 있는 효과가 있다.

Box5: 한국 개인정보보호법과 EU 일반개인정보보호규칙의 비교

비교 항목	한국 개인정보보호법	EU 일반개인정보보호규칙
포괄성	공공부문과 민간부문을 포괄하는 개인정보 보호에 관한 일반법	공공부문과 민간부문을 포괄하는 개인정보 보호에 관한 일반법
제정/시행일	2011년 3월 29일 제정 2011년 9월 30일 시행	2016년 5월 24일 제정 2018년 5월 25일 시행
법적 구속력	있음	있음
개인정보의 정의	• '개인정보'란 살아 있는 개인에 관한 정보로서 성명, 주민등록번호 및 영상 등을 통하여 개인을 알아볼 수 있는 정보(해당 정보만으로는 특정 개인을 알아볼 수 없더라도 다른 정보와 쉽게 결합하여 알아볼 수 있는 것을 포함)를 말함(제2조).	• '개인정보'란 식별되었거나 식별 가능한 자연인(정보주체)과 관련된 모든 정보를 의미함. • '식별 가능한 자연인'은 직접적 또는 간접적으로 식별될 수 있는 사람을 의미하며, 특히 이름, 식별번호, 위치정보, 온라인 식별자 등의 식별자를 참조하거나, 하나 또는 그 이상의 신체적·생리적·유전적·정신적·경제적·문화적 또는 사회적 정체성에 대한 사항들을 참조하여 식별할 수 있는 사람을 뜻함 (제4조 1항).
개인정보 처리자의 정의	• '개인정보처리자'란 업무를 목적으로 개인정보파일을 운용하기 위하여 스스로 또는 다른 사람을 통하여 개인정보를 처리하는 공공기관, 법인, 단체 및 개인 등을 말함(제2조).	• 컨트롤러controller란 개인정보의 처리 목적 및 수단을 단독 또는 제3자와 공동으로 결정하는 자연인, 법인, 공공기관, 에이전시, 기타 단체를 의미함(제4조 7항). • 프로세서processor란 컨트롤러를 대신하여 개인정보를 처리하는 자연인, 법인, 공공기관, 에이전시, 기타단체를 의미함(제4조 8항). • 수령인recipient은 제3자인지 여부와 관계없이 개인정보를 공개·제공받는 자연인, 법인, 공공기관, 에이전시, 기타 단체를 의미함(제4조 9항).

		• 제3자는 정보주체, 컨트롤러, 프로세서, 컨트롤러·프로세서의 직권에 따라 개인정보를 처리할 수 있는 자를 제외한 모든 자연인, 법인, 공공기관, 에이전시, 기타 단체를 의미함(제4조 10항).
정보주체의 권리	• 개인정보의 처리에 관한 정보를 제공받을 권리 • 개인정보의 처리에 관한 동의 여부, 동의범위 등을 선택하고 결정할 권리 • 개인정보의 처리 여부를 확인하고 개인정보에 대하여 열람을 요구할 권리 • 개인정보의 처리 정지, 정정, 삭제 및 파기를 요구할 권리 • 개인정보의 처리로 인하여 발생한 피해를 신속하고 공정한 절차에 따라 구제받을 권리(제4조)	• 정보를 제공받을 권리Right to be informed (제13조, 제14조) • 반대할 권리Right to object (제 21조) • 정보주체의 열람권Right of access by the data subject (제15조) • 정정권Right of Rectification (제16조) • 삭제권('잊힐 권리')Right of erasure 'Right to be forgotten' (제17조) • 처리에 대한 제한권Right of restriction of processing (제18조) • 개인정보 이동권Right of data portability (제20조) • 자동화된 결정 및 프로파일링 관련 권리Right to related to automated decision making and profiling (제22조)
비식별조치	• 비식별조치에 대한 명확한 규정이 없음.	• 개인정보에 대한 비식별 조치의 방법으로 가명화pseudonymisation를 정하고 있음. • 가명화는 추가적인 정보의 사용 없이 더 이상 특정 정보주체를 식별할 수 없는 방식으로 수행된 개인정보의 처리를 의미함(제4조 5항). • 가명화를 거친 개인정보가 추가적인 정보의 사용에 의해 특정 개인의 속성으로 인정되는 경우 식별된 자연인에 대한 정보로 간주함(제26조).

		•개인정보를 가명화하는 경우 해당기업은 data protection by design and default 의무를 충족할 수 있고, 개인정보를 보호할 수 있는 보안적 관점에서 장점 등이 있음.
민감정보의 처리 제한	'민감정보'란 사상·신념, 노동조합·정당의 가입·탈퇴, 정치적 견해, 건강, 성생활 등에 관한 정보, 그 밖에 정보주체의 사생활을 현저히 침해할 우려가 있는 정보로 정보의 처리를 금지함. 단, 정보주체로부터 동의를 받은 경우 등에 한해 처리가 허용됨(제23조).	'민감정보'란 인종·민족, 정치적 견해, 종교·철학적 신념, 노동조합의 가입여부를 나타내는 개인정보의 처리와 유전자정보, 자연인을 고유하게 식별할 수 있는 생체정보, 건강정보, 성생활·성적 취향에 관한 정보로 정보의 처리를 금지함. 단, 정보주체의 명시적 동의explicit consent가 있는 경우 등에 한해 처리가 허용됨(제9조).
컨트롤러, 프로세서의 일반적인 의무	없음	•컨트롤러는 개인정보 처리의 성격, 범위, 목적, 위험성 등을 고려하여 개인정보의 처리가 GDPR을 준수하여 수행되는 것을 보장하고 이를 입증할 수 있는 적절한 기술적·조직적 조치를 이행해야 함(제24조). •공동컨트롤러는 당사자 간의 합의를 통해 정보주체의 권리보장 등 GDPR에 따른 책임에 대해 각자의 의무를 투명하게 결정해야 함(제26조). •프로세서initial processor가 컨트롤러를 대신하여 다른 프로세서와 함께 일하는 경우, 다른 프로세서가 개인정보 보호의무 불이행시, 프로세서는 다른 프로세서의 의무 불이행에 대해 컨트롤러에게 전적인 책임full liability을 짐(제28조, 제29조).

| 디자인과 디폴트 원칙에 따른 데이터 보호 | 없음 | • 기업이 개인정보 보호를 검토하고 이를 개인정보 처리활동에 반영하였음을 입증하기 위한 기술적·조직적 조치를 실시할 의무가 있음(data protection by design and by default, 제25조).
• 이러한 조치는 개인정보처리의 최소화, 처리에 필요한 보호조치, 가명화 등이 해당됨. |

*국내 '개인정보보호법'과 EU '일반개인정보보호규칙'을 참조하여 저자 작성.

의료관계자의 자발적 참여가 힘든 현행 의료보험체계

여기서 제시되는 헬스케어의 비전을 달성하기 위해서는 스마트 헬스케어의 제품과 서비스를 국민 대다수가 경험할 수 있어야 한다. 즉 의료관계자들이 환자들에게 스마트 헬스케어를 쉽게 권고할 수 있어야 하는데, 그러려면 국민건강보험 급여 항목에 포함되어야 한다. 그렇지 않으면 비싼 의료비를 지불해야 할 스마트 헬스케어를 의사가 권고할 명분이 약하고, 자칫 잘못하면 평가기관으로부터 과잉 및 부당 의료행위라는 비난을 받을 수 있다. 그런데 한국의 의료보험체계 특성상 스마트 헬스케어를 국민건강보험으로 적용받는 것은 몹시 어려워 보인다. 한국 의료보험체계는 저비용, 고효율을 지향하는 대표적인 시스템이기 때문이다. 한정된 자원으로 전 국민에게 다양한 의료 서비스를 지원해야 하기 때문에 고비용 첨단 의료기술에 대한 급여화가 어렵고, 이 같은 상황에서 스마트 헬스케어를 단기간에 건강보험의 급여 영역으로 도입할 가능성은 희박해 보인다(장경국, 2018).

둘째, 우리나라는 의료인이 제공한 의료 서비스(행위·약제·치료 재료 등)에 대해 서비스별로 가격(수가)을 정하여 사용량과 가격에 의해 진료비를 지불하는 '행위별 수가제free-for-service'를 채택하고 있기 때문이다. 이 같은 제도하에서는 식이요법, 규칙적 운동관리, 규칙적 생체로그 모니터링 앱이나 AI를 이용한 질병 진단의 도움과 같은 스마트 헬스케어는 의료인이 제공한 의료 서비스에 해당되지 않아 보험 적용이 불가능하다. 이 같은 이유로 의료관계자들이 스마트 헬스케어 발전에 자발적으로 참여할 동기가 약한 것이다. 그러나 헬스케어의 스마트화를 거스를 수 없다면 출현하는 스마트 헬스케어를 한시라도 빨리 국민건강보험에 도입할 수 있는 전략구상이 필요하다.

윤리적 과제

디지털 헬스케어 사업의 상당 부분을 차지하는 IoHT 및 IoMT와 헬스케어 데이터에서 가장 큰 윤리적 이슈는 개인정보 보호다. 대부분의 디지털 헬스케어는 데이터 기반으로 이루어지기 때문에 데이터의 수집, 저장, 분석 등이 관련된 헬스케어 서비스는 모두 개인정보 보호 이슈를 안고 있다. 그런데 이 이슈는 법·제도적 과제에서 이미 다루었기 때문에 여기에서는 개인정보 보호 이외의 윤리적 이슈를 다루고자 한다.

바이오프린팅으로 야기되는 윤리적 과제

헬스케어 3D 프린팅 기술이 매우 다양한 형태의 사업기회를 제공하고 있음은 앞서 살펴보았다. 여러 형태의 헬스케어 3D 프린팅 중에서도 인체의 조직이나 기관을 프린팅하는 '바이오프린팅'의 윤리적 이슈가 크다. 그 이슈들로 다음과 같은 것들이 있다(Karrenbrock, 2018).

- **건강한 라이프스타일에 대한 인간의 태도 변화** 바이오프린팅 기술이 획기적으로 발전하여 필요할 때마다 인체기관을 교체할 수 있다면 건강한 라이프스타일에 대한 생각과 관련된 각종 노력에 사람들은 의문을 갖기 시작할 것이다. 담배가 자신의 폐를 망친다는 사실을 알지만 망친 폐는 금방 프린팅한 폐로 대체할 수 있는데, 왜 담배를 끊어야 하지? 라는 의문과 함께 건강한 신체를 유지하려는 노력도 무시될 것이다.
- **신체기관에 대한 분배는 공정함보다 빈부격차 발생** 거래가 가능해진 신체기관은 가장 필요로 하는 사람보다 구매력을 보유한 사람에게 분배될 것이다. 즉 프린팅한 신체기관을 구매할 돈이 없거나 이를 보장해주는 보험이 없는 환자들은 기존의 전통적인 이식을 위한 대기명단에서 자기 차례를 기다려야 한다. 부자일수록 원하는 신체기관을 쉽게 분배받을 수 있고 빈자일수록 그 반대가 될 것이다.
- **프린팅의 원료가 되는 셀의 원천에 따른 문제** 프린팅의 재료인

셀의 원천cell source이 배아줄기세포embryonic stem cells인 경우 인간의 생명을 파괴한다는 윤리적 논쟁이 심하다. 그리고 다른 사람의 셀을 사용하는 경우 원하지 않는 질병의 전이, 밝혀지지 않은 위험 등 안전성에 문제를 일으킬 수 있다. 마지막으로, 인간이 아닌 종자의 셀을 사용하는 경우 알려지지 않은 세균의 영향이나 부작용과 같은 안정성 문제뿐만 아니라, 가장 숭고한 인간의 몸에 인간이 아닌 종자의 셀을 유입한다는 것은 종교적으로 수용하기 어려울 수 있다.

• **신체성능이 강화된 슈퍼군단과 클론프린트 등장** 바이오프린팅 기술이 고도로 발달되면 모든 신체기관을 프린트할 수 있고, 더 나아가 성능을 강화시켜 만들어낼 수 있는 세상이 올 것이다. 이런 세상에서 운동선수는 몸값을 올리기 위해 문제가 없는데도 성능이 강화된 신체기관으로 교체하려 들 것이다. 정부도 교전 군인들의 체력을 상대국보다 높이기 위해 비슷한 행동을 할 것이며, 이 같은 현상은 돈 많은 일반인들에게도 확산될 것이다. 결국 인간이 갖고 태어난 기관을 30세도 되지 않아 모두 새롭게 교체한 슈퍼군단들이 등장하고, 이들이 사회의 새로운 상류층으로 간주될 것이다. 이처럼 하나씩 하나씩 신체기관을 교체하다 보면 결국 인간의 모든 부위를 프린트할 수 있는 기술이 실현되고, 이 기술은 인간 전체의 복사본을 다시 프린트하는 경우가 된다. 즉 '클론프린트clone print'라는 새로운 윤리적 이슈가 등장하게 되는 것이다. 현재 클론

은 비윤리적이고 불법으로 간주되고 있다.

위와 같은 윤리적 문제를 해결하기 위해 특허법을 활용하는 것이 대안이 될 수 있다. 특허의 핵심 역할은 발명자들에게 발명의 노력에 대한 합리적 보상을 제공함으로써 발명을 촉진하는 것이다. 이 같은 합리적 보상이 가능한 것은 특허를 기반으로 상업화에 성공하면 특허 발행과 유지, 또는 라이센싱 비용보다 수십, 수천 배 더 큰 이익이 발생되기 때문이다. 한편 같은 이유 때문에 윤리적으로 문제가 되는 발명과 그 발명의 상업화를 효과적으로 방어할 수 있는 것도 특허시스템이다. Box6에서 보듯이 유럽 특허법은 특허 시행규칙을 통해 바이오프린팅에서 파생될 수 있는 윤리적 문제를 회피할 수 있도록 특허를 부여할 수 없는 발명 항목 네 가지를 명확히 명시하고 있다. 반면 한국은 바이오프린팅과 직결되는 발명과 관련해서 특허심사 기준에 "인체를 사용하는 발명을 실행할 때 필연적으로 신체를 손상시키거나, 신체의 자유를 비인도적으로 구속하는 발명 및 인간의 존엄성을 손상시키는 결과를 초래할 수 있는 발명은 특허를 부여할 수 없다"고 명시하고 있지만 손상의 기준이 불명확하여 법적 논쟁의 여지가 많은 단점이 있다.

특허를 부여할 수 없는 발명은 한국과 유럽 모두 '공공질서와 도덕성을 해치는 상업적 개발이 가능한 발명'이라는 데는 이견이 없다. 그러나 나라별 문화와 사회 시스템에 따라 공공질서와 도덕성에 대한 수용 정도가 다를 수 있기 때문에 한국이 유럽의 것을 반

Box6: 특허를 부여할 수 없는 조항에 대한 한국과 유럽의 차이

항목	한국	유럽
특허법	특허법 제32조(특허를 받을 수 없는 발명): '공공의 질서 또는 선량한 풍속에 어긋나거나 공중의 위생을 해칠 우려가 있는 발명'에 대해서는 제29조 1항(산업상 이용할 수 있는 발명으로 특허요건을 충족하는 경우 특허를 받을 수 있음)에도 불구하고 특허를 받을 수 없음.	Article 53 EPC*Exceptions to patentability, 특허자격의 예외): 유럽 특허는 다음 각 항목에 해당되는 경우 특허를 부여할 수 없음. (a) 공공의 질서ordre public 또는 도덕성에 위배되는 상업적 개발이 가능한 발명 (b) 식물 또는 동물변종, 또는 식물 또는 동물의 생산에 필수적인 생물학적 과정 (c) 수술 또는 처치를 통해 사람 또는 동물의 몸을 치료하기 위한 방법, 사람 또는 동물의 몸을 상대로 실습되는 진단 방법
특허심사 기준 및 시행규칙	특허 및 실용신안 심사기준 제3부 제6장(불특허 발명 등): 1. 공서양속을 문란하게 하는 발명 (1) 공공의 질서(국가사회의 일반적 이익)와 선량한 풍속(사회의 일반적·도덕적 관념)을 문란하게 하는 발명 (2) 인체를 사용하는 발명으로 발명을 실행할 때 필연적으로 신체를 손상시키거나, 신체의 자유를 비인도적으로 구속하는 발명 및 인간의 존엄성을 손상시키는 결과를 초래할 수 있는 발명 (3) 당해 발명의 본래의 목적 이외에 부당하게 사용한 결과 공서양속을 문란하게 하는 경우는 포함되지 않음. 2. 공중위생을 해할 염려가 있는 발명	EPC의 특허시행규칙implementing regulations Rule 28: 위에서 언급된 Article 53(a)하에서 다음과 같은 우려가 발생되는 생명공학적 발명에 대해서 특허를 부여하지 않음. (a) 인간 복제를 위한 과정 (b) 인간의 생식세포계열의 유전적 신분을 변경하는 과정 (c) 산업적 또는 상업적 목적을 위한 인간 배아의 사용 (d) 사람 또는 동물에게 큰 의료적 혜택이 없음에도 동물에게 고통을 야기시켜 동물의 유전적 특성을 조정하는 과정

* EPC: European Patent Convention. (유럽특허조항).

한국의 특허법과 특허 및 실용신안 심사기준, 유럽의 특허법과 특허시행규칙을 참조하여 저자 작성.

드시 따라야 할 필요는 없다. 그러나 공론화를 통해 바이오프린팅
과 같은 혁신적 기술이 야기하는 공공질서 및 도덕성 위해에 대하
여 정의하고, 이를 기반으로 한 특허 불허 발명 항목을 명시할 필요
가 있다. 그래야 산업계 및 연구계 모두 엉뚱한 곳에 쏟는 시간과 비
용을 줄일 수 있다. 마찬가지로 국제적 공론화도 필요할 것이다.

헬스케어 로봇의 윤리적 과제

헬스케어 로봇은 서비스 제공자와 사용자 모두에게 다양한 혜택을
줄 수 있다. 특히 제공자는 운영비용을, 사용자는 의료비용을 크게
절약할 수 있고 한국을 비롯한 선진국들의 노인인구 증가에 따른
노인간병 문제도 효율적으로 해결할 수 있다는 큰 장점이 있다. 그
러나 이 장점은 다음과 같은 윤리적 이슈도 불러일으키고 있다.

- **헬스케어 종사자의 일자리 대체 가능성** 헬스케어 로봇 중에 일반
  인들에게 가장 효과적으로 알려진 것은 간병로봇이라 할 수
  있다. 이 간병로봇은 노인인구의 급증과 같은 인구통계 구조
  의 심각한 변화를 해결하기 위한 대안으로 등장했다. 그런데
  간병로봇들이 환자의 가족 및 간호사를 보조하는 역할을 하
  면서 단기적으로 간호조무사와 간병인 같은 미숙련직의 일
  자리를 대체할 가능성이 높고, 장기적으로 로봇기술이 더욱
  발전하면 숙련직의 역할까지 대체할 가능성이 높다. 따라서
  헬스케어 로봇의 공급이 사회가 안고 있는 노인인구 증가 문

제를 해결하는 유일한 대안인지를 숙고해볼 필요가 있다.

- **간병이 차갑고 비인간적인 형태로 변화** 헬스케어 로봇이 간병인을 완전히 대체하게 되면 단순히 일자리의 대체를 넘어서 인간적이고 따뜻함을 느낄 수 있는 간병이라는 일의 특성까지도 대체하는 것이다. 로봇은 주로 피간병인의 행위(약의 복용, 화장실 가기, 식사, 수면 등)만을 살펴 그에 합당한 대처와 간병 서비스를 제공한다. 그러나 피간병인은 건강 유지와 생존을 위한 적합한 행위 이외에 사람과 소통하고 싶다는 사회적 욕구와 따뜻한 감정을 느끼고 싶다는 감정적 욕구를 가지고 있기 때문에 질 높은 간병이라면 이 역시 만족시켜주어야 한다. 그러나 로봇이 이 같은 욕구를 만족시켜줄 수 있을지 현재로서는 의문이다. 종국에는 노인들을 로봇에 방치함으로써 인간사회로부터 격리시키는 결과를 낳을 수도 있는 것이다.

- **인간-로봇 협업하의 로봇의 자율성, 역할, 책임소재의 문제** 인간과 로봇이 함께 헬스케어 업무를 실행할 경우 로봇이 갖는 자율성의 정도, 그들의 역할, 책임의 소재를 어떻게 정의하는 것이 윤리적으로 합당한지 규명해야 한다. 헬스케어 영역에서 인간의 감독 없이 로봇이 자율성을 갖는 것이 윤리적으로 합당한가? 로봇이 인간의 보조역할을 넘어서는 것이 맞나? 문제가 발생했을 때 책임은 누가 져야 하는가? 인간의 감독 하에 있다면 사람이 모두 책임져야 하는가? 만약 인간의 감독지시를 따르지 않았거나 인간에게 최종 확인절차를 거치

지 않고 로봇이 일방적으로 행동을 했다면 누가 책임져야 하나? 로봇은 과연 어떤 식으로 책임을 질 수 있나? 같은 수많은 윤리적 문제들에 대한 답변이 필요하다.

Box7에서 스탈B. C. Stahl과 코켈베르그M. Coeckelbergh(2016)가 제시한 헬스케어 로봇의 등장으로 발생되는 윤리적 문제를 해결하기

Box7: 헬스케어 로봇의 윤리적 문제 해결 대안

첫째, 처음부터 윤리를 연구개발 프로젝트 및 프로그램의 한 부분으로 간주

- 가장 이상적인 방법은 연구 프로젝트 기간 내내 모든 연구자가 참여하여 윤리에 대해 지속적으로 소통하는 것임.
- 개발 기술에 대한 윤리적·사회적 결과를 평가하는 것이 연구 프로젝트의 질을 좌우하는 핵심적인 일임. 외부에 있는 철학자나 사회학자가 평가하는 것이 아니라 개발 참여자인 공학자와 과학자가 협력하여 스스로 알아내야 함.

둘째, RRI 개념의 도입

- Horizon 2020의 재원을 받고 하는 모든 연구개발 프로젝트는 RRI 원칙을 따라야 함.
- RRI는 사회적 주체와 혁신자들은 혁신과정과 상용화된 제품의 윤리적 수용성, 지속가능성, 사회적 이상성에 대한 의견을 상호 호혜적으로 교환하는 투명하고 쌍방향적인 과정을 의미함.

＊Stahl and Coeckelbergh. (2016).

위한 방안 두 가지를 설명했다. 첫째, 처음부터 윤리를 연구개발 프로젝트 및 프로그램의 한 부분으로 가져가는 것이다. 둘째, 책임감 있는 연구 및 혁신Responsible Research and Innovation, RRI 개념을 도입하는 것이다.

스마트 헬스케어의 비전은 다른 소비재 산업과 마찬가지로 생산자인 의료진 중심에서 소비자인 환자 중심으로 '민주화'가 구현되는 것이다. 즉 헬스케어 제품 및 서비스를 설계할 때부터 환자의 의견을 적극 반영하고, 치료과정에 환자가 참여하여 의료진과 공동으로 의사결정할 수 있으며, 환자의 의료 및 건강 데이터에 대한 주권 행사가 가능하고, 환자별로 철저히 맞춤화한 의료 서비스가 제공되며, 노인도 당당하게 독립적으로 살 수 있는 헬스케어가 제공되는 사회가 바로 한국 스마트 헬스케어의 미래 모습이다. 그러나 이를 위해서는 기술적, 법·제도적, 윤리적 측면에서 아직 해결해야 할 과제가 많다.

다시 한번 요약하면, 기술적 과제는 첫째, 대역폭·저장용량·계산능력의 물리적 한계다. 상상을 초월한 데이터의 통신, 저장, 계산 능력을 감당할 장치를 개발하거나 창의적인 다른 대안이 필요하다. 둘째, AI에 투입되는 의료 데이터의 편향성을 해결할 방법이 마련되어야 한다. 셋째, 데이터의 신뢰성과 보안성을 완벽히 확보해줄 수 있는 기술 개발이 절실하다. 블록체인 기술이 주요 대안으로 제시되고 있으나, 헬스케어 산업에 적용하기에는 한 블록에 저장 가능한 데이터 용량·거래속도·데이터의 자유로운 이동·데이터의 삭제 등에 한계가 있어 이 문제가 한시바삐 해결되어야 할 것이다.

법·제도적 과제로는 첫째, 현행 법과 제도가 자유경쟁주의와 보호주의라는 두 가지 원칙의 균형을 유지하기보다 정부의 간섭과 보호를 강조하는 경향이 있다. 특히 스마트 헬스케어는 디지털 기술이 적용된 제품 및 서비스로써 상당 부분은 의료기기가 아님에도 불구하고 의료기기에 준해 강하게 규제하는 경우가 많다. 둘째, 현행 법과 제도는 개인정보를 효과적으로 보호하지도 못하면서 개인정보 보호라는 이유로 스마트 헬스케어 업체들의 사업에 제약을 가하고 있다. 셋째, 한국 국민건강보험은 대표적인 저비용, 고효율 의료 시스템으로 스마트 헬스케어와 같은 고비용 첨단기술 의료를 급여 항목에 포함시키기가 어렵다. 또한 행위별 의료수가 제도를 채택하고 있는데, 스마트 헬스케어는 의료행위로 보기 힘든 경우가 많아 역시 건강보험 적용이 쉽지 않다. 스마트 헬스케어는 국민 건강을 증진하는 데 크게 공헌할 것이 확실시될 뿐만 아니라 경제성장 잠재력까지 높은데 왜 현행 법과 제도가 방해하는 역할을 해야 하는가? 법과 제도는 소비자에게 해를 가하지 않는 선에서 스마트 헬스케어의 개발·보급·확산을 촉진하는 쪽으로 반드시 바뀌어야 할 것이다.

세 번째 과제는 바이오프린팅과 헬스케어 로봇의 등장으로 공상과학소설에서나 나올 법한 다양한 윤리적 문제에 답을 준비해야 한다는 것이다. 만약 모든 신체기관의 프린팅이 가능해진다면 자신의 신체에 대한 인간의 태도는 분명 변할 것이다. 여전히 신체를 아껴야 한다고 교육시키는 것이 옳은가? 아니면 신체의 소중함에 덜 신경 써도 괜찮다고 해야 하는가? 바이오프린팅의 상업화는 장기 분배에서 빈부격차를 발생시킬 가능성이 높다. 이 문제는 어떻게 해결할 것인가? 국민건강보험을 적용시켜 모든 이에게 공정한 기회를 줄 것인가? 또한 로봇이 인간과 협업한다면 로봇의 자율성, 역할, 책임소재는 어떻게 결정할 것인가? 간병로봇의 등장은 노인을 로봇에 방치함으로써 인간사회로부터 격리시키는 사회적 문제를 낳을 수도 있는데, 이것은 어떻게 해결할 것인가? 이 같은 윤리적 문제에 답을 얻기 위해서는 시간이 걸리더라도 연구개발 초기 단계부터 개발자와 사회구성원 간에 투명하고 상호호혜적인 의사소통을 통해 결정해야 한다. 그리고 한국도 EU의 Horizon 2020에서처럼 정부의 재정지원을 받는 연구개발 프로젝트에 RRI 개념을 적절히 도입할 필요가 있다.

마지막으로 한의학이라는 한국 고유의 경쟁력을 디지털 기술 및 서양의학과 접목하여 다른 나라와는 확연히 차별화되는 분야를 개발하고 선점할 수 있어야 한다. 어쩌면 '디지털 기술의 급속한 침투'라는 환경 변화로 말미암아 기존 헬스케어 기업들이 혼란을 겪고 있는 지금이야말로 후발자인 한국에게는 치고 나갈 수 있는 절호의 기회이며, '한의학의 디지털화'는 글로벌시장에서 경쟁력이 약한 한국기업이 시작하기 좋은 틈새시장이 될 수 있다.

제7장

미래 한국 도시의 비전

하드웨어를 변경하지 않고 만드는
스마트시티, 스마트리빙

시스템뿐만 아니라 삶을 바꾸는 스마트리빙

인공지능AI과 빅데이터big data로 대표되는 4차 산업혁명이 과연 10년 후의 도시의 모습에도 영향을 끼칠 수 있을까?

아마 일반인을 대상으로 설문조사를 한다면 그 대답은 "글쎄요"라는 답이 많을 것이다. 그것도 그럴 것이 일반적으로 신도시를 건설하려면 한국의 경우는 약 10년 이상의 기간이 소요된다. 정부가 신도시를 계획하고 설계한 후에 토지를 수용하는 절차를 거쳐서, 상하수도와 통신시설 등 기반시설을 갖추고, 그 위에 주거시설을 건설하기 때문이다. 하지만 실제 현실에서 벌어지고 있는 일을 보면 인공지능과 빅데이터가 조만간 도시의 모습을 크게 바꾸어놓을 것 같다. 4차 산업혁명 기술은 10년이면 도시의 풍경을 지금과는 다른 모습으로 바꾸어놓을 수 있고, 실제로 몇몇 도시에서 벌써 미래도시, 즉 스마트시티 건설 프로젝트가 진행 중이다.

스마트시티는 도시의 환경·교통·치안 등 기존의 도시 내 비효율적인 자원배분 문제를 효율적으로 해결하기 위한 시스템을 부르는 명칭으로, 최근 4차 산업혁명이 이슈가 되면서 부각이 된 개념이다. 영어로 smart city, 중국어로는 지능도시智能城市 또는 지혜도시智惠城市라고 불린다.[1] 최근 정보통신 기술의 발달로 도시 내의 환경·교통·치안 등 기존의 비효율적인 자원배분 문제를 효율적으로 해결할 수 있는 환경을 갖춤에 따라 이를 실제로 구현하기 위한 프로젝트가 전 세계적으로 진행되고 있다.

기술적으로 스마트시티는 센서 네트워크sensor network와 양방향성interactivity 기반의 효율성을 그 기반으로 하고 있다. 최근까지는 3차 산업혁명 시대의 정보통신의 발달을 기반으로 이른바 U-city가 건설되어서 도시 내의 중앙 시스템과 고속 인터넷의 환경을 갖추었다면, 4차 산업혁명 시대에는 도시 인프라에 그 초점을 맞추고 있다. 이를 스마트시티라고 부르기에는 아직 부족한 점이 많다. 도로에는 자율주행차가 다니고 이를 스마트 교통체제가 통제하며, 상하수도망은 센서를 통해 수질 및 파열을 미리 감지하고, 스마트 그리드를 통한 분산전원 거래를 통해서 전기를 좀 더 효율적으로 사용할 수 있는 도시가 바로 10년 후에 구현될 스마트시티의 모습이다. 이런 시스템을 구현하기 위해서는 전 도시가 센서로 작동하는 거대한 네트워크로 연결되어 있어야 하고, 구성원들이 생성하는 수많은 빅데이터를 인공지능이 분석해서 다시 이를 구성원들에게 전달하는 양방향성이 되어야 한다. 이러한 변화는 단순히 도시의 외형적인 변화만을 의미하지 않고 그 내에 있는 전 구성원의 삶을 바꾸게 되는데, 그 개념이 바로 스마트리빙이다.

스마트리빙smart living은 스마트시티와 관련된 전 구성원의 삶을 포괄하는 총체적 개념이다. 그 구성원은 스마트시티 내에서 스마트 관제시스템, 스마트홈, 스마트팩토리, 스마트오피스, 스마트엔터테인먼트를 공유한다. 구체적으로 스마트시티 내에 거주하는 구성원들의 이동방식이 바뀌면서 출퇴근시간의 개념이 바뀌게 되고, 주차공간의 필요성이 점차 줄어들 것이다.

이런 변화는 현재 도시의 인구 과밀화와 지가에도 엄청난 영향을 주게 된다. 이 도시의 변화는 4차 산업혁명기의 도래와 더불어 우리의 예상보다도 훨씬 더 빨리, 더 크게 우리의 삶에 영향을 끼칠 것이다. 이런 변화를 선도하는 사례들을 분석하고, 그 특성을 파악해 우리의 현실을 감안하는 이슈를 도출하는 것이 우리에게는 필수적이다. 4차 산업혁명의 기술 특성상 한번 뒤처지면 추격은 매우 어렵기 때문이다.

세계 스마트시티 동향

스마트시티의 시장규모의 증가와 향후 성장에 대한 기대로 한국을 포함해 세계 각국 정부와 기업들이 관심을 가지고 있다. 도시를 건설하는 프로젝트의 특성상 주로 정부, 또는 정부와 기업이 컨소시엄 형식으로 프로젝트를 진행하는 경우가 많다.

한국은 2018년 1월에 대통령 직속 4차산업혁명위원회에서 스마트시티 시범도시로 부산 에코델타시티와 세종시를 선정했다.[2]

스마트시티의 건설 규모와 액수 면에서 보면 중국이 압도적이다. 중국정부는 2015년, 앞으로 500개 스마트시티를 건설할 것이고, 스마트시티의 인프라 건설에만 약 1조 위엔(182조 원)을 투여하겠다고 발표했다. 인도정부 역시 2020년까지 100개의 스마트시티를 선정해서, 향후 한화로 약 19조 원을 투자하겠다고 발표했다.[3] 중국과 인도 모두 개발도상국이어서 도시화가 많이 진행되지 않았기 때문에 새로운 스마트시티 건설을 선호하는데, 이는 대규모 프로젝트로 추진되고 있다. 하지만 기존의 도시 인프라가 잘 갖추어진 미국과 유럽, 일본은 구글이나 MS 같은 거대 IT기업을 중심으로 대규모 스마트시티를 건설하겠다는 프로젝트들을 발표[4]하기도 하지만, 기존의 도시를 조금씩 개선하는 방향으로 스마트화하는 것을 선호하는 경향이 있다.

미국의 경우는 2016년 10월에 샌프란시스코, 시카고, 시애틀 등 7개 도시를 선정해서 자율주행, 커넥티드 차량, 스마트센서 등 주로 교통분야 개선에 치중하고 있다.[5] 시카고는 도로와 공원의 가로등 27만 개를 LED와 센서를 사용해 스마트시스템으로 업그레이드하면서 원격관리하고 있고, 시애틀은 도시의 온도 센서를 설치해 전력수요를 수치화하고 있으며, 콜로라도의 한 카운티는 자율주행차를 바탕으로 한 스마트 교통 시스템을 실험하고 있다.

유럽 역시 대규모의 스마트시티 건설보다는 기존 도시를 스마트화하는 방향이고, 바르셀로나·암스테르담·맨체스터 세 개 도시의 시민 수천 명은 유럽연합에서 개발한 명함 크기만 한 스마트센서를 자동차에 부착하고 주행하고 있다. 이 센서들이 감지한 차량 혼잡과 대기오염 정보는 사물인터넷IoT을 통해서 정보센터로 수집되고, 다시 실시간 알림을 통해서 개선하고 있다.[6]

이처럼 스마트시티를 건설하는 방식에는 '새로운 스마트시티를 건설'하는 방식과 '기존 도시의 하드웨어 변경 없이' 스마트시티를 만드는 방식 두 가지가 존재한다. 후자의 방식으로 스마트시티를 만들려고 추진하는 여러 도시들 중에서, 현재 이미 구체적으로 작동하는 수준에 까지 이른 세가지 케이스를 소개하고자 한다.

첫 번째 사례는 북유럽의 인구 130만의 작은 국가 에스토니아다. 에스토니아는 이미 1997년에 전자정부 시스템을 도입할 정도로 혁신에 적극적인데, 최근 수도 탈린에 가상의 스마트시티를 구현, 거주하지 않아도 이 공간에서 창업할 수 있고, 일정 요건을 갖추면 전자시민권도 발행해주고 있다.[7] 이런 환경에서 세계적 유니콘 기업인 '스카이프'가 나올 수 있었을 것이다.

두 번째 사례는 기존의 도시 인프라의 변경 없이 로보택시robo-taxi와 셔틀버스의 자율주행 테스트를 일정 기간 거친 후 이를 상업화해서 교통문제를 해결하고 있는 미국의 보스톤시다. 보스톤 시 정부는 The Go Boston 2030이라는 매우 구체적인 목표를 세우고, 이를 실현하기 위해 2015년부터 프로젝트 타임라인project timeline을 만들어 현재 차근차근 진행 중이며, 이를 위해 스마트시티를 모빌리티 플랫폼mobility platform으로 구축하고 있다.[8]

그림 7-1 **보스턴시가 추진하는 모빌리티 플랫폼** mobility platform**의 개념도**

완벽한 고객환경 구축
- 실시간 가용성에 투명성 향상
- 편리한 예약 시스템 구축

데이터 기반 정책 집행
- 교통흐름에 대한 능동적 관리
- 목표 정책 결정에 대한 효율적 홍보

모빌리티
플랫폼 실현

효율적인 교통수단 체제의 구현
- 개방적인 경쟁환경 조성

＊ Moavenzadeh and Lang,(2018), "Reshaping Urban Mobility with Autonomouse Vehicles, Lessons from the city
of Boston," World Economic Form.

세 번째 사례는 최근 중국 항저우에서 건설 중인 시티브레인City
Brain 프로젝트다.[9] 이 프로젝트는 이미 구체적으로 구현했다는 면
에서 가장 주목해야 할 프로젝트다. 시티브레인 프로젝트는 기존
도시의 하드웨어 변경 없이 스마트시티를 건설한다는 점에서는 위
의 두 사례와 마찬가지이지만, 우리는 혼합현실이라는 개념을 사
용해 스마트시티를 구현한다는 점에 주목할 필요가 있다. 또한 이
미 파일럿pilot 프로젝트로 항저우 아래에 있는 중소 도시 취저우에
이를 실행하고 있고, 일부는 시험 가동 중이라는 점에서 그 의의가
크다고 하겠다.

혼합현실을 이용해 스마트시티를 건설하다

스마트시티의 최종 목적지는 구성원들이 스마트시티 안에서 도시가 제공하는 여러 서비스를 향유하면서 다시 이를 피드백하는, 상호작용이 되는 스마트리빙이다. 하지만 구성원들이 어떻게 도시의 수많은 데이터를 공유하고, 서비스를 수평적으로 향유하면서 이를 다시 도시와 상호작용을 할 것인가는 스마트시티 건설의 과제이자 도전이다. '혼합현실Mixed Reality, MR'이라는 개념을 이용해, 빅데이터를 인공지능로 분석해서 이 과제를 해결하고자 한 프로젝트가 항저우의 시티브레인 프로젝트다.

혼합현실은 현실세계에 가상현실Virtual Reality, VR이 접목되어 현실세계의 객체와 가상세계의 객체가 상호작용할 수 있는 환경을 의미한다. 혼합현실은 현실을 기반으로 가상 정보를 부가하는 증강현실Augmented Reality, AR의 의미를 포함하는 것으로, 1994년에 폴 밀그램Paul Milgram이 최초로 제시한 개념이다.

그림 7-2 **폴 밀그램이 제시한 혼합현실의 개념도**

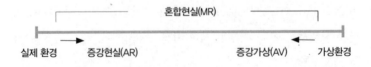

현실 – 가상(RV)의 연속성

*Paul Milgram, Haruo Takemura, Akira Utsumi, Fumio Kishimi,(1994). "Augmented Reality: A class of displats on the reality-virtuality continuum," Telemanipulator and Telepresence Technologies.

혼합현실은 공연에 응용되기도 하는데, 컴퓨터과학자 벤포드 Benford와 뉴미디어 공연이론가 지아나치Giannachi는 그들의 저서 (2011)에서 혼합현실을 구현하는 것을 제안하기도 했다. 혼합현실의 특징 중에 하나인 상호작용은 스마트시티의 특징과도 연결되는데, 이 개념을 도시공학자들이 도시에 적용해서 실시간으로 반응 real-time feedback이 가능하며, 지속 가능한 도시 계획을 위한 새로운 참여 서비스의 일환으로 이를 발전시켜 스마트시티에 혼합현실을 제안했다. 이 이론을 실제로 구현한 최초의 프로젝트가 바로 시티 브레인 프로젝트다.

시티브레인 프로젝트는 중국의 글로벌 기업인 알리바바Alibaba가 주도해 알리바바의 본사가 있는 항저우에서 건설 중에 있다. 이 프로젝트의 특징은 현재 도시의 하드웨어 변경 없이 스마트시티를 건설하는 것이고, 알리바바가 고안한 '데이터 플라이휠 효과Data flywheel effect'를 활용한다. 데이터 플라이휠 효과는 도시가 그 도시 구성원을 위해서 서비스를 제공하고, 도시 구성원들이 도시 내에서 활동하면서 생성하는 데이터를 인공지능을 통해 새롭게 창출함으로써 의미 있는 자원을 재생산한다. 이를 다시 도시 구성원이 인지하고, 상호작용에 의해 다시 데이터를 재생산하는 개념이다.

이 효과에서는 도시의 규모가 클수록 많은 데이터를 생산하게 되며, 도시와 사람을 상호작용으로 연결함으로써 도시를 하나의 생명체처럼 만들고자 한다. 스마트시티 내에서 이런 효과가 한번 발생하기 시작하면 계속해서 연쇄반응이 일어나게 되고, 스마트시

그림 7-3　데이터 플라이휠 효과에 대한 개념도

* 揚軍, (2018), 저장성 스마트시티 모델, 시티브레인의 도시 관리 사례 분석.

티는 규모와 관계없이 규모의 한계를 넘어 항상 활기를 띠게 된다.

　이 효과가 효율적으로 작동하려면 도시와 사람을 연결하는 시간과 비용을 줄이는 것이 핵심인데, 이때 수많이 생성되는 데이터를 실시간으로 클라우드에 저장하고, 이를 실시간으로 분석하는 인공지능의 역할이 매우 중요하다.

　항저우의 시티브레인 프로젝트는 항저우 아래에 있는 인구 250만 명의 작은 도시 취저우에서 치안 분야를 중심으로 파일럿 프로젝트로 실시하고 있다.

　취저우시에서는 우선 데이터를 이용해 도시의 관제센터 역할을 하는 '전량 감지 플랫폼'을 개발했다. 이를 통해서 도시종합관제시스템을 구현해 영상식별 AI 시스템을 구축한 후 치안문제 해결에 상용화하고 있다.

그림 7-4 **취저우의 위치**

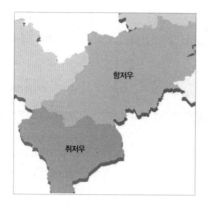

＊Baidu.com 지도.

　실제로 오토바이 도난 사건의 경우 과거에는 평균 두 명의 경찰관이 투입되어 여섯 시간이 걸려 사건을 해결했다면, 현재는 전량감지 플랫폼을 통해서 15분이면 도난 오토바이를 찾아낸다고 한다.

　스마트시티의 구성원들로부터 수집된 대량의 빅데이터 정보는 모두 알리바바의 클라우드인 '알리윈Ali Yun'에 저장될 수 있게 데이터 자원 플랫폼을 구축하고, 이 빅데이터를 인공지능이 분석한 후 의미 있는 데이터를 재생산한다. 이 점에서 알리바바가 항저우 시 정부와 항저우의 스마트시티 구축을 주도하는 것은 그 어느 기업이 참여하는 것보다 강점이 있다.

　항저우의 시티브레인 프로젝트의 최종 단계는 혼합현실을 이용해 실제 도시와 가상도시가 실시간으로 연동되는 '디지털 트윈시티digital twin city'의 구현이다.

그림 7-5 **디지털 트윈시티에 대한 개념도**

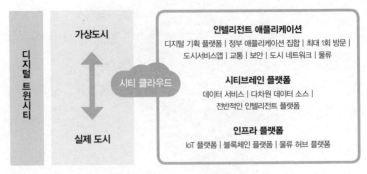

* 揚軍.(2018), 저장성 스마트시티 모델, 시티브레인의 도시 관리 사례 분석.

  이런 환류체계가 구축되면 위의 개념도처럼 도시 구성원들 각
자의 앱과 실제 행동을 통해 모인 교통·물류·보안·네트워크 등
의 빅데이터들은 스마트시티의 클라우드에 저장되고, 이는 인공지
능을 통해 의미 있는 데이터로 재생산되어 각각의 인프라 플랫폼
에 저장되어 도시 구성원들에게 다시 환류된다. 이 모든 상황은 가
상의 도시와 실제 도시가 실시간으로 동시에 움직이는 혼합현실이
구현되는 것이다(그림 7-5 참조).

인공지능을 기반으로 한
중국의 스마트시티 정책

  우선 중국의 스마트시티 정책 과정을 이해하기 위해서는 중국

중앙정부의 '차세대 인공지능 발전 계획'에 대한 이해가 필요하다. 그림 7-6은 중국정부의 시기별 차세대 인공지능 발전 계획을 요약한 것이다.

중국의 스마트시티 정책 과정의 특이한 점은 차세대 인공지능의 발전 계획의 일부로 계획되었다는 것이다. 이는 향후 중국의 스마트시티 건설이 어느 방향으로 나아갈 것인가를 예측할 수 있는 중요한 자료다. 바로 이런 배경하에 앞에서 언급한 혼합현실을 이용한 항저우의 시티브레인 프로젝트가 탄생할 수 있었다.

중국의 한 소식통[10]에 따르면 2016년 알파고와 이세돌 9단의 바둑에서 알파고의 승리에 충격을 받아 중국정부에서 차세대 핵심 사업을 모두 인공지능을 기반으로 진행했다고 한다.

그림 7-6 **시기별 차세대 인공지능 발전 계획**

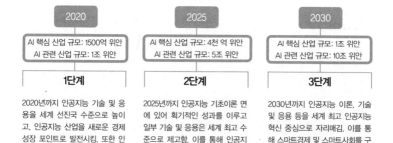

2020	2025	2030
AI 핵심 산업 규모: 1500억 위안 AI 관련 산업 규모: 1조 위안	AI 핵심 산업 규모: 4천 억 위안 AI 관련 산업 규모: 5조 위안	AI 핵심 산업 규모: 1조 위안 AI 관련 산업 규모: 10조 위안
1단계	**2단계**	**3단계**
2020년까지 인공지능 기술 및 응용을 세계 선진국 수준으로 높이고, 인공지능 산업을 새로운 경제 성장 포인트로 발전시킴. 또한 인공지능 기술 응용을 민생 개선을 위한 새로운 수단으로 발전시켜 혁신국가 반열로의 진입 및 전면적인 소강사회 실현을 위한 기초로 함.	2025년까지 인공지능 기초이론 면에 있어 획기적인 성과를 이루고 일부 기술 및 응용은 세계 최고 수준으로 제고함. 이를 통해 인공지능이 산업고도화와 경제 전환을 이루는 주요 동력이 되어 스마트사회 건설을 적극 추진함.	2030년까지 인공지능 이론, 기술 및 응용 등을 세계 최고 인공지능 혁신 중심으로 자리매김. 이를 통해 스마트경제 및 스마트사회를 구현: 이를 혁신국가 선두 반열 진입 및 경제강국 달성을 위한 주요한 기초로 함.

＊ 王喜文.(2018). 베이징 인공지능 발전 정책과 응용 사례.

최근의 항저우 스마트시티 건설 추진의 이면에는 효율적이고 빠른 항저우 시정부와 알리바바의 실행력과 더불어서 중국 중앙정부의 효율적인 정책 집행, 민간기업의 협력, 과감한 규제 혁신이 존재한다. 매우 특이한 점은 중국의 정부정책인 '국가 차세대 인공지능 발전 계획'에서 스마트시티는 알리바바, 자율주행은 바이두Baidu, 의료영상은 텐센트Tencent 등 기업별로 매칭 리스트를 만들어 추진하고 있다는 점이다.

과연 한국정부는 차세대 4차 산업혁명의 프로젝트를 추진하면서 특정 기업과 특정 프로젝트를 매칭하는 방식의 플랫폼 리스트를 만들어 추진할 수 있는가에 의문이 드는 가운데 중국의 사례는 향후 우리의 스마트시티 건설을 위한 정책에 많은 시사점을 주고 있다.

그림 7-7 중국 정부의 차세대 인공지능 오픈 혁신 플랫폼 리스트

Bai度 百度	**자율주행** 국가 차세대 인공지능 개방 혁신 플랫폼
Alibaba.com	**시티 브레인** 국가 차세대 인공지능 개방 혁신 플랫폼
Tencent 腾讯	**의료 영상** 국가 차세대 인공지능 개방 혁신 플랫폼
Tencent 腾讯	**지능형 음성** 국가 차세대 인공지능 개방 혁신 플랫폼

＊王喜文.(2018), 베이징 인공지능 발전 정책과 응용 사례.

한국의 스마트시티 프로젝트, 무엇이 문제인가

대한민국은 미국과 유럽보다 휴대전화망도 잘되어 있고, 인터넷의 속도도 빠르다. 한국은 세계의 어느 나라보다도 통신 인프라가 잘 갖추어져 있다는 강점에도 불구하고, 최근 드론·핀테크·원격의료 같은 4차 산업혁명기 산업이 중국에조차 뒤처지고 있다. 논문과 언론에서는 종종 이를 규제 때문이라고 하는데, 막연히 정부규제라고 진단해서는 그 해결책을 찾기 어려울 것이다. 이 절에서는 스마트시티의 치안과 관련한 한국 스타트업 기업의 사례를 통해서 구체적인 문제점을 지적하고자 한다.

앞에서 소개한 취저우시에서는 우선 데이터를 이용한 전량 감지 플랫폼을 개발, 관제시스템을 구현해 영상식별 AI 시스템을 구축한 후 치안문제 해결에 상용화하고 있다. 한국에서도 가능할까? 실제로 한국에서 영상식별 시스템을 개발해서 시에 제안했던 스타트업의 사례를 통해서 이를 확인해보도록 하겠다.

한국의 A기업[11]은 스마트폰으로 차량을 인식해서 이를 암호화하는 기술을 개발했고, 2015년에 보건복지부장관상까지 수상했다. 아래의 비즈니스 모델을 가지고 경기도 K시의 노인 일자리과와 체납징수팀에 사업설명회를 진행했고, 수집된 개인정보라도 암호화를 거친 후 서버를 K시에 두는 경우는 개인정보보호법에 위반되지 않는다는 유명 법무법인의 의견서도 제출했다.

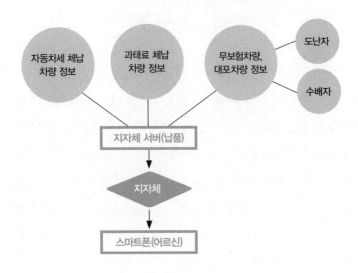

그림 7-8 **스타트업 기업 A의 비즈니스 모델 개요**

자동차세 체납 차량 정보

과태료 체납 차량 정보

무보험차량, 대포차량 정보

도난자

수배자

지자체 서버(납품)

지자체

스마트폰(어르신)

사업설명회는 비교적 성공적이었다. K시의 시장 또한 공익성도 있고 일자리도 창출하는 모델이라며 적극 밀어주겠다고 약속했으나, 문제는 엉뚱하게 전산실에서 생겼다. 행정용 스마트폰에 앱을 탑재하기 위해서는 국정원의 보완성 심사를 받아와야 한다는 K시 전산실의 요구가 있었고, 국정원은 이 요구를 완곡하게 거절했다. 국정원에서는 민간기업의 이런 심사 요청에 응해줄 필요는 없다고 판단했을 것이다.

앞의 질문에 대한 답은 한국에서는 "노"다. 취저우시처럼 도난 당한 오토바이를 15분 내로 찾으려면, 전량 감지 플랫폼에 올라온 경찰의 도난 정보를 시와 민간기업도 공유해야 하는데, 현재 한국에서는 불가능해 보인다.

사실 취저우에서 알리바바가 파일럿 프로젝트로 진행하고 있는 스마트시티 프로젝트의 총 투자금액은 한화로 약 100억 원 아래로 추산되는 금액이다. 개인정보보호법 등을 개선해서 규제를 피해도 관행적으로 존재하는 수많은 행정규제[12]들이 정리되지 않으면, 우리나라에서 스마트시티는 파일럿 프로젝트조차 시도해보지 못할 것이다. 이를 위해서 해당 프로젝트에 대한 행정규제를 철저하게 연구하고 대응책을 마련해야 할 것이다.

미래를 바꾸는 스마트시티 구현을 위해

2030년, 10년 후 도시의 구성원들은 지금과는 확연히 다른 모습으로 스마트시티라는 공간에서 스마트리빙의 가치를 누리며 살 것이다. 이런 추세는 도시 구성원의 삶뿐만 아니라, 인구의 분포와 지가에도 상당한 영향을 줄 것이다. 디지털 트윈시티가 구현되어 실시간으로 연동되는 스마트시티는 쓰레기 처리·교통문제·전력 사용이 가장 효율적인 방식으로 처리될 것이고, 범죄 없는 도시가 구현될 것이다.

또한 이런 인공지능이 관여하는 도시의 구현은 도시 내 가장 가난한 사람들의 삶을 개선시킬 것이고, 우리의 일상을 깊숙이 바꿀 것이다. 더불어 혼합현실 개념을 적용한 스마트시티의 구현은 기존의 대도시뿐만 아니라 중소도시에도 적용이 용이하기 때문에,

이런 추세는 지방의 열위성劣位性을 소멸시켜 향후 서울의 인구분포와 지가에도 영향을 끼칠 것이다.

도시의 모든 구성원의 삶을 효율적으로 바꾸는 이 비전을 위해 전 세계 많은 국가와 기업이 노력하고 있다. 스마트시티의 성공적 구현은 많은 4차 산업혁명 기술이 실제로 구현될 수 있는 장을 만드는 것이기에 그 중요성이 매우 크다. 대한민국에서 스마트시티를 구현해서 성공시키는 것은 4차 산업혁명에서 뒤처지지 않기 위한 필수 전략이다. 대한민국에서 10년 후 스마트시티 프로젝트의 성공을 위한 제안은 다음과 같다.

첫째, 혼합현실 개념을 사용해 '도시의 하드웨어 변경 없이 구현하는 스마트시티'에 대한 투자와 연구를 통해서 매우 빠른 시간 안에 한국형 스마트시티 모형을 창출해야 한다. 이미 우리는 세계 최초로 U-city라는 도시를 구현했고, 실제 세계에서 가장 많은 센서가 깔려 있는 송도 신도시[13]는 4차 산업혁명의 스마트시티를 실험하고 구현하기에 최적의 조건을 갖추고 있다.

둘째, 진행과정에서 기존 이익 생태계의 저항을 뛰어넘어 관련 규제를 꼼꼼하게 풀어나가야 할 것이다. 의료계의 반대를 무릅쓰고 원격의료 규제를 푼 일본이나, 지지층의 반대를 거스르며 '하르츠 개혁'[14]을 단행한 슈뢰더 독일 총리처럼 위에서의 규제 혁파와 더불어 과감한 인센티브 제도를 도입해서 실무진 선에서 행정규제를 개선해야 한다. 경쟁국들이 완화하거나 폐지하는 스마트시티에 대한 규제를 풀지 못한다면 전 세계적으로 확산하고 있는 스마트시티 관련 산업에서 우리는 영원히 뒤처지게 될 것이다.

마지막으로, 혼합현실 개념을 사용한 '도시의 하드웨어 변경 없이 구현하는 스마트시티' 모형을 중소도시에 우선 적용해야 할 것이다. 하드웨어 변경 없는 스마트시티의 건설은 한국의 경우에 중소도시가 대도시의 복잡한 이해관계나 규제를 피해서 오히려 적용이 용이하고, 이를 통해서 국가적으로 문제가 되는 지방의 열위성을 소멸시킬 수 있기 때문이다.

4차 산업혁명기의 도시 변화는 우리의 예상보다도 훨씬 더 빨리, 더 크게 우리의 삶에 영향을 끼치게 될 것이다. 이런 변화를 우리보다 앞서서 선도하는 사례들을 분석하고 특성을 파악해 우리의 현실을 감안하는 이슈를 도출하는 것이 우리에게는 필수적이다. 4차 산업혁명의 기술 특성상 한번 뒤처지면 추격은 매우 어렵기 때문이다.

디지털 사회 2.0 시대의 미래 한국

미래 한국의 분권화된 디지털 사회 2.0의 비전

이 책에서는 미래 한국사회의 비전을 '인간 중심의 좀 더 분권화된 디지털 사회 2.0'라고 상정하고, 이를 7대 부문으로 나누어 부문별 비전을 제시하고, 이를 실현하기 위한 기술 및 디지털 인프라 변화, 새로운 사회안전망, 소프트인프라 및 정책 변화, 해결되어야 할 규제들을 제시했다.

그 일곱 가지 영역은 우선 정치로부터 시작해서 세 개의 경제영역(기업·일자리·금융 시스템)과 세 개의 사회인프라적 영역(헬스·교육·스마트시티)이다. 정치 분야의 비전은 시민/유권자 중심의 좀 더 분권화된 정치이고, 교육의 비전은 학생 중심의 하이터치 하이테크 교육이고, 의료는 환자 중심의 좀 더 민주화된 맞춤형 의료 서비스다. 주거의 경우는 주민 중심의 혼합현실에 기반하기에 하드웨어 변경이 필요 없는 스마트시티와 스마트리빙이다. 미래 일자리의 비전은 자발적 계약직·외근 정규직 등 다양한 새 일자리의 출현이고, 기업 분야는 과업 중심의 개인기업과 소호경제의 출현이 미래상일 것이다. 마지막으로 금융 시스템에서는 블록체인에 기반하여 P2P형의 분권화된 가상화폐와 ICO(가상화폐상장)가 중심이 되는 새로운 금융체제다.

　이상의 비전들을 모아서 하나의 그림으로 표현하면 아래와 같다. 물론, 이런 분권화 중심의 비전들이 현존하는 중앙집권 및 대규모라는 모드를 완전 대체하지 못하고 양자 사이의 새로운 균형으로 미래사회가 움직일 것으로 예상되며, 이에 따라 새로운 사회안전망, 새로운 윤리규범과 규제 시스템이 필요할 것이다.

그림 8-1　**한국 디지털 사회 2.0의 미래**

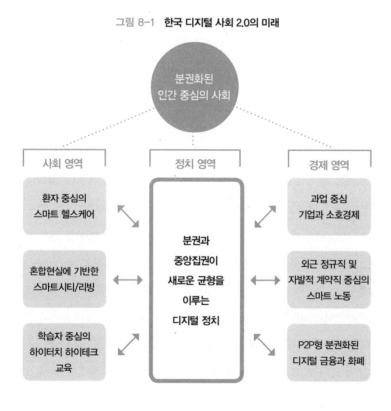

분권과 중앙집권이 새로운 균형을 이루는 디지털 정치

전통적인 대의제는 정치엘리트와 대중 사이에 수직적인 정치관계를 근본 원리로 했다. 반면 디지털 기술에 기반한 네트워크 사회에서는 정보의 디지털화, 글로벌화 그리고 개인화와 인터넷을 이용한 소셜 미디어의 활용으로 정부와 시민의 관계가 더욱 수평적으로 변화했다. 따라서 시민들은 쌍방향적인 소통으로 정책에 관해 토론하고 성찰하는 새로운 대의제 시스템을 필요로 한다. 시민들은 자신의 이해와 요구를 대표자가 대표해서 결정할 수 있다는 대의제의 기본 가정을 신뢰하지 않으며, 여론형성 과정과 정책결정 과정에 직접 참여하기를 원한다. 시민은 상시적이고 대규모로 정치과정에 직접 참여하는 제도를 기대하며, 이러한 정치 참여 과정을 통해서 진정한 민주주의를 구현하기를 원한다.

한국정치의 새로운 비전의 큰 방향은 '포스트대의제' '헤테라키 민주주의' '액상민주주의'로 대표될 수 있을 것이다. 헤테라키 민주주의는 자발적·개방적 참여와 책임성을 지닌 시민들의 역량을 강조하는 국가-시민-시장의 공치 모델이다. 포스트대의제는 대규모 시민들이 정치와 정책 과정에 참여하는 시민의 관여를 보장하고, 다양성이 보장되는 민주적 공론장을 전제로 정책과 정치 과정에서 시민의 통제가 실현되고, 동시에 결정에 대하여 시민이나 대의기구가 책임을 지는 원리에 의거해서 정치제도가 설계되어야 한다는 것이다. 이제 소셜 미디어와 스마트 디바이스를 활용한 실시간 투표가 가능해짐에 따라 정책결정 과정의 전 과정에서 정부(또는 지방정부)는 e-플랫폼을 제공하고, 이를 바탕으로 시민들의 정책 제안에 관한 토론이 진행되는 것이 헤테라키 정책결정 모델의 핵심이고, 이미 세계 각국에서 실험 중이다. 액상민주주의의 작동도 블록체인뿐만 아니라 소셜 미디어 등과 같은 인터넷 기술을 활용한 새로운 민주주의 플랫폼을 바탕으로 한다. 기본적으로 새 비전은 직접민주주의의 장점과 대의민주주의 장점을 결합한 새로운 민주주의 모델이다. 즉 4년마다 선거를 통해 의사를 표시하는 대의제는 너무 오래 기다리고 지루하기에, 소셜 미디어를 통해서 수시로 정치과정에 참여하고 자신의 권한을 이슈에 따라 다른 사람에게 자유롭게 위임하면서 수평적·분산적으로 권력을 행사하는 제도다. 이런 비전하에서 새 디지털국가는 근대 국민국가와 같은 단일 행위자라기보다는 국가-기업-사회의 복합 행위자로서의 '네트워크 국가'로 개념화할 수 있다.

과업 중심의 신종 기업과 소호경제

빅데이터, 인공지능, 블록체인 등과 같은 소프트웨어 기술은 개인과 기업을 네트워크와 플랫폼으로 연결시키면서 기존 생산체제와 산업을 재편하고 새로운 생태계를 창출하여 다양한 가치의 생성과 통합을 가능하게 한다. 소프트웨어 기술은 정보의 수입과 저장, 처리에 소요되는 거래 시간과 비용을 거의 0에 가깝게 낮추고 있기 때문에, 하나의 대기업이 수직적 통합으로 모든 것을 처리하면 효율적이던 시대가 끝나고, 이제는 과업과 거래 단위로 세분화되어야 더 효율적인 시대가 되었다. 즉 대기업의 우위성은 감소하고, 과업중심형 소기업 및 소호경제의 가능성이 커지고 있다. 대기업의 네트워크가 세부 과업으로 해체되는 대표적 사례가 바로 은행이다. 기존 은행이 제공하는 대부분의 서비스는 이제 소액송금, 결제, 세금납부, 대출 등 과업 또는 개별 서비스 단위로 쪼개져서 이를 다양한 스타트업 기업들이 수행하고 있다. 즉 디지털로 인해 기존 기업을 대체하는 과업형 기업들이 새롭게 등장하고 있는 것이다. 한편 과업기반형 경제에서 가치는 더 이상 선형적인 사슬로부터 생성되는 것이 아니라 복잡한 컨스텔레이션constellation 내에서 생성된다.

이런 새로운 기업의 예로 메쉬코리아를 들 수 있다. 메쉬코리아는 빅데이터, 인공지능, 기계학습 등 최신 IT 기술을 활용하여 화주, 배송기사, 고객을 연결하는 일명 부릉서비스라는 배달서비스를 제공하는 디지털 물류기업이다. 맥도날드 햄버거는 배달 서비스가 없어 매장을 방문해야 먹을 수 있었지만, 이제는 부릉서비스를 통해 집에서도 배달받을 수 있다. 맥도날드의 입장에서 보면, 특정 식사시간에만 몰리는 배달 주문을 위해 정직원을 고용할 수 없어 포기한 시장을 부릉서비스가 실현해준 셈이다. 물론 부릉서비스는 맥도날드 이외에 버거킹, 롯데리아, 심지어 신세계백화점까지 상대하면서 규모의 경제를 확보한다. 부릉서비스는 설계와 생산, 마케팅과 같은 생산단계보다 훨씬 작은 일종의 과업 수준의 일감을 모아서 처리하고 있다.

혹자는 이런 서비스는 기존에도 있었다고 하겠지만, 기존의 물류와 운송은 허브 앤 스포크hub&spoke 구조, 즉 중간 집중국에 물건을 모았다가 다시 배분하는 형태라면, 부릉서비스는 허브를 거치지 않고 바로 배달한다. 배달원이 정직원이 아니고 개인사업자이기에 월급 개념 자체가 없고 배달한 과업에 따른 수당이 있다. 부릉서비스는 자사의 핵심 경쟁력이 배달원이 얼마나 빠르고 안전하게 과업을 달성하는가에 달려 있다고 보고 이들 배달원의 보험 가입은 물론이고 전국에 배달원들이 쉴 수 있는 휴식공간(부릉스테이션)과 안전장비를 제공하고 있다. 과업 자체가 소비자와의 접점에서 발생하기에 소비자 정보가 맥도날드나 버거킹이 아닌 부릉서비스에 축적되어 향후 소비자 취향에 좀 더 가까이 다가가는 서비스로 업그레이드될 가능성도 열려 있다.

흥미로운 점은 배달원의 숙련도에 따라 소득이 달라지지만, 초기 배달원의 사기진작과 업무의 지속성을 고려하여, 초기 배달원이 일정 소득을 확보할 수 있도록 알고리즘을 설계했다는 것이다. 이 기업에서는 생산성과 효율성 이외에도 최소생계를 유지하기 위한 과업량이라는 매우 인간중심적인 업무 배분이 인공지능 알고리즘에 의해 구현되고 있어서 숙련이 덜 된 배달원이라도 배달기술을 업그레이드할 기회와 인센티브가 보장된다. 사실 직원도 아니고 월급도 없다 보니 이들에게 최저생계비는 별로 의미가 없고, 오히려 최소과업이 의미가 더 크다. 이들은 기존의 일자리가 재배치된 것이 아니고, 원래 수요가 불규칙해서 정규직 일자리로는 오히려 비용이 더 들어 답이 없던 영역에서 인공지능과 데이터로 새로운 형태의 일자리를 창출해낸 것이다.

디지털화에 의한 또 하나의 새로운 현상은 바로 슈퍼파워를 발휘할 수 있는 주체, 즉 슈퍼개인이 주도하는 소호경제의 시대가 열리고 있다는 것이다. 이제 디지털 플랫폼을 등에 업고 강화된 슈퍼개인이 등장해서 자신의 능력과 서비스를 삽시간에 전 세계에 전파할 수 있는 기회의 창이 본격적으로 열리고 있는 것이다.

외근 정규직 및 자발적 계약직 중심의 일자리

디지털 기술의 발달은 정형화된 노동을 대체함으로써 지식노동 대체에 따른 미래 일자리 문제에 대한 사회적 경각심을 불러일으키고 있다. 한편 온라인 노동중개 플랫폼의 등장은 인력을 고용·유지하는 데 들어가는 기업의 거래비용을 낮춤으로써 각종 다양한 형태의 고용계약과 비전통적 유형의 일자리를 생성하는 데 기여하고 있다. 따라서 향후의 일자리는 주로 크게 두 가지, 즉 외근 정규직과 자발적 계약직 노동이 크게 증가할 것으로 보인다.

디지털 기술의 발달은 인간의 시간과 공간을 무한히 확장하는 효과를 불러왔고, 그 결과 소호·재택근무·텔레워크·모바일 근무 등 다양한 형태의 유연근무형 직업을 생성하고 있다. 또한 공유경제와 긱이코노미의 등장에 따라 계약직 근로자의 비중이 높아지고 있는 가운데 이런 일자리가 저임금 노동뿐 아니라 전문성이 높은 고소득 사람들이 선호하는 일자리, 즉 기업에 소속되지 않고 자유롭게 일하는 자발적 계약직에도 확대 적용될 것으로 예상된다. 이는 단순히 계약의 형태에 따라 근로자의 임금이 정해지는 것이 아니며, 근로자의 임금은 본질적으로 근로자 개인의 전문성과 과업의 성격에 따라 달라질 수 있기 때문이다.

결론적으로 온라인 노동중개 시장의 등장은 전문성 있는 근로자에게만큼은 맞춤형 노동계약을 통한 후생 극대화를 실현시킬 수 있는 장치로 활용될 수 있다. 이는 전문성 있는 근로자의 경우 본인이 가진 전문성을 바탕으로 플랫폼상의 더 많은 기업과 고객들을 만날 수 있으며, 원하는 시간과 공간뿐 아니라 원하는 일과 보수까지도 선택할 수 있기 때문이다.

P2P 중심의 분권화된 금융과 화폐

글로벌 금융 시스템의 이면에는 인터넷뱅킹과 핀테크 등 디지털화라는 신기술의 발전에도 불구하고 비효율성과 지역별로 불평등한 접근성이 공존하고 있다. 거래는 즉시 이뤄지나 최종 정산까지는 며칠의 시간이 소요되고, 다양한 이해관계자의 존재로 어느 한 중개자의 독자적 결정이 힘들다. 또한 대부분의 제3세계 국가 사람들은 자기 이름의 은행계좌를 만들어 돈을 보관하고 송금하고 지급수단으로 활용하거나, 신용을 평가받아 대출받는 기초적 금융 서비스에 접근하는 것조차 많은 어려움이 존재한다. 2008년 금융위기가 기존 금융 시스템의 과도한 레버리지, 투명성 결여, 적절한 감독 및 견제수단의 부재로 말미암아 사전대처가 불가능했다는 점은 중앙집중화된 기존 금융 시스템에 변화가 필요하다는 반증이다. 블록체인은 이러한 문제를 해결하기 위한 분권화된 대안을 제시한다. 블록체인 네트워크상에서는 중앙관리 시스템의 도움 없이도 당사자 간P2P의 직접적 거래가 가능해 기존 경제 시스템의 거래구조에 분권화·분산화된 근본적 변혁이 가능하다. 국제은행 간 통신협정인 SWIFT 네트워크는 하루에 1만 개의 글로벌 금융기관 사이에서 1500만 건의 지급명령을 수행하지만, 이를 결제하고 정산하려면 며칠이 걸린다. 그러나 블록체인 네트워크는 결제와 정산을 동시에 분과 초 단위로 처리(즉시성)할 수 있다. 또한 기업이 자금을 모으려면 IB 전문가, 벤처투자자, 로펌 등 다양한 중개자가 필요했으나, 블록체인은 ICO 또는 IEO, STO를 통해 P2P의 직접적인 크라우드펀딩 수단을 제공한다.

학생 중심의 하이터치 하이테크형 학습혁명

한 명의 교사가 20~30명 때로는 60명 이상도 수용하는 교실에서 모든 학생에게 정형화된 똑같은 학습내용을 획일적으로 전달하는 교실의 모습은 2차 산업혁명을 통하여 세계로 확산된 공장형 대량생산 체계의 학교판이다. 이제 4차 산업혁명에 즈음하여 이런 학교 모델을 바꿀 때가 되었다. 가장 중요한 방향은 학생 개개인의 능력과 수요에 맞추어 학습 기회를 제공하는 '개별화 교육'이다. 과거 개별화 교육은 높은 비용 때문에 공교육에서는 불가능했고, 개인교사와 같은 사교육에서만 가능했다. 이제 인공지능과 기계학습의 4차 산업혁명으로 하이터치와 하이테크의 결합을 통하여 모든 아이에게 개별화 교육이 가능한 대량맞춤 학습체제가 가능해졌다. 인간의 학습은 단순히 암기하고 이해하는 데 그치는 것이 아니라, 이해한 것을 적용하고, 분석하며, 평가하고, 더 나아가 새로운 것을 창조하는 역량까지 키워야 한다. 앞으로 암기하고 이해하는 학습은 훨씬 더 효과적으로 학생 개개인에 맞추어 지원하는 컴퓨터와 인공지능의 하이테크에 맡기고, 교사는 적용·분석·평가·창조의 역량을 키우는 좀 더 높은 차원의 학습에 집중하면서 더 나아가 학생의 사회적·정서적 역량을 키워주는 하이터치로 가야 한다. 우리는 미래 교육의 가장 중요한 방향으로 하이터치 하이테크 학습을 제시하고, 모두가 하이터치 하이테크 학습을 통하여 전인적이고 개별화된 평생학습을 할 수 있는 학생 중심의 대량맞춤 학습체제를 실현하는 것을 학습혁명으로 정의하고, 이러한 학습혁명 선도국가를 미래 한국 교육의 비전으로 제시한다. 4차 산업혁명으로 가능해진 대량맞춤의 개별화 학습을 통하여 수월성교육과 평등교육을 동시에 달성해야 한다. 자사고와 특목고를 없애기보다 모든 학교와 교실에서 학습혁명이 일어날 수 있도록 '평준화와 다양화를 넘어서 개별화'로 교육계가 힘을 합쳐야 한다.

환자 중심의 스마트 헬스케어

그동안 헬스케어는 일반인이 쉽게 이해할 수 없는 어려운 전문용어로 가득 찬 의료지식 때문에 의료진과 환자 간에 높은 정보의 비대칭성이 존재해왔고, 이 탓에 환자는 전적으로 의료진의 의사결정에 의존하는 수동적인 태도를 취할 수밖에 없었다. 그러나 디지털 기술의 발전 덕택에 환자와 의료진 간의 정보 비대칭성은 속도의 문제이지 결국은 좁혀질 수밖에 없어 보인다. 이미 환자들은 인터넷을 통해 질병뿐만 아니라 병원, 의료진 등에 대한 정보를 검색하고, 검색 결과에 따라 병원과 의료진을 선택한다. 스스로 자신의 질병을 이해하려 하고, 최적의 의료기관과 의료진을 선택하려는 '환자에 의한 의사결정'이 치료과정에 조금씩 일어나고 있다. 헬스케어 산업도 생산자 중심에서 벗어나 환자의 아이디어와 니즈를 헬스케어 제품 설계 단계부터 진지하게 고려하는 '환자를 위한' 산업으로 변화하고 있는 것이다. 향후 디지털 기술의 발전과 디지털 기술의 헬스케어 산업으로의 급속한 흡수는 위와 같은 현상을 더욱 가속화시킬 것이다. 따라서 한국 스마트 헬스케어의 미래는 다른 소비재 산업과 마찬가지로 환자의, 환자에 의한, 환자를 위한 비전을 구현하는 것을 목표로 해야 한다. 즉 스마트 헬스케어의 미래 비전은 다른 소비재 산업과 마찬가지로 생산자인 의료진 중심에서 소비자인 환자 중심으로 '민주화'가 구현되는 것이다.

의료서비스 민주화의 핵심 개념은 ePatient로서, 환자는 의사가 전해주는 건강상태를 수동적으로 받아들이는 대신에 자신의 건강상태 향상을 위해 직접 참여하고, 관련 정보를 학습하고, 건강 개선에 필요한 도구를 스스로 제작하기도 하는 것을 말한다. 또한 헬스케어 제품 및 서비스를 설계할 때부터 환자의 의견을 적극 반영하고, 치료과정에서 환자가 참여하여 의료진과 공동 의사결정을 할 수 있으며, 환자의 의료 및 건강 데이터에 대한 주권 행사가 가능하고, 노인도 당당하게 독립적으로 살 수 있는 사회가 바로 한국 스마트 헬스케어의 미래 모습이다. 이런 참여형 헬스케어와 같이 가야 하는 것이 맞춤형 케어다. 이는 환자별 유전학적 조합, 분자·생리·세포적 특성, 사회-인구통계학적 특성, 기타 히스토리 등을 고려하여 의료 경험을 환자별로 맞춤화하는 정밀의료 개념을 반영한 것이다. 이것이 제대로 구현된다면 지금보다 훨씬 정확한 진단이 가능해지고, 치료방법과 투여약물(제)의 선택이 더욱 정교해지면서 치료효과가 현저히 높아질 것이다.

하드웨어 변경 없는 혼합현실에 기반한 스마트시티

스마트시티는 도시의 환경·교통·치안 등 기존의 도시 내 비효율적인 자원배분 문제를 효율적으로 해결하기 위한 시스템으로써, 단순히 도시의 외형적인 변화를 넘어서 센서 네트워크라는 기술 기반의 양방향성을 특징으로 도시 내 전 구성원의 삶을 바꾸는 스마트리빙으로 이어진다. 이런 스마트시티를 건설하는 방식에는 새로운 스마트시티를 건설하는 방식과 '기존 도시의 하드웨어 변경 없이' 스마트시티를 만드는 방법이 있는데, 후자의 대표적인 예는 중국 항저우에서 항저우 시정부와 알리바바가 건설 중인 시티브레인 프로젝트다. 이 프로젝트는 도심에서 생성되는 빅데이터를 클라우드에 저장한 후 인공지능이 분석해 이를 의미 있는 자원으로 가공한 후, 플랫폼을 통해 다시 도시 구성원과 연결하는 양방향성을 구현하는 개념으로, 최종적인 단계는 디지털 트윈시티를 만들어 실제 도시와 실시간으로 연동하는 혼합현실을 구현하는 것이다. 이미 파일럿 프로젝트가 항저우 아래 소도시에서 시험가동 중이다.

스마트시티의 성공적 구현은 수많은 4차 산업혁명 기술이 실제로 구현될 수 있는 장을 만드는 것이기에 그 중요성이 매우 크다. 대한민국이 스마트시티 프로젝트를 성공시키기 위해서는 우선 혼합현실 개념을 사용해 도시 하드웨어의 변경 없이 스마트시티를 구현하는 데 투자와 연구를 집중해서 한국형 스마트시티 모형을 개발해야 한다. 우리는 이미 세계 최초로 U-city를 구현했고, 송도 신도시는 세계에서 가장 많은 센서가 깔려 있는 도시로 4차 산업혁명의 스마트시티를 구현하기에 최적의 조건을 갖추고 있다. 두 번째로 진행과정에서 기존의 이익 생태계를 뛰어넘어 관련 규제를 풀어나가고, 필요하다면 인센티브 제도를 도입해서라도 행정규제를 개선해야 한다. 마지막으로 하드웨어의 변경 없이 구현하는 스마트시티 모형을 중소도시에 우선 적용하여 추진해야 한다. 추진 효율성 면에서 이해관계나 규제가 적고, 이를 통해서 고질적으로 제기되는 지방의 열위성을 해결할 수 있기 때문이다.

한국사회의 문제 해결과
디지털 인프라 2.0

이 책에서 제시한 비전과 실현방안들은 현재로부터 출발하고 현재 한국사회의 문제해결을 염두에 두지만, 구체적 문제해결에 대한 단기적·직접적 해결을 목적으로 하지는 않았다. 그러나 장기적 비전과 그 실현과정에서 현재의 문제들도 자연스럽게 해소될 것으로 보인다. 가령 이 책에서 제시하는 미래 청사진이 구현되면, 디지털 기술에 의한 대량 및 소량 맞춤생산이 활성화되고 진입장벽과 비용을 낮추어서 다양한 형태의 과업 중심 신생기업 및 소호를 낳아서 실업문제를 해결할 수 있다. 이에 맞추어 일자리도 고정 정규직 위주에서 외근 정규직, 자발적 계약직 노동이 증가하면서 노동시장 및 대중소 기업 간의 이중구조도 해결될 것이다.

그러나 이런 비전들이 실현되기 위해서는 앞 개별 장들에서 설명하였듯이 선결해야 할 과제가 많다. 『미래산업 전략 보고서』에서는 4차 산업혁명 기술이 갖고 있는 잠재력의 산업화를 가로막는 각종 규제를 언급하면서, 이를 중요하게 해결해야 할 미스매치이자 시스템 실패라고 지적했다. 이제 이 책은 지금까지 제시한 인간 중심의 미래 디지털 사회 2.0의 비전을 실현하는 데 필요한 각종 디지털 인프라의 구축이 필요함을 역설하고자 한다. 즉 과잉규제에서 나오는 역작용이 단기적 문제라면, 미래의 바람직한 비전을 실현할 디지털 인프라의 부족은 좀 더 장기적이고 근본적인 문제다. 또한 과잉규제 문제가 엄존하기는 하지만, 디지털 기술과 관련 인프라의 발달은 규제의 완화 가능성의 외연을 확장하는 파괴력을 가지고 있음을 인지하고, 디지털 인프라의 투자와 확충에 국가는 자원을 투입해야 할 것이다.

물론 디지털 기술의 발달에도 불구하고 독립적으로 개선해야 할 규제 문제는 여전히 남아 있다. 이상의 논의를 정리하며, 새로운 디지털 사회의 비전을 실현하기 위한 선결 과제는 세 가지 차원으로 요약할 수 있겠다. 첫째, 사회안전망 개념을 확장해야 하고, 추가로 디지털 안전망이 필요하다. 둘째, 새로운 디지털 인프라를 확장해야 한다. 셋째, 소프트 인프라로서의 정책과 규제를 개혁해야 한다. 이 세 가지를 7대 분야별로 정리하면 표 8-1과 같다.

사회안전망 개념의 확장과 디지털안전망

미래에 다가올 분권화된 디지털 사회 2.0에서는 전통적 사회안전망 개념을 확장할 필요가 있고, 나아가서 디지털 안전망 개념을 추가해야 한다. 우선, 기업 영역이나 일자리 영역에서 상정한 비전인 과업형 기업과 소호경제, 그리고 이에 조응하는 자발적 계약직의 증가는 새로운 사회안전망을 요구한다. 대표적으로 최소과업보장제와 기본창업수당을 예로 들 수 있다.

새로운 형태의 사회안전망이 필요한 이유는 장기포괄고용의 축소 및 계약노동의 증가가 근로자의 삶을 불안정하게 만들 수 있기 때문이다. 즉 긱이코노미의 확대로 기업이 노동자 대신 노동법상

표 8-1 미래사회 비전 실현을 위한 선결 인프라

	사회안전망	디지털 인프라	소프트 인프라/규제
정치	AI 알고리즘의 불편향성 및 책임성	e-정치 플랫폼 기반 포스트 대의제 (투표/토론)	블록체인 기반 탈집중 거버넌스 시스템 도입
기업	기본창업수당	플랫폼 협동조합	알고리즘 감사
일자리	최소과업보장제	효율적인 e-노동중개시장	개인혁신 시스템
화폐금융	실패비용을 줄이는 샌드박스	분산형 디지털 금융 플랫폼	ICO합법화, 거래소 및 세제관련 규정 마련
교육	AI 알고리즘의 불편향성 및 책임성	평생교육형 e-러닝	정부의 과잉규제
헬스	AI 알고리즘의 불편향성 및 책임성	빅데이터와 AI 기반 진료	원격진료: 개인정보
스마트 시티	AI 알고리즘의 불편향성 및 책임성	혼합현실 인프라	행정규제: 개인정보

보호권이 없는 자영업자를 고용하여 비용을 줄이는 상황이 발생하는 반면, 자영업자들은 아무런 근로자 보호권을 누리지 못하고 삶의 모든 사안에 대해 본인이 직접 보호책을 강구해야 하는 상황이 발생할 수 있다. 따라서 디지털 기술의 발달이 근로자의 삶을 불안정하게 만들지 않도록 사회적 안전망을 촘촘히 만들 필요가 있다. 기술의 발달은 분명 인간에게 자유롭게 일하고 소비하는 좀 더 고차원적인 삶을 약속할 수 있지만, 이것 또한 이에 상응하는 사회안전망이 제도화되었을 때 가능하다

더욱더 노동자와 생산자의 경계가 불명확하고 생산자와 소비자의 경계 또한 불명확해질 미래사회에서 사회 구성원 모두가 합의할 수 있는 형평성 있는 세원 발굴 노력 및 포괄적 사회보장제도는 반드시 필요하다. 하지만 일자리가 없기 때문에 소득이 없고, 소득이 없기 때문에 소비가 이루어지지 않는 것이 문제라면, 아무런 노동의 대가 없이 최저임금 또는 소득을 보장해주는 기본소득제보다는 최소과업 보장을 통해 최소한의 수입을 보장해주는 최소과업 보장제가 하나의 대안이 될 수 있다. 이런 제도의 취지는 자본주의의 기본 작동원리인 개인의 근로의욕을 해치지 않게 하겠다는 것이다.

소호경제의 비전을 실현하는 데 필요한 사회안전망으로는 기본(최저)창업수당을 전통적 실업수당의 대안으로 적극 고려할 필요가 있다. 모든 일을 직접 처리해야 하는 1인 기업이나 소호의 경우, 업業을 창創하기는 쉬워도 흥興하게 하기는 어렵다. 창업은 커다란 위험이 존재하는 활동이다. 따라서 개인이나 소호 창업의 위험성을 보장해주는 사회적 배려와 노력이 필요하다. 그간 한국사회는 각종 자격증, 취업연계 교육, 취업장려금, 실업급여, 취업정보 제공 등 취업을 장려하는 인프라 구축에 많은 노력을 해왔으나, 개인이나 소호 창업을 위한 지원은 대부분 창업교육, 사무공간이나 시설장비 임대, 초기 R&D자금 지원 등 물적 인프라 제공형 지원이 대부분이며, 선진국과 같이 창업의 인센티브나 폐업에 대한 보호조치는 부족하다. 선진국의 스타트업과 소호창업에 대한 지원의 방향은 인센티브 부여다. 영국은 창업기업에게 창업수당을 지급하고, 이들을 사회보장체계에 편입시키려는 노력으로 우산회사를 설립해서 창업자 또는 프리랜서들을 피고용인으로 등록해서 조세나 보험금을 처리해주고 있다. 독일의 경우도 1인 기업인이 실직하거나 폐업하면 실업소득을 지급하는데, 역량과 전문성에 따라 추정임금을 산정해서 지급하기 때문에 고도의 전문성을 갖춘 독립 직업인은 그에 따라 높은 실업급여를 받을 수 있다. 이제 한국도 기존의 실업급여 이외에 기본창업수당이나 폐업수당의 도입을 적극적으로 고려해야 할 것이다.

위에서 거론한 새로운 안전망에 추가하여, 결국 새로운 시도(창업, 혁신)를 장려하고 실패에 대한 비용을 줄이기 위한 안전망으로서 확장된 (규제 혁신) 샌드박스 개념을 도입할 필요가 있다. 새로운 시도들이 사후적 규제나 법해석으로 인해 불법/탈법이라는 딱지가 붙어 좌절하지 않도록 일정한 시간과 범위 내에서 자유롭게 새로운 시도할 수 있는 샌드박스가 또 하나의 필요한 사회안전망의 범주에 들어가야 한다고 본다. 블록체인 관련 ICO나 가상화폐와 관련해서도 이 문제는 심각하다

한편, 정치나 교육, 헬스 등 여러 분야에 해당되는 것으로서, 디지털 사회에 필요한 새로운 사회안전망으로서 '불편향적이고 책임 있는 AI-알고리즘' 확보를 제시하고자 한다. 인공지능의 확산으로 말미암아 알고리즘의 사회경제적 활용이 증대하는 가운데 인공지능의 명령어인 알고리즘에 차별적이고 편향된 데이터가 입력될 수

있다는 우려가 있다. 현재 비즈니스에 사용되는 알고리즘의 한계는 설정해둔 작업을 융통성 없이 글자 그대로 해석하여 특정 목적 달성에만 전념한다는 데 있다. 기계학습의 알고리즘은 일종의 '블랙박스'로서 문제가 발견되어도 그 원인을 쉽게 알아내거나 수정하기 어렵고, 어떤 데이터를 집어넣느냐에 따라 차별·부정적 평가·암묵적 편견도 간접적으로 학습할 수 있다. 알고리즘의 불투명한 설계 또는 알고리즘을 훈련시키는 데이터 세트에 숨어 있는 편향과 오류는 사회적 차별과 배제를 조장할 수 있다. 이러한 맥락에서 알고리즘의 책무성, 공정성, 투명성이 요구된다. 즉 인공지능이 인간을 통제하게 되지 않도록 인공지능에 대한 인간의 통제가 미래에 필요한 최소한의 디지털 안전망일 것이다.

디지털 인프라 2.0

미래에 디지털 사회 2.0이 본격화되면, 이 새 디지털 사회에 대비한 인프라의 구축 내용과 속도가 향후 국가와 해당 국민의 생활 수준을 결정지을 것이다. 과거 3차 산업혁명 시대에 필요한 디지털 인프라 1.0이 초고속 통신망과 PC, 이동전화의 보급이었다면, 이제 미래 디지털 사회의 비전을 실현하는 데 필요한 인프라 2.0은 새로운 디지털 사회 2.0을 위한 인프라라고 할 수 있으며 분야별로 파악이 가능하다.

우선, 좀 더 분권화된 포스트 대의민주주의에 필요한 인프라는 효율적인 의사 소통 및 수렴과 전자 투표 시스템일 것이다. 즉 소셜 미디어와 스마트 디바이스를 활용한 실시간 투표가 효율적으로 이뤄지게 하고, 정부는 정책결정의 전 과정에서 토론과 소통이 활발이 이뤄지는 e-플랫폼을 제공하여 이를 바탕으로 시민들의 의견과 지식을 효과적으로 반영하고 그들이 결정자가 되는 헤테라키형 정치참여와 정책결정이 되는 디지털 정치의 인프라가 필요하다.

미래 일자리로서 자발적 계약직 노동과 디지털 소호경제가 활성화되기 위해서는 효율적이면서도 공공성을 유지하는 온라인 노동중개 시장이라는 디지털 플랫폼이 필요하다. 이런 플랫폼은 우리가 익히 잘 알고 있는 우버나 에어비앤비처럼 자산을 제공하는 형태의 서비스와는 달리, 법률 조언이나 작곡·디자인·그래픽·번역 등의 전문 서비스, 창업이나 시장조사와 같은 컨설팅 서비스, 앱 개발 등 다양한 과업에 대한 수요과 공급의 양방향을 중개해주는 플랫폼 서비스다. 다시 말해, 온라인 플랫폼을 통한 노동중개는 단순히 저임금노동에만 국한된 것이 아니라 고임금 노동 분야에도 확대 적용될 수 있으며, 이는 궁극적으로 양질의 일자리 확대 방안이 될 수 있다.

또한 새로운 공정거래 질서가 필요하다. 시장지배력을 가진 중앙집권적 플랫폼 기업과 거래를 할 수밖에 없는 과업형 개인기업이나 디지털 소호들은 불공정 계약(전속계약, 배타적 계약 등)이나 과도한 수수료, 계약 불이행에 대한 부당한 책임 부과, 불공정한 사업 제한과 간섭 등에 취약할 수 있다. 각종 불공정 계약을 막기 위한 조치의 일환으로 기존에는 주로 회계감사를 중시했다면, 디지털 플랫폼 경제에서는 공공성의 보호를 위한 최소한의 안전장치로서 플랫폼 기업의 검색·계약·가격 등 관련 알고리즘을 감사할 수 있어야 한다.

한편, 블록체인이 제시하는 투명하고 개방적이며 직접적이고 분권화된 사회는 확실히 이상적인 사회발전의 모습을 상상하게 하나, 실제 그 실현에는 수많은 난관이 도사리고 있다. 블록체인 자체는 무결성이나, 블록체인이 실물경제와 연결되는 접점에서는 (일명 오라클 문제라 불리는) 디지털의 경계 바깥에서 생성되는 정보를 누군가 정직하게 블록체인에 입력하고 보증할 수 있는가라는 난제가 도사리고 있기 때문이다. 이는 비단 입력자의 도덕성 문제뿐 아니라 정보 정량화의 어려움이라는 극복하기 힘든 문제가 병존하고 있다. 결국 블록체인이 현실에 접목되기 위해서는 일반표준 확립과 제도마련이라는 생태계의 전반적인 구조변화가 뒤따라야 한다.

한편 환자 중심의 민주화된 스마트헬스의 비전을 제시하였는데, 이의 구현을 위해서는 기술적 인프라 측면에서 아직 해결해야 할 과제들이 많다. 기술적 과제로 첫째, 대역폭·저장용량·계산능력의 물리적 한계다. 상상을 초월한 데이터의 통신·저장·계산 능력을 감당할 장치의 개발 또는 창의적인 다른 대안이 필요하다. 둘째, AI에 투입되는 의료 데이터의 편향성을 해결할 방법이 마련되어야 한다. 셋째, 데이터의 신뢰성과 보안성을 완벽히 확보해줄 수 있는 기술 개발이 절실하다.

소프트 인프라(정책 변화)와 규제 혁신

미래형 일자리로서 자발적 계약직 증가에 따라 필요한 소프트 인프라는 근로자의 불안정성을 해소하기 위한 각종 개인의 생산성 향상 방안, 즉 개인혁신 시스템일 것이다. 구체적으로는 개인의 전문성을 높이기 위한 평생학습 체제의 구축이 핵심이다. 이런 평생학습 체제는 교육 분야의 영역이기도 한데, 교육 분야의 미래 비전 구현에서는 규제개혁이 핵심이다. 4차 산업혁명으로 대량맞춤의 개별화 학습을 통하여 수월성교육과 평등교육을 동시에 달성할 기회의 창이 활짝 열렸다. 하지만, 이 기회의 창을 살리기 위해서는 교육관료주의의 거품을 과감히 걷어내야 한다. 총장과 교장 등 교육 지도자들은 모든 것을 교육부나 교육청이 정한 규칙에 맞추어 수행하는 관료적 행정에 매달리고 있다. 무엇보다 대학을 옥죄는 교육부의 규제와 통제를 걷어내야 한다. 가령 일반 대학은 온라인 강의가 전체 강좌의 20%를 넘지 못한다는 것, 반대로 사이버대학에는 오프라인 수업을 20% 넘지 못한다는 것 등이다. 교육부가 사이버대학에 내린 가이드라인 중에는 심지어 교수가 직접 제작에 참여한 콘텐츠를 사용해야 한다는 원칙도 있다. 교육부의 온라인 강의에 대한 각종 규제와 통제는 시대착오적이다.

환자 맞춤형 헬스체제의 구축을 위해서는 너무나 당연하게도 원격의료의 과감한 허용이 필요하다. 또한 개인정보 관련 규제개혁은 여러 문헌에서 많이 다루어졌기에 여기서는 자세히 다루지 않았지만, 스마트헬스·스마트시티·스마트 교육 등 거의 모든 영역의 미래 비전 달성을 위한 핵심 규제개혁 과제다. 블록체인이 현실에 접목되기 위해서는 정부 차원의 규제환경 개선이 선행되어야 하고, 그 첫째는 ICO를 새로운 자금조달 수단으로 합법화하고 인정한 후 금지가 아닌 관리감독으로 나아가야 한다.

주석

들어가며

1 매일경제 (2019.01.29.) [최은수 기자의 미래 이야기] 세계화 4.0이 뭐지? '개
인 권력자' 세상이 온다.

2 일반적으로 소호(SOHO)는 Small Office Home Office의 약자로 말 그대로
작은 사무실, 가정 사무실이라는 뜻이다. 즉 소규모로 운영되는 1인 기업, 자
영업, 개인 기업 등을 의미한다.

제2장

1 매일경제 (2019.01.29.) [최은수 기자의 미래 이야기] 세계화 4.0이 뭐지? '개
인 권력자' 세상이 온다.

2 Williamson, O. E. (1998). Transaction cost economics: how it works; where
it is headed. De economist, 146(1), 23-58.

3 Penrose, E., & Penrose, E. T. (2009). The Theory of the Growth of the Firm.
Oxford university press.

4 Baldwin, R. (2006). Globalisation: the great unbundling (s). Economic
Council of Finland, 20(3), 5-47.
Baldwin, R. (2011). Trade and industrialisation after globalisation's 2nd
unbundling: How building and joining a supply chain are different and why it
matters (No. w17716). National Bureau of Economic Research.

5 하버드대학의 Porter (1985)는 경쟁 전략(Generic Competitive Strategy)을 도출하는 방법으로 5 Forces 모형으로 산업의 구조와 경쟁자를 분석하고, Value System과 Value Chain을 제시했다. 산업 내의 다양한 활동의 흐름을 의미하는 Value System은 공급자, 기업, 채널, 구매자 단위로 각각의 하위 Value Chain들로 구성된다. 이때 Value Chain은 가치 활동과 마진으로 구성된다.

6 Normann, R., & Ramirez, R. (1993). From value chain to value constellation: Designing interactive strategy. Harvard business review, 71(4), 65-77. Soosay, C., Fearne, A., & Dent, B. (2012). Sustainable value chain analysis a case study of Oxford Landing from "vine to dine". Supply Chain Management: An International Journal, 17(1), 68-77.

7 매일경제 (2018.09.18.), 美 UHG, 민간 의료보험 대장株

8 조선일보 (2017.05.10.) '웨어러블 보험' 가이드라인 상반기에 나온다

9 매일경제 (2019.01.29.) [최은수 기자의 미래 이야기]세계화 4.0이 뭐지? '개인 권력자' 세상이 온다

10 기업정책정보신문 (2019.01.08.) 소기업을 위한 서비스 마켓 - 크몽 탐방기

11 플랫팀 (2018.12.10.) 10전 11기로 탄생한 프리랜서 마켓 '크몽' 이야기

12 페덱스에 의해 고안된 허브 앤 스포크(hub & spoke) 방식의 물류는 각 지점에서 발생되는 물량들을 중심이 되는 거점(허브)에 집중시킨 후, 각 지점(스포크)으로 분류하여 이송시키는데 이는 대량 물류를 계획된 시간/장소로 배송하는 데는 최적화되었지만, 시간적 제약이 있는 실시간 라스트 마일 물류 서비스의 경우는 비효율적이다.

13 플랫팀 (2018.12.17.) 메쉬코리아, 올리브영과 화장품 즉시 배송 서비스 '오늘드림' 시작

14 매일경제 (2018.07.23.) '쓰레기 패션'이 수십만 원 호가하는 이유

15 한국경제 (2017.06.29.) 김소영 에스와이제이 대표 "자투리 원단으로 만든 옷 대박 … 상장도 했어요"

16 조선닷컴 (2016.05.26.) 25살에 창업한 인천 청년, 역발상으로 매출 160억 회

사 일궜다.

17 플랫텀 (2017.07.25.) 자투리 공간으로 돈 버는 스타트업, '스위트스팟'

18 벤처스퀘어 (2017.07.27.) 건물 유휴 공간에 가치를 불어넣다.

19 ZDNet (2018.05.08.) 건물 유휴 공간에 가치를 불어넣다

20 조선일보 (2018.08.09.) "딜러 말만 믿고 중고차 샀다 낭패" … 그에겐 이게 기회였다

21 경북일보 (2018.09.26.) 포항시, 자투리시간 거래소 마일리지제 10월부터 도입

22 과거 얼음, 빙과류, 냉동식품 등의 운송에 제한적으로 활용되었지만 최근에는 과일, 채소, 고기, 낙농제품, 의약품, 첨단 전자장비 등 온도의 변화에 따라 부패 또는 박테리아 성장의 위험이 높은 상품군에서 콜드체인 시스템을 활용한 운송이 확대되고 있다. 콜드체인 시스템은 유통과정 중 유지하는 온도의 차이에 따라 냉장유통(0~4℃ 유지), 냉동유통(동결상태인 -18℃ 유지) 등으로 구분되는데, 운송 과정의 적정 온도 유지가 핵심이다. 지나치게 온도가 낮을 경우에도 상품이 손상될 수 있기 때문에 상품별 특성을 이해하고 적정온도를 유지하는 것이 매우 중요하다.

23 중앙일보 (2019.01.14.) 줄서서 먹는 빵집 '오월의 종' … 하루아침에 불량식품 된 사연

24 중앙일보 (2019.01.29.) 온라인 판매 막힌 '오월의 종' … 공유공장으로 규제 넘는다.

25 2017년 EBS가 초등학생에게 닮고 싶은 인물을 설문조사했는데, 3위가 크리에이터 '도티'였다. 공동 2위는 유재석과 세종대왕이었으며 4위가 이순신 장군이었다.

26 아프리카TV에서 유튜브로 플랫폼을 옮긴 것은 아프리카TV의 광고료 갈등과 낮은 화질 등의 문제라 알려져 있다.

27 대도서관. (2018). 『유튜브의 신』. 비즈니스북스

28 News2Day (2019.03.14.) [창업 인터뷰] CJ 택배앱 만든 개발자 성종형 '종달랩' 대표, 의류 부자재 플랫폼 만든 사연

29 한국경제매거진 (2019.03.) '1인 마켓 · 데이터' 입고 진화하는 동대문 패션시장

30 왕훙(網紅)은 중국어인 網絡紅人의 줄임말로 온라인 유명인사라는 의미다.

31 패션포스트 (2019.2.11.) 동대문패션타운 관광특구협의회 보도자료.

32 패션포스트 (2019.2.11.) 모바일 거상, 동대문 왕훙 추적기.

33 스포츠한국 (2017.05.04.) [동대문패션타운 관광특구 자료] 동대문 패션 유어
    스, 실시간 20만 명 뷰 '왕훙 마케팅' 효과 톡톡

34 한국경제매거진 (제 1216호, 2019.03.) 1인 마켓 · 데이터 입고 진화하는 동
    대문 패션시장.

35 한국경제신문 (2017.10.30.) 패션 허브 동대문시장 … 수출 스타트업만 5만 개

36 머니투데이 (2019.03.06.) 라쎄, 中 왕훙마케팅 본격 시작, 일주일 만에 15억
    원 판매.

37 한국일보 (2018.12.24.) '1인 자영업자' 폐업 급증하는데 … 사회안전망은 전무

38 뉴시스 (2017.09.10.) "내 재능 팝니다" … 재능거래 염가경쟁에 '받은 만큼만'

39 Guy Standing. (2016). The Precariat: The New Dangerous Class, Bloomsbury
    Academic; Reprint edition.

40 한겨레 (2017.11.16.) 기본소득, 사회적 경제 등 새로운 분배 시스템 실험해야.

41 Frey, C. B., & Osborne, M. (2013). The future of employment. How
    susceptible are jobs to computerisation.

제4장

1   강혜란. 중앙일보 (2019.01.22.) 트럼프 · 시진핑 · 메이 줄줄이 '노쇼' … 49
    살 다보스포럼 '반쪽'된 이유

2   조사결과, 본인의 일자리를 위협할 것이라고 인식한 사람은 76.5%인 데 반해
    자녀 또는 다음 세대의 일자리를 줄일 것이라고 인식한 사람은 83.4%로 높게
    나타났다.

3   메이커스란 전통 제조기업과는 다른 방식으로 제품을 만드는 스타트업으로
    서 IT와 인터넷을 PC나 스마트폰이 아닌 화면 밖에 존재하는 다양한 물건에

담아 인간과 물건의 관계성을 재발명하는 존재여야 한다고 말한다.

4   그는 로봇세를 반대하는 주요 이유로 로봇세 부과가 생산성 향상을 위한 신
     기술 투자를 저해한다는 점, 기업들이 로봇세를 도입하지 않은 국가로 옮길
     수 있다는 점, 법인세와 이중과세가 된다는 점, 모바일뱅킹이나 컴퓨터, 항공
     기 탑승권 키오스크 등도 인간의 일자리를 빼앗았지만 과세하지 않았다는 점
     등을 언급했다.

5   그는 상당량의 재화와 서비스 거래가 국경을 넘나드는 온라인 시장으로 옮
     겨가서 거래되고 있으나, 이와 같은 국내외 온라인 거래는 내용증빙이나 소
     득 파악이 어려워 과세가 제대로 이루어지지 않고 있다고 말했다. 특히 납세
     자가 스스로 세금을 신고하여 납부하는 현행 신고 납세 제도하에서는 실질과
     세가 어렵기 때문에 더욱 문제가 될 수 있으며, 공유경제 플랫폼을 통한 외국
     기업 또는 외국인과 국내 소비자 간의 거래, 블로그를 통한 개인 간 거래에서
     납세자가 자진해서 부가가치세나 소득세를 내는 경우는 매우 드물다고 말했다.

6   이러한 저학력 노동자의 임금하락은 모라벡의 역설(Moravec's Paradox)로 설
     명할 수 있다. 즉 모라벡의 역설이란 인공지능에게 사람에게 어려운 일은 쉽
     고, 사람에게 쉬운 일은 어렵다는 것이다. 인공지능은 천문학적 계산은 쉽게
     하지만, 사람들이 일상적으로 쉽게 하는 계단 오르기, 뛰기, 빨래 개기와 같은
     비반복적 작업들은 어렵다는 모순적인 상황을 이야기한다.

7   강다영. 매경이코노미 (2013.08.26.) 이런 직업 사라진다.. 인간의 일자리 잠
     식하는 로봇

8   강인호. 한국경제매거진 (제 154호, 2018.03.) AI가 전문직도 대체? '직업 빅
     뱅' 오나

9   인기 유튜버 또는 유튜브 크리에이터들이 전하는 성공비법에는 한결같이 '꾸
     준함'이라는 단어가 등장한다. 플로리다 주립대의 안데르스 에릭손 교수는
     어떤 분야에서든 탁월한 경지에 이르기 위해서는 1만 시간의 체계적이고 정
     밀한 연습시간이 필요하다는 '1만 시간의 법칙'을 주장했는데, 이 법칙에 따
     르면 인기 유튜버가 되기 위해서도 해당 콘텐츠에 대한 꾸준한 학습과 노력

을 통한 전문성의 확보가 중요함을 알 수 있다.

10 조종사의 경우 기술적으로는 기계에 의한 대체 확률은 매우 높지만 인력양성을 위한 대규모 자본투입 및 생명과 관련된 판단을 내리는 직업적 특성을 종합적으로 고려한 결과 전문가 집단에 의한 대체 확률은 매우 낮게 나타났다.

11 실제, OECD(2016) 보고서에서도 기계는 일자리의 9%, 직무의 25%만 대체 가능할 것으로 진단하고 있다.

12 대표적인 공유경제 비즈니스인 '우버'나 '에어비앤비'는 과거 택시 면허를 소지하고 있는 사람 또는 숙박업체를 소유하고 있는 사람에 한해서만 비즈니스가 허용되었지만, '우버'나 '에어비앤비'와 같은 디지털 기술의 등장은 소비자로 하여금 검색에 소요되는 비용을 획기적으로 낮춤으로서 택시면허가 아닌 자동차를 소유하거나 숙박업체가 아닌 집을 소유하고 있는 사람까지도 택시영업 또는 숙박업에 종사할 수 있도록 진입장벽을 낮추고 있다.

13 영국의 경우 자영업자의 수가 지난 50년 사이에 2배로 증가해 2014년 중반 전체 경제활동 인구의 15%를 차지. 그는 이러한 증가가 최근 몇 년 사이에 집중적으로 일어났는데, 이 중 상당수가 1인 자영업자였으며 이들은 온디맨드 노동에 종사하는 크라우드 워커일 가능성이 높다고 시사했다.

14 실제, 일본의 토요타는 2016년부터 1주일에 한 번은 2시간만 사무실로 출근하고 나머지는 재택근무하는 제도를 도입하기 시작했고, 현재 토요타 직원 약 7만 2000명 중 2만 5000명이 이러한 형태로 근무하고 있다. 이 같은 전통 제조 기업에서의 디지털 기술 적용 사례는 한국의 전통 제조 기업에서의 적용가능성을 보여주고 있다(권다희, 2017).

15 PWC 따르면 2025년까지 5대 핵심 분야에서 공유경제 또는 긱이코노미의 매출이 약 3350달러에 이르를 것으로 추산하고 있다.

16 박태근. 동아일보 (2016.06.30.) 미래학자 앨빈 토플러 별세, "한국 학생들, 불필요 지식위해 하루 15시간 낭비"

17 우리나라의 청년실업률은 2018년 기준 10.5%로 OECD 평균(11.9%)에는 못 미치지만, 우리나라와 산업구조가 비슷한 일본(4.7%), 독일(6.8%)에 비해서

는 매우 높은 수치임.

18   김현예. 중앙일보 (2015.06.12.) 10년 뒤에는 미국 근로자 34%가 프리랜서

19   이정훈. 한국경제매거진 (2017.12.13.) 긱이코노미 "경험과 지식을 팝니다"

20   김대영. 매일경제 (2019.01.21.) [매경데스크] 최저임금 인상 때 놓친 것

제6장

1   XR은 VR(virtual reality)과 AR(augmented reality)를 모두 포함하는 것을 일컬음.

2   '의료기기'란 사람이나 동물에게 단독 또는 조합하여 사용되는 기구 · 기계 · 장치 · 재료 또는 이와 유사한 제품으로서 다음 각 호의 어느 하나에 해당하는 제품을 말한다. 1)질병을 진단 · 치료 · 경감 · 처치 또는 예방할 목적으로 사용하는 제품. 2)상해 또는 장애를 진단 · 치료 · 경감 또는 보정한 목적으로 사용하는 제품. 3)구조 또는 기능을 검사 · 대체 또는 변형할 목적으로 사용하는 제품. 4)임신을 조절할 목적으로 사용하는 제품. (의료기기법 2조(정의) 참조)

제7장

1   이근, 김호원. (2018). 223.

2   한국경제 (2018.02.20.) 물로 특화된 스마트시티에 첨단 기술이 모인다

3   매일경제 (2017.06.18.) "주요 국가별 스마트시티 정책 동향"에 대한 표

4   매일경제 (2018.01.07.) CES 2018에서 MS는 미국 라스베이거스 동남쪽 483km 지점의 허허벌판 사막에 인구 8만 명의 스마트시티를 건립하겠다는 프로젝트를 발표했고, 구글은 캐나다 토론토의 황폐한 항만 지역(약 3.2km^2)를 스마트시티로 바꾸겠다고 발표한다.

5   한국경제 (2017.12.14.) 지속가능한 도시의 미래 스마트시티가 이끈다

6   한국경제 (2017.12.14.) 지속가능한 도시의 미래 스마트시티가 이끈다

7   매일경제 (2018.03.22.) 발상의 전환 에스토니아 주목

8   Moavenzadeh and Lang. (2018). Reshaping Urban Mobility with Autonomouse Vehicles, Lessons from the city of Boston. World Economic Form.

9   항저우의 시티브레인(City Brain) 프로젝트에 대한 연구는 중국 알리바바 (Alibaba)그룹의 Ailibaba Cloud 연구센터의 전략총감 양쥔(揚軍)의 발표 (2018.10.30.)와 발표 후 저자와의 질의와 토론과정을 거쳤다.

10   이 내용을 王喜文의 발표가 끝난 후, 王喜文과의 면담 과정에서 청취한 내용 이다.

11   A기업은 포항공대 출신의 한 엔지니어가 설립한 회사로 필자가 자문을 하는 인연으로 경기도 K시와 진행했던 과정 전체를 파악할 수 있는 기회가 있었다.

12   이런 방식의 행적 규제는 실무진 공무원들의 저항도 한몫하기도 한다. 규제 완화로 인한 어떤 인센티브에 대한 메커니즘이 존재하지 않기 때문이다. 실 제로 필자가 참여했던 국회에서 열린 '블록체인' 관련 한 세미나에서 국회의 원들의 기조연설, 이어서 이어진 장관·차관급 인사들의 호의적인 연설 이후 에 이루어진 실무 미팅에서는 담당 공무원은 앞의 연설과는 완전 다른 부정 적인 태도를 보였고, 심지어는 관련 민간기업 대표와의 명함 교환도 거절한 사례가 있다.

13   한국경제 (2017.12.14.) 지속가능한 도시의 미래 스마트시티가 이끈다

14   한국경제 (2018.12.28.) 누가 산업정책을 죽였나

참고문헌

들어가며

이근 외. (2018). 『미래산업 전략 보고서』. 21세기북스.

Schwab, Klaus. (2016). The Forth Industrial Revolution. Geneva, World Econ Forum.

Schwab, Klaus. (2018). "Globalization 4.0: Shaping a global architecture in the age of the fourth Industrial Revolution." In The Annual Meeting of the Global Future Councils 2018 Program, Dubai.

World Economic Forum. (2019). Shaping the New Economy in the Fourth Industrial Revolution. Dialogue Series on New Economic and Social Frontier.

Mazzucato, Mariana. (2018). The Value of Everything: Making and Taking in the Global Economy: Allen Lane.

제1장

강미라. (2017). "빅데이터 시대의 통치성" 『현대유럽철학연구』, 46, 221-256.

과학기술정보통신부 (2018.06.21.) 『블록체인 기술 발전전략』

구민교. (2017). "4차 산업혁명과 미래 정부의 역할" 김상배 편. 『4차 산업혁명과 한국의 미래전략』, 255-287, 사회평론.

김범수, 조화순. (2017). "네트워크 사회의 변동요인과 포스트 대의제의 등장" 『사회이론』, 가을/겨울호, 225-262.

김상배. (2010).『정보혁명과 권력변환: 네트워크 정치학의 시각』. 한울.

김상배. (2014).『아라크네의 국제정치학: 네트워크 세계정치이론의 도전』. 한울.

김상배. (2015). "빅데이터의 국가전략: 21세기 신흥권력 경쟁의 개념적 성찰"『국가전략』, 21(3), 5-35.

김상배. (2018). "인공지능, 권력변환, 세계정치: 새로운 거버넌스의 모색" 조현석, 김상배 외.『인공지능, 권력변환과 세계정치』, 15-47, 삼인.

김상배 편. (2008).『인터넷 권력의 해부』. 한울.

김상배 편. (2017).『4차 산업혁명과 한국의 미래전략』. 사회평론.

김상배, 황주성 편. (2014).『소셜 미디어 시대를 읽다: 인터넷 권력의 해부 2.0』. 한울.

김예란. (2013). "빅데이터의 문화론적 비판: 미셸 푸코의 생정치 개념을 중심으로"『커뮤니케이션이론』, 9(3), 166-204.

배영임, 최준규, 신혜리. (2018). "블록체인 기반 공공 플랫폼 구축을 위한 제언"『이슈&진단』, 328, 1-26.

송태은. (2017). "4차 산업혁명과 외교의 변환" 김상배 편.『4차 산업혁명과 한국의 미래전략』, 321-361, 사회평론.

빅토르 마이어 쇤버거, 케네스 쿠키어. (2013).『빅데이터가 만드는 세상』. 21세기북스.

윤성이. (2017). "4차 산업혁명시대의 거버넌스 패러다임 변화와 포스트 민주주의"『Future Horizon』, 34, 30-33.

이광석. (2013). "지배양식의 국면 변화와 빅데이터 감시의 형성"『사이버커뮤니케이션학보』, 30(2), 91-231.

이민화. 헤럴드경제 (2017.02.22.) 정치개혁과 블록체인 거버넌스

이상욱. (2015). "포스트휴먼시대의 정치사회적 쟁점" Future Horizon, 26, 22-25.

이원태. (2015). "인공지능의 규범이슈와 정책적 시사점" KISDI Premium Report, 15-07.

이원태. (2016). "EU의 알고리즘 규제 이슈와 정책적 시사점"『KISDI Premium Report』, 16-12, 정보통신정책연구원.

이원태. (2017). "4차 산업혁명과 정치의 미래" 김상배 편. 『4차 산업혁명과 한국의 미래전략』, 289-320, 사회평론.

이충한. (2018). "4차 산업혁명과 민주주의의 미래" 『철학논총』, 91, 289-312.

임혁백, 송경재, 장우영. (2017). "빅데이터 T기반 헤레라키 민주주의 메가트렌드". 한국정보화진흥원.

전병유, 정준호. (2018). "디지털 공유 경제와 블록체인" 『동향과 전망』, 114-146.

정채연. (2018). "가상국가(Virtual Nation) 담론에서 탈중심적 거버넌스의 가능성에 대한 연구" 『중앙법학』, 20(3), 413-460.

조희정. (2017). 『시민기술, 네트워크 사회의 공유경제와 정치』. 커뮤니케이션북스.

최은창. (2017). "알고리즘 거버넌스" 『Future Horizon』, 33, 28-31.

커즈와일, 레이(Kurzwell, Ray). (2007). 『특이점이 온다』. 김영사.

황종성. (2017). "인공지능시대의 정부: 인공지능이 어떻게 정부를 변화시킬 것인가?" 『IT & Future Strategy』, 3호, 한국정보화진흥원.

Aminoff, Jukka. (2017). "On The Edge Of The Fourth Industrial Revolution: How Blockchain Will Impact World Politics." Globalo, April 5.

Atzori, M. (2015). "Blockchain Technology and Decentralized Governance: Is the State Still Necessary?" December.

Danaher, John. (2014). "Rule by Algorithm? Big Data and the Threat of Algocracy."

Diakopoulos, Nick. (2015). "Algorithmic Accountability: Journalistic Investigation of Computational Power Structure." Digital Journalism. 3(3). 398-415.

Foucault, Michel. (1979). Discipline and Punish: The Birth of the Prison. London: Vintage Books.

Foucault, Michel. (1980). Power/Knowledge: Selected Interviews and Other Writings, 1972-1977. New York: Pantheon Books.

Foucault, Michel. (1991). "Governmentality." Burchell, Graham, Colin Gordon and Peter Miller. eds. The Foucault Effect: Studies in Governmentality.

Chicago, IL: The University of Chicago Press, 87-104.

Goertzel, Ben and Ted Goertzel eds. (2015). The End of the Beginning: Life, Society and Economy on the Brink of the Singularity. Humanity Press.

Kaye, Max and Nathan Spataro. (2017). Redefining Democracy: On a Democratic System Designed for the 21st Century, and Disrupting Democracy for Good.

Rifkin, Jeremy. (2013). The Third Industrial Revolution: How Lateral Power Is Transforming Energy, the Economy, and the World. St. Martin's Griffin.

Scholz, Trebor and Nathan Schneider. eds. (2017). Ours to Hack and to Own: The Rise of Platform Cooperativism, A New Vision for the Future of Work and a Fairer Internet. New York and London: OR Books.

Schwab, Klaus. (2016). The Fourth Industrial Revolution. World Economic Forum.

Shirky, Clay. (2011). "The Political Power of Social Media." Foreign Affairs, 90(1), 28-41.

Tormey, Simon. (2014). "The Contemporary Crisis of Representative Democracy." Democratic Theory, 1(2), 104-112.

Whitaker, Reg. (2000). The End of Privacy: How Total Surveillance Is Becoming a Reality. New York: New Press.

제2장

대도서관. (2018). 『유튜브의 신』. 비즈니스북스.

조선닷컴 (2016.05.26.) 25살에 창업한 인천 청년, 역발상으로 매출 160억 회사 일 궜다

조선일보 (2017.05.10.) '웨어러블 보험' 가이드라인 상반기에 나온다

한국경제 (2017.06.29.) 김소영 에스와이제이 대표 "자투리 원단으로 만든 옷 대박…상장도 했어요"

플랫텀 (2017.07.25.) 자투리 공간으로 돈 버는 스타트업, '스위트스팟'

벤처스퀘어 (2017.07.27.) 건물 유휴 공간에 가치를 불어넣다

뉴시스 (2017.09.10.) "내 재능 팝니다"... 재능거래 염가경쟁에 '받은 만큼만'

한겨레 (2017.11.16.) 기본소득, 사회적 경제 등 새로운 분배 시스템 실험해야

ZDNet (2018.05.08.), 건물 유휴 공간에 가치를 불어넣다

매일경제 (2018.07.23.) '쓰레기 패션'이 수십만원 호가하는 이유

조선일보 (2018.08.09.), "딜러 말만 믿고 중고차 샀다 낭패"···그에겐 이게 기회였다

경북일보 (2018.09.26.) 포항시, 자투리시간 거래소 마일리지제 10월부터 도입

매일경제 (2018.09.18.) 美 UHG, 민간 의료보험 대장株

플랫텀 (2018.12.10.) 10전 11기로 탄생한 프리랜서 마켓 '크몽' 이야기

플랫텀 (2018.12.17.) 메쉬코리아, 올리브영과 화장품 즉시 배송 서비스 오늘드림 시작

한국일보 (2018.12.24.) '1인 자영업자' 폐업 급증하는데 ··· 사회안전망은 전무

중앙일보 (2019.01.29.) 온라인 판매 막힌 '오월의 종' ··· 공유공장으로 규제 넘는다.

기업정책정보신문 (2019.01.08.) 소기업을 위한 서비스 마켓 – 크몽 탐방기

중앙일보 (2019.01.14.) 줄서서 먹는 빵집 '오월의 종'... 하루아침에 불량식품 된 사연

매일경제 (2019.01.29.) 세계화 4.0이 뭐지? '개인 권력자' 세상이 온다

Baldwin, R. (2006). Globalisation: the great unbundling (s). Economic Council of Finland, 20(3), 5-47.

Baldwin, R. (2011). Trade and industrialisation after globalisation's 2nd unbundling: How building and joining a supply chain are different and why it matters (No. w17716). National Bureau of Economic Research.

Christensen, C. M., & Rosenbloom, R. S. (1995). Explaining the attacker's advantage: Technological paradigms, organizational dynamics, and the value network. Research policy, 24(2), 233-257.

Frey, C. B., & Osborne, M. (2013). The future of employment. How susceptible are jobs to computerization.

Guy Standing. (2016). The Precariat: The New Dangerous Class, Bloomsbury Academic; Reprint edition.

Normann, R., & Ramirez, R. (1993). From value chain to value constellation: Designing interactive strategy. Harvard business review, 71(4), 65-77.

Penrose, E., & Penrose, E. T. (2009). The Theory of the Growth of the Firm. Oxford university press.

Porter, Michael E. (1985). "Competitive Advantage". Ch. 1, 11-15. The Free Press. New York.

Vargo, S. L., & Lusch, R. F. (2016). Institutions and axioms: an extension and update of service-dominant logic. Journal of the Academy of Marketing Science, 44(1), 5-23.

Williamson, O. E. (1998). Transaction cost economics: how it works; where it is headed. De economist, 146(1), 23-58.

제3장

강석훈, 홍동표. (1999). 정보기술발전에 따른 고용구조변화. 정보통신정책연구원.

강다영. 매경이코노미 (2013.08.26.) '이런 직업 사라진다.. 인간의 일자리 잠식하는 로봇'

강혜란. 중앙일보 (2019.01.22.) 트럼프 · 시진핑 · 메이 줄줄이 '노쇼' … 49살 다보스포럼 '반쪽'된 이유

권다희. 머니투데이 (2017.08.06.) 근무양보다 질.. 진화하는 일본의 유연근무제

국수미. (2018). 『나는 직장에서 디지털 노마드로 일한다』. 라온북.

김대영. 매일경제 (2019.01.21.) [매경데스크] 최저임금 인상 때 놓친 것

김현예. 중앙일보 (2015.06.12.) 10년 뒤에는 미국 근로자 34%가 프리랜서

남성일. (2017). 일의 미래와 노동시장 전략 연구. 한국노동연구원.

박가열. (2016). AI-로봇 사람, 협업의 시대가 왔다. 한국고용정보원.

박가열. (2017). 2025년 직업종사자 61.3% 인공지능, 로봇으로 대체위험 높아. 한

국고용정보원.

박은정. (2012). 연구노트: 유연근무제 논의 실태와 문제점. 인제법학 제3권, 191-213.

박태근. 동아일보 (2016.06.30.) 미래학자 앨빈 토플러 별세, "한국 학생들, 불필요 지식위해 하루 15시간 낭비"

도이블러 & 클레베. (2016). 크라우드 워크: 새로운 노동형태-사용자는 사라지는 가?. 국제노동브리프, 14(8), 27-52.

손을춘. (2018). 『4차 산업혁명은 일자리를 어떻게 바꾸는가』. 을유문화사.

신석하. (2007). 경제위기 이후 기술 변화가 미숙련 근로자의 고용상황에 미친 영향.

안상희, 이민화. (2016). 제4차 산업혁명이 일자리에 미치는 영향. 한국경영학회 통합학술발표논문, 2344-2363.

오가사하라 오사무. (2016). 『메이커스 진화론』. 더숲.

윤희숙. (2016). 일자리 사업 심층평가의 시사점. KDI Focus, 73, 1-7.

이정흔. 한국경제매거진 (2017.12.13.) 긱이코노미 "경험과 지식을 팝니다"

임지선. (2017). 4차 산업혁명시대, 생산적인 프로슈머 이코노미로의 전환을 위한 정책제언: 일자리문제 해결을 위한 인적자원개발의 관점에서. 정보화정책, 24(2), 87-104.

전병유. (2002). 제조업과 정보통신산업간의 성별 임금격차 차이의 요인 분해. 노동정책연구, 2(3), 31-57.

최민재. (2017). 4차 산업혁명에 대한 국민들의 인식. 미디어이슈, 3(4), 1-11.

한국과학기술기획평가원. (2016). 인공지능 기술발전이 가져올 미래사회변화. R&D lnl 제12호, 52-65.

Acemoglu, D., & Autor, D. (2011). Skills, tasks and technologies: Implications for employment and earnings. In Handbook of labor economics. Vol. 4, 1043-1171. Elsevier.

Acemoglu, D. (2012). What does human capital do? A review of Goldin and Katz's The race between education and technology. Journal of Economic

Literature, 50(2), 426-63.

Abbott, A. (2014). The system of professions: An essay on the division of expert labor. University of Chicago Press.

Bartel, A. P., & Sicherman, N. (1999). Technological change and wages: an interindustry analysis. Journal of Political Economy, 107(2), 285-325.

Brynjolfsson, E., & McAfee, A. (2014). The second machine age: Work, progress, and prosperity in a time of brilliant technologies. WW Norton & Company.

Callan, S. (2007). "Implications of family-friendly policies for organizational culture: findings from two case studies," Work, Employment & Society, 21(4), 673-691.

Card, D., & DiNardo, J. E. (2002). Skill-biased technological change and rising wage inequality: Some problems and puzzles. Journal of labor economics, 20(4), 733-783.

David, H., Katz, L. F., & Kearney, M. S. (2006). The polarization of the US labor market. American economic review, 96(2), 189-194.

Edelman. (2019). 2019 Edelman Trust Barometer.

Frey, C. B., & Osborne, M. A. (2017). The future of employment: how susceptible are jobs to computerisation?. Technological forecasting and social change, 114, 254-280.

Goldin, C. D., & Katz, L. F. (2009). The future of inequality: The other reason education matters so much.

Hall, J. V., & Krueger, A. B. (2018). An analysis of the labor market for Uber's driver-partners in the United States. ILR Review, 71(3), 705-732.

Hayman, J. R. (2009). "Flexible work arrangements: exploring the linkages between perceived usability of flexible work schedules and work/life balance," Community, Work & Family, 12(3), 327-338.

International Labor Office. (2017). "The future of work centenary initiative". Issue note series (1), 1-13.

Kaplan, A. M., & Haenlein, M. (2016). Higher education and the digital revolution: About MOOCs, SPOCs, social media, and the Cookie Monster. Business Horizons, 59(4), 441-450.

Laura den Dulk. (2015). 네덜란드의 근로시간제도. 국제노동브리프, 2015년 9월호, 4-14.

Krueger, A. O. (1993). Virtuous and vicious circles in economic development. The American Economic Review, 83(2), 351-355.

Kuek, S. C., Paradi-Guilford, C., Fayomi, T., Imaizumi, S., Ipeirotis, P., Pina, P., & Singh, M. (2015). The global opportunity in online outsourcing.

Lessig, L. (2008). Remix: Making art and commerce thrive in the hybrid economy. Penguin.

OECD. (2019). Youth unemployment rate (indicator). doi: 10.1787/c3634df7-en (Accessed on 01 February 2019).

OECD. (2018). The future of social protection: What works for non-standard workers?. Policy brief on the future of work.

OECD. (2017). Basic income as a policy option: Can it add up?. Policy brief on the future of work.

OECD. (2016). Automation and independent work in digital economy. Policy brief on the future of work.

Rifkin, J. (2014). The zero marginal cost society: The internet of things, the collaborative commons, and the eclipse of capitalism. St. Martin's Press.

Stiglitz, J. E., & Greenwald, B. C. (2015). Creating a learning society: a new approach to growth, development, and social progress. Columbia University Press.

Susskind, R. E., & Susskind, D. (2015). The future of the professions: How technology will transform the work of human experts. Oxford University

Press, USA.

World Economic Forum. (2016.01.). The future of jobs: Employment, skills and workforce strategy for the fourth industrial revolution. In World Economic Forum.

제4장

김연우. (2018). 블록체인과 산업계 응용

장민. (2018). ICO What is an Initial Coin Offering

조정희. (2018). Block-chain과 Cryptocurrency 규제와 대응

SPRI. (2017). 블록체인 기술의 산업적 사회적 활용 전망 및 시사점

ETRI. (2018). 블록체인, 어디에 응용하고 있나

정보통신산업진흥원. (2018). 블록체인 기술의 이해와 개발 현황 및 시사점

박영숙 & 제롬 글렌. (2018). 『세계미래보고서 2019』. 비즈니스북스.

한경비즈니스. (2018). 블록체인 경제학

Alstyne, Marshall W. et al.(2016). "Platform Revolution", Baror International Inc.

Downes, Larry and Nunes, Paul. (2014). "Big Bang Disruption: Strategy in the Age of Devastating Innovation". Portfolio Hardcover.

Shapiro, C., and Varian, H.(1998). "Information Rules: A Strategic Guide to the Network Economy". Harvard Business School Press.

Tapscott, Don and Tapscott, Alex. (2016). "Blockchain Revolution". Penguin Publishing Group.

제5장

교육부. (2017). 초중등학교 모바일(태블릿) PC 및 무선 AP 현황

김정랑, 정영식, 임현정, 임정훈. (2016). 디지털 교과서의 활용 및 효과에 대한 종단연구. 광주교육대학교.

박세일, 이주호, 김태완 편. (2016). 한국교육의 미래전략. 한반도선진화재단.

이주호. 중앙일보 (2018). 이주호의 퍼스펙티브, 5월 7일; 8월 13일; 10월 22일; 12월 31일

이주호. (2016). "제4차 산업혁명에 대응한 교육개혁". 서울대학교 경제연구소 경제논집 제55권 제1호, 89-102.

홍정민. (2017). 『에듀테크: 4차 산업혁명 시대의 미래교육』. 책밥.

Aoun, Joseph E. (2017). Robot-Proof: Higher Education in the Age of Artificial Intelligence. MIT Press.

Barclays. (2013). Innovation Ecosystems: Empowering Entrepreneurs and Powering Economies.

Crow, M. M. and Dabars, W. B.. (2015). Desigining the new American university. Baltimore, Maryland: Johns Hopkins University Press.

Escueta, Maya, Vincent Quan, Andre Joshua Nickow, and Philip Oreopoulos. (2017). "Education Technology, An Evidence-Based Review," NBER Working Paper No. 23744.

Frey, Carl Benedikt and Michle Osborne. (2017). "The Future of Employment: How Susceptible Are Jobs to Computerization?" Technology Forecasting and Social Change, Vol 114, 254-280.

Fullan, Michael and Maeia Langworthy. (2014). A Rich Seam: How New Pedagogies Find Deep Learning, Pearson, Jackson, Debora, 2011. What is an Innovation Ecosystem? National Science Foundation.

Johnson, Dale P. (2018). Adoptive + Active Model: A New Approach to General Education, ASU.

Lee, Ju-Ho, Hyeok Jeong and Song Chang Hong. (2018). Human Capital and Development, Edward Elgar.

Kim, Min Ji and Ju-Ho Lee. (2018). "How Good Are Korean Teachers?" KDI School Working Paper.

Muralidharan, Karthik, Abhijeet Singh and Alejandro J.Ganimian. (2018).

"Disrupting Education? Experimental Evidence on Technology-Aided Instruction in India", American Economic Review, September 2018.

Naisbitt, John, Nana Naisbitt and Douglas Philips. (1999). High Tech/ High Touch: Technology and Our Accelerated Search for Meaning, Broadway.

OECD. (2018). Paniaqua, Alejandro and David Istance, Teachers as Designers of Learning Environment: The Importance of Innovative Pedagogies,

Pasi, Sahlberg. (2010). The Secret to Finland's Success: Educating Teachers, Stanford Center for Opportunity Policy in Education Research Brief.

Schwab, Klaus. (2016). The Fourth Industrial Revolution. World Economic Forum.

The Economist. (2017). Special Report on Lifelong Learning, Jan. 14th.

The International Commission on Financing Global Education Opportunity. (2018). The Education Workforce Initiative.

The International Commission on Financing Global Education Opportunity. (2017). The Learning Generation: Investing in Education for a Changing World.

UBS. (2016). Extreme Automation and Connectivity: The Global, Regional, and Investment Implications of the Fourth Industrial Revolution, White Paper for World Economic Forum Annual Meeting.

Wagner, Tony. (2014). The Global Achievement Gap. Basic Books.

Willetts, David. (2017). A Univesrsity Education. Oxford University Press.

Winthrop, Rebecca. (2018). Leapfrogging Inequality: Remaking Education to Help Young People Thrive. Brookings Institution.

World Bank. (2019). The Changing Nature of Work, World Development Report 2019.

World Bank. (2018). Learning to Realizehe Education Promise, World Development Report 2018.

제6장

경제정책해설. (2013). 한의학, 의료한류의 새 주역으로: 한의학 분야 해외환자유
치 지원사업

금융위원회, 금융감독원. (2018.06.08). 건강증진형 보험상품 출시 및 판매 동향

김남일. (2016). "한의학의 과거 국가 정책ㆍ제도를 중심으로" 『한의약 정책리포
트』, 제1권 1호, 8-12. 한약진흥재단.

개인정보보호위원회. (2017). 『미국의 개인정보 보호법제 연구』

임창균. (2012). "미국의 개인정보보호 규제 동향" 『방송통신전파저널』, 54, 49-
54.

장경국. (2018). "디지털 헬스케어를 활용한 공공의료 혁신의 가능성". 딜로이트
컨설팅.

폴 R. 도허티, H. 제임스 윌슨. (2018). "협업지성, 인간과 AI가 힘을 합치다,"
Harvard Business Review(한국판), Vol. 7-8.

한현욱. (2018). "블록체인 기술의 의료분야 활용현황 및 정책제언" 『KHIDI 전문
가 리포트 2018』. 한국보건산업진흥원 .

Accenture Consulting. (2018a). "Future Agenda: Future of patient data-Insights
from multiple expert discussions around the world."

Accenture consulting. (2018b). "How 3D printing will revolutionize healthcare."

Accenture consulting. (2018c). "Digital health tech vision 2018: Intelligent
enterprise unleashed."

Chu, L., Shah, A. Rouholiman, D. Riggare, S., and Gamble, J. (2018). "Patient-
centric strategies in digital health" In Rivas, H. and Wac, K. (Eds.), Digital
Health: Scaling Healthcare to the World, 43-54. Springer International
Publishing AG: Cham, Switzerland.

Deloitte Consulting. (2018). "Medtech and the Internet of Medical Things: How
connected medical devices are transforming health care"

European Parliament Research Service. (2018). "3D bio-printing for medical and enhancement purposes"

Ferguson, T. (2007). E-patients: how they can help us heal healthcare, Patient? In: Earp, J. L., French, E. A., and Gilkey, M. B.(Eds.), Patient Advocacy for Heal Care Quality, Jones and Bartlett Publisher, Sudbury, 93-120.

Global Market Insights. (2018b). "Healthcare 3D printing market size-growth forecast 2018-2024.

Gouda, P. and Steinhubl, S. (2018). How digital health will deliver precision medicine, In: Earp, J. L., French, E. A., and Gilkey, M. B.(Eds.), Patient Advocacy for Heal Care Quality, Jones and Bartlett Publisher, Sudbury, 189-196.

Karrenbrock, H. (2018). The ethical controversy about 3D bioprinting from the perspective of European Patent Law

Paul, T. (2016). "Nothing about us without us": toward patient-and family-centered care, AMA J Ethics, 18:3-5.

Stahl, B.C. and Coeckelbergh, M.(2016). "Ethics of healthcare robotics: Towards responsible research and innovation," Robotics and Autonomous Systems, 86, 152-161.

제7장

대신증권리서치센터. (2017). 대신증권 보고서.

박철현. (2017). "중국 개혁기 사회관리체제 구축과 스마트시티 건설: 상하이 푸동 신구의 사례를 중심으로" 공간과 사회, 제27권 1호, 39-85.

인천광역시. (2015). 2017 주요업무계획.

이근, 김호원. (2018). 『미래산업 전략 보고서』. 21세기북스.

이동주. (2013). "중국 스마트시티 개발, 한국 ICT수출의 새로운 기회인가" 한국 무역협회, 제12권 32호.

매일경제 (2017.06.18) "주요 국가별 스마트시티 정책 동향"에 대한 표.

매일경제 (2018.01.07.) "자율차, AI, 스마트홈... IT 두거인 스마트시티 야심"

매일경제 (2018.03.22.) "발상의 전화 에스토니아 주목"

한국경제 (2017.12.14.) "지속가능한 도시의 미래 스마트시티가 이끈다"

한국경제 (2018.12.28.) "누가 산업정책을 죽였나"

한국경제 (2018.12.27.) "구제개혁은 십자가 지는 일"

한국경제 (2018.03.05.) "경제가 발전하고 산업이 고도화될수록 도시도 진화한다"

한국경제 (2018.11.05.) "아세안에 K-스마트시티 열풍을".

한국경제 (2018.02.20.) "물로 특화된 스마트시티에 첨단 기술이 모인다"

Benford and Giannachi. (2011). Performing mixed reality. The MIT press.

Focus Area. (2017). "Smart cities market: Transportation, Utilities, Buildings, Citizen service and Region-Global Forecast to 2022".

IRS Global. (2017). "4차 산업혁명의 플랫폼인 스마트시티 관련 비즈니스 현황과 향후 전망".

IRS Global. (2017). "IOT-AI 기반 스마트홈 관련 혁신 기술 트렌드 및 향후 전망".

Moavenzadeh and Lang. (2018). "Reshaping Urban Mobility with Autonomouse Vehicles, Lessons from the city of Boston". World Economic Form.

Oksman and Ylikauppila. (2014). "Co-creation of sustainable smart cities. Users, participation and service design". Ubicomm.

Paul Milgram, Haruo Takemura, Akira Utsumi, Fumio Kishimi. (1994). "Augmented Reality: A class of displats on the reality-virtuality continuum", Telemanipulator and Telepresence Technologies.

王喜文. (2018). 베이징 인공지능 발전 정책과 응용 사례. Presentation material in Seoul(KIEP).

揚軍. (2018). 저장성 스마트시티 모델, 시티브레인의 도시 관리 사례 분석. Presentation material in Seoul(KIEP).

분권화 트렌드와 미래 한국

디지털 사회 2.0

1판 1쇄 인쇄 2019년 7월 10일
1판 1쇄 발행 2019년 7월 18일

지은이 이근 김상배 김준연 임지선 최준용 이주호 박태영 오철
펴낸이 김영곤 박선영 **펴낸곳** (주)북이십일 21세기북스
콘텐츠개발1본부 2팀 윤예영 김선영 **책임편집** 윤예영
마케팅1팀 왕인정 나은경 김보희 한경화 정유진 박화인
출판영업팀 한충희 김수현 최명열 윤승환
제작팀 이영민 권경민 **홍보팀장** 이혜연
표지디자인 어나더페이퍼

출판등록 2000년 5월 6일 제406-2003-061호
주소 (우 10881) 경기도 파주시 회동길 201 (문발동)
대표전화 031-955-2100 **팩스** 031-955-2151 **이메일** book21@book21.co.kr

(주)북이십일 경계를 허무는 콘텐츠 리더

21세기북스 채널에서 도서 정보와 다양한 영상자료, 이벤트를 만나세요!
페이스북 facebook.com/jiinpill21   포스트 post.naver.com/21c_editors
인스타그램 instagram.com/jiinpill21   홈페이지 www.book21.com
유튜브 www.youtube.com/book21pub
서울대 가지 않아도 들을 수 있는 명강의! 〈서가명강〉
네이버 오디오클립, 팟빵, 팟캐스트에서 '서가명강'을 검색해보세요!

ⓒ 이근 김상배 김준연 임지선 최준용 이주호 박태영 오철, 2019
ISBN 978-89-509-8217-1 03320

책값은 뒤표지에 있습니다.
이 책 내용의 일부 또는 전부를 재사용하려면 반드시 (주)북이십일의 동의를 얻어야 합니다.
잘못 만들어진 책은 구입하신 서점에서 교환해드립니다.